深化中蒙俄经济走廊合作
法律问题研究

Research on the Legal Issues of Deepening
China - Mongolia - Russia
Economic Corridor Cooperation

　　本专著受内蒙古社会科学基金后期资助项目"深化中蒙俄经济走廊合作法律问题研究"（项目编号 21HQ14）资助出版，特此致谢。

深化中蒙俄经济走廊合作
法律问题研究

Research on the Legal Issues of Deepening China - Mongolia - Russia
Economic Corridor Cooperation

龙长海　　周珩
—————
著

当代世界出版社
THE CONTEMPORARY WORLD PRESS

前　言

　　"一带一路"倡议是习近平主席在新时代提出的伟大战略构想，是党中央主动应对百年未有之大变局、统筹国内国际发展变化作出的伟大战略部署，将为开创我国全方位对外开放新格局、推动经济增长、促进和平发展产生重大深远的影响。"一带一路"被誉为我国新世纪改革开放战略的关键环节，是为实现以伟大的"中国梦"为导向的"两个一百年"奋斗目标的重要举措。通过推动"一带一路"倡议的实施，中国将与世界各国一道共建人类命运共同体。"一带一路"倡议具体由六大经济走廊支撑，其成功建设最终可惠及所有沿线国家，进而促进中国与周边国家的政治互信，提升经济合作水平，促进文化交往和民心相通。习近平主席2014年9月11日在杜尚别出席中蒙俄三国元首会晤时提出中国与蒙古和俄罗斯共同建设丝绸之路经济带的倡议后，中国、蒙古国和俄罗斯三国积极落实这一倡议。为实现这一合作共赢的战略布局，2015年3月28日，中国国家发展和改革委员会、外交部、商务部联合发布了《推动共建丝绸之路经济带和 21 世纪海上丝绸之路的愿景与行动》（以下简称《愿景与行动》）。在该《愿景与行动》中，国家提出建设六大经济走廊的具体实施方案，六大经济走廊建设是实现"一带一路"的具体抓手。因中国与俄罗斯和蒙古国在地理位置和政治、经济、军事等方面的特殊性，在六大经济走廊中，中蒙俄经济走廊建设占有重要位置。2016 年 9 月 13 日，国家发改委正式发布了《建设中蒙俄经济走廊规划纲要》（以下简称《纲要》）。该《纲要》明确了中蒙俄三国从促进交通基础设施发展及互联互通，加强口岸建设和海关、检验检疫监管，加强产能与投资合作，深化经贸合作，拓展人文交流合作，加强生态环保合作，推动地方及边境地区合作等七个方面开展具体的项目建设。建设好中蒙俄经济走廊是促进"一带一路"倡议顺利实施、推动构建人类命运共同体的重要组成部分。中国、蒙古国和俄罗斯三国通过经济走廊建设最终将促进地区经济一体化，促进各自发展战略对接，并为基础设施互联互通、贸易投资稳步发展、经济政策协作和人文交流奠定坚实基础。[1]中蒙俄经济走廊合作是中俄合作、中蒙合作的升级版，是"亲、诚、惠、容"外交理念的体现。在人类命运共同体理念指引之下，中国正努力推动"一带一路"倡议与欧亚经济联盟和蒙古国的"发展之路"对接，以推动中蒙俄三国的经济发展，深化三国全方位的合作，促进三国间的和谐与稳定。

---

〔1〕 参见《建设中蒙俄经济走廊规划纲要》，http://www.scio.gov.cn/ztk/wh/slxy/htws/Document/1491208/1491208.htm，浏览日期：2020 年 3 月 16 日。

　　习近平总书记指出："'一带一路'建设是伟大的事业，需要伟大的实践。"[1]"一带一路"倡议的实施，需要从建设好六大经济走廊着手。中蒙俄经济走廊建设的顺利推进，是"一带一路"倡议实现的重要保障。然而，中蒙俄经济走廊合作，不仅仅涉及经济贸易问题，还涉及中蒙俄三国的政治、经济、外交、社会、法律等方方面面的问题。而且，在中国提出的"一带一路"倡议和俄罗斯主导的欧亚经济联盟对接过程中，签订的一系列法规规范构成了"带盟"的基础。[2] 这也彰显出研究中蒙俄经济走廊合作法律保障问题的重要意义。但是，尽管如此，在推进中蒙俄经济走廊的进程中，中蒙俄之间签署的国际性法律文件，是中蒙俄三国政治、经济、文化以及国际大环境的体现。因此，对中蒙俄经济走廊合作法律问题的研究，就不能仅仅限定在三国的法律规范层面，而是应该"将法律作为整个社会控制过程的一部分"[3] 来看待。尽管中蒙俄经济走廊合作，并非如美国法学家庞德所言的"社会控制"，但二者却存在相似之处。在研究深化中蒙俄经济走廊合作法律保障问题时，也不能脱离中蒙俄三国的相互关系和国际大环境，否则法律保

---

　　〔1〕　习近平：《习近平谈治国理政（第二卷）》，外文出版社 2017 年版，第516 页。

　　〔2〕　Глиттова Я., Торопыгин А. В. Политико-правовые основы сопряжения Евразийского экономического союза и Экономического пояса Шелкового пути: процесс формирования и перспективы взаимодействия//Управленческое консульт-ирование. 2018. №2.

　　〔3〕　［美］庞德：《通过法律的社会控制》，沈宗灵译，商务印书馆 2010 年版，第 75 页。

障也就会成为无源之水、无本之木。在中蒙俄三国所处的国际环境中，结合中蒙俄经济、政治、文化等因素，研究中蒙俄经济走廊合作，才能更好地透过现象看到本质，并最终探寻提升中蒙俄经济走廊合作法律保障的现实路径。为促进中蒙俄经济走廊合作的开展，本专著将比较研究中蒙俄三国与经济走廊合作密切相关的典型规范性法律，进而从制度层面提出深化中蒙俄经济走廊合作的法律制度方面的建议。一国的法律制度是该国政治、经济、文化、传统等要素的综合体现。正所谓，法律是属于上层建筑的组成部分，既然由该国的经济基础决定，又必然会反作用于该国的经济基础。与中蒙俄经济走廊合作相关的法律制度，以具体国内立法的形式，对中蒙俄经济走廊合作过程中的具体项目建设产生决定性影响。这些在中蒙俄经济走廊合作过程中的项目，要想取得成功，必须与项目所在国的具体法律制度相契合。正是这些法律制度，构成了中蒙俄三国共建经济走廊的制度基础。对这些制度规范的比较研究，可以更好地为中蒙俄经济走廊合作服务，推动中蒙俄三国合作水平的提升。本专著选取了与中蒙俄经济走廊合作密切相关的出入境管理法律制度、外商投资法律制度和旅游法律制度进行比较研究，以期为中蒙俄经济走廊合作提供更优的制度保障。

中蒙俄经济走廊合作的顺利推进，离不开完善的法律制度保障。但是，中蒙俄之间的正式法律制度之间存在着较大差异。这些差异绝非能迅速弥合的。各国正式法律制度是在法律一般原理的基础上，充分考虑本国实际制定的。这些制度存在着相似之处，但差异也足够明显。要想实现与经济走廊建设相关的正式法律制度的对接，并非易事。中蒙俄三国间正式法律制度的对接，需要一个长期的磋商过程，而且中蒙俄三国在共建经济走廊目标一致的情况下，还存在着各自的特殊利益考量。这便导致与经济走廊合作有关的法律规则在大的方面保有相似性的情况下，在具体制度设计上，必然存在差异。在这种情况下，从有效推动经济走廊合作的视角看，应该从中蒙俄三国之间的执法和司法合作入手，确保三国人民交往过程中保护合法权益，且能及时解决纠纷，维护当事人合法权益。这是确保为中蒙俄经济走廊合作提供可见保障力的有效路径。从长期看，为确保经济走廊合作的深入推进，还需要从长效机制上考虑，培养服务中蒙俄经济走廊合作的卓越涉外法律人才，确保专业法律人才对中蒙俄经济走廊合作过程中具体项目法律服务质量的提升，预防可能存在的风险。而且，中蒙俄三国应以软法合作为切入点，为经济走廊合作提供非正式制度供给。这是破解中蒙俄经济走廊合作信任困局的根本路径。

本专著以法学分析为主，运用经济学、国际关系、政治学等多学科的理论与方法，研究中蒙俄经济走廊建设的法律保障问题，为"一带一路"倡议提供针对俄罗斯和蒙古国法律合作的学术支撑，深化"丝路"精神的学理阐释，提出促进中蒙俄经济走廊合作法律保障的具体建议，推进呼伦贝尔中俄蒙合作先导区和满洲里国家重点开发开放试验区建设，为我国向北开放的战略和祖国北部边疆稳定提供智力支持，对践行人类命运共同体理念、沟通世界、促进人类和平发挥积极作用。在研究过程中，需要收集运用俄罗斯和蒙古国的一手资料，需要对俄蒙与中国的合作进行跨学科研究。

目前，国内学术界尚无对中蒙俄经济走廊合作法律保障问题研究的系统性成果。本专著不囿于陈见，努力拓宽描述视野，具有鲜明的问题意识；在注重实证研究方法的同时，还广泛运用文献法、比较法、统计法等，将理论分析与实证研究有机结合起来。就中蒙俄经济走廊合作研究，目前中蒙俄学界研究集中在经济和政策对接方面，从法律保障视角进行的研究还相对较少。本专著希望能够促进对中蒙俄三国相关法律制度的比较研究，提升中蒙俄三国经济走廊建设的法律保障水平。

目　录

第一章　中蒙俄出入境管理法律
制度比较研究

　　根据《建设中蒙俄经济走廊规划纲要》的规定，中蒙俄三国经济走廊合作，最终要实现区域经济一体化的目标。为此，加强中蒙俄三国出入境管理法律制度的对接尤为重要。加强边境管控，是确保国家稳定、维护边疆秩序的有效手段。"边境制度，是一个国家根据国内颁布的有关法律、法规以及与相邻国家签订的关于边境制度的条约、协定而建立起来的，关于边境地区各种具体管理措施和规定的总称。""边境制度也可以称为'边境法律制度'。"[1] 出入境管理法律制度是边境管理法律制度的重要组成部分。"出入境管理法律制度，是指基于国家主权原则，国家针对出入境活动所实施的管理而形成的各项法律制度的总和。它包括出入境行政管理法律制度和出入境刑事法律

---

〔1〕　苗伟明：《边境管理学》，中国方正出版社 2010 年版，第 52 页。

制度。"〔1〕但是，从国内目前的研究现状看，对中蒙俄出入境管理法律进行比较研究的成果为数尚少。学界的这种研究现状，是与国家大力推动中蒙俄经济走廊合作的目标不符的。本章将以中蒙俄三国出入境管理法为蓝本，具体比较研究三国出入境行政管理方面的法律制度。

一、中蒙俄出入境管理法律制度基本情况

中蒙俄三国毗邻，人员往来密切，三国也都分别制定了较为完善的出入境管理法律制度。

（一）中国出入境管理法律制度概述

新中国成立后，在不同的发展阶段，根据国内外形势，实施了不同的出入境管理法律制度。新中国成立初期，我国建立了较为灵活务实的出入境管理法律制度。1951 年颁布了《华侨出入国暂行办法》，1954 年颁布了《外国侨民出境暂行办法》，1956 年颁布了《国务院关于我国公民因私出国的管理工作由公安部统一掌握的通知》，确立了出入境管理工作由公安部和各级公安机关负责的制度。但是，从 1958 年到 1978 年，"受'左倾'主义政策、较差经济环境、频繁政治运动和外国敌对行为的影响"，我国建立起了限制出入境权体制。〔2〕从改革开放开

---

〔1〕 孙智慧：《出入境管理法律与实践》，中国政法大学出版社 2013 年版，第 18 页。

〔2〕 刘国福：《移民法：出入境权研究》，中国经济出版社 2006 年版，第 250 页。

始，随着中国对外交往的增多，又逐渐建立起完善的出入境管理法律制度。特别是 1984 年《公安部关于贯彻执行公法（京）[84] 59 号文件进一步放宽因私出国的通知》第 1 条规定："各级主管部门机关必须建立尊重和维护中国公民出境权益的新思想，鼓励并协助申请人出境，并从申请人的角度考虑问题。"这一规定，为出入境管理法律制度的完善提供了观念保障。1985 年《中华人民共和国公民出境入境管理法》和《中华人民共和国外国人入境出境管理法》的颁布，为中国出入境管理奠定了法律基础。此后，为配合上述两部法律的实施，出台了两部法律的实施细则。1995 年国务院颁布实施了《中华人民共和国出境入境边防检查条例》。"两法一条例"的颁布实施，奠定了我国出境入境与边防检查工作的法律法规依据。

2012 年 6 月 30 日，全国人大常委会第 27 次会议审议通过了《中华人民共和国出境入境管理法》，并于 2013 年 7 月 1 日起开始施行。新的《中华人民共和国出境入境管理法》将《中国公民出境入境管理法》和《外国人入境出境管理法》整合为一部新的法，由"两法"变成"一法"。为配套实施《中华人民共和国出境入境管理法》，国务院于 2013 年 7 月 3 日第 15 次常务会议通过《中华人民共和国外国人入境出境管理条例》，自 2013 年 9 月 1 日起施行。当然，"出入境管理是国内法与国际法的互融，是规范入出本国国（边）境的国民和外国人的行政手段,体现本国涉外管辖,保障中外公民合法权益,维护国家主权"。[1] 在出入境管理方面,除《中华人民共和国出境入境管理法》外,还涉及《宪法》《人民警察法》《国籍法》《治安管理处罚法》《护照法》《因私出入境中介活动管理办法》《刑法》《民法》等多部法律法规和我国缔结或加入的国际公约。

(二)蒙古国出入境管理法律制度概述

蒙古国也建立了较为完善的出入境管理法律制度。具体而言,蒙古国的出入境管理涉及《蒙古国宪法》《蒙古国边界法》《蒙古国外国公民权益地位法》《蒙古国公民出入境管理法》《蒙古国劳务输出与劳务及技术人员输入法》《蒙古国刑法》等。1992年12月24日蒙古国通过了《蒙古国宪法》,此后分别于2000年、2012年、2015年、2016年和2019年对其进行了修改。2016年12月28日,蒙古国颁布了新的《蒙古国边界法》。该法目的是执行蒙古国关于边界问题的国际条约,确保边界秩序和国家边界安全。《蒙古国外国公民权益地位法》于2010年7月8日通过,2013年12月26日、2016年7月21日、2015年2月12日,蒙古国对该部法律进行了修改完善。这部法律对外国人在蒙古国的权利保障、社会地位及出入境等相关事项进行了明确规定。《蒙古国公民出入境管理法》于1993年12月24日通过,并分别于1999年10月14日、2000年12月7日、2008年12月19日、2016年7月21日和2018年6月21日,蒙古国

---

〔1〕 茆晓君、李伟:《出入境管理法律制度》,厦门大学出版社2017年版,第4页。

进行了修改完善。该部法律主要规定了蒙古国公民出入蒙古国
国境的具体法律制度，保障蒙古国公民出入蒙古国国境的自由，
进而强化对蒙古国国境的管理。《蒙古国劳务输出与劳务及技术
人员输入法》于 2001 年通过，主要规范外国来蒙古国从事劳务
的人员的许可、配额及其权利义务等问题。《蒙古国刑法》于
2002 年 1 月 3 日颁布，此后蒙古国分别于 2004 年、2015 年及
2020 年 1 月对其进行了修正。上述蒙古国法律共同构成了蒙古
国出入境法律制度。

（三）俄罗斯出入境法律制度概述

俄罗斯联邦出入境管理法律制度是由《俄罗斯联邦宪法》
《俄罗斯联邦出入境管理法》《俄罗斯联邦国界法》《俄罗斯联
邦国籍法》《俄罗斯联邦外国人法律地位法》《俄罗斯联邦刑
法》等一系列法律规范以及俄罗斯联邦缔结和参加的国际条约
构成。《俄罗斯联邦宪法》于 1993 年 12 月 12 日，经俄罗斯全
民公决通过，对保卫俄罗斯联邦的国家安全、领土完整、国界、
边境等制度做了原则性规定。现行《俄罗斯联邦出入境管理法》
于 1996 年 7 月 18 日制定，期间经历了多次修订，最新的一次修
订是 2020 年 3 月 1 日。这部法律系统规定了俄罗斯公民在出入
俄罗斯国境时应遵守的法律制度。《俄罗斯联邦国界法》于 1994
年 4 月 1 日制定，最近一次修改是在 2019 年 12 月 27 日。这是
一部关于俄罗斯国界管理的综合性法律规范，以国家法律的形
式，对俄罗斯国界管理做了统一规定。《俄罗斯联邦国籍法》于
2002 年 4 月 19 日由俄罗斯国家杜马通过，同年 5 月 15 日俄罗

斯联邦委员会赞成。这部法律规定了俄罗斯国籍的取得等基本问题。《俄罗斯联邦外国人法律地位法》于 2002 年 6 月 21 日由国家杜马通过，同年 7 月 10 日，俄罗斯联邦委员会赞成。这部法律以基本法的形式，规定了在俄罗斯联邦领域外国人的法律地位。《俄罗斯联邦刑法》于 1996 年 5 月 24 日通过，规定了对侵害出入俄罗斯国境管理法律制度行为的刑事责任。

二、中蒙俄出入境管理法律制度的共性与特色

一国出入境管理法律制度由一系列法律法规组成。比较中蒙俄三国，中国的出入境法律制度被规定在《中华人民共和国出境入境管理法》中，蒙古国规范外国人的出入境管理制度，主要被规定在《蒙古国外国公民权益地位法》[1] 中，《蒙古国公民出入境管理法》[2] 则主要规定了蒙古国公民出入蒙古国国境的法律制度。俄罗斯对外国人的出入境管理，则被规定在《俄罗斯联邦出入境管理法》[3] 和《俄罗斯联邦外国人法律地位法》[4] 中。本部分将以中蒙俄三国针对外国人入出本国应遵

---

〔1〕 本部分引用的相关法律规范，参见刘巴特尔等主编：《蒙古国商法汇编》（下册），内蒙古大学出版社 2018 年版，第 475—493 页。

〔2〕《蒙古国公民出入境管理法》由那木拉翻译，特此致谢。

〔3〕 本文中引用的《俄罗斯联邦出入境管理法》相关条文，参见《俄罗斯边海防法律法规》，刘肖岩译，人民日报出版社 2017 年版，第 832 页。对该部法律的最新规定，笔者通过查找俄文原文进行了校对。

〔4〕 本文中引用的《俄罗斯联邦外国人法律地位法》相关条文，参见《俄罗斯边海防法律法规》，刘肖岩译，人民日报出版社 2017 年版，第 80—157 页。对该部法律的最新规定，笔者通过查找俄文原文进行了校对。

守的法律制度为蓝本，比较分析中蒙俄三国在涉及外国公民出入境管理方面主要法律制度的异同，为便利三国公民往来，促进三国友好交往，推动中蒙俄经济走廊建设，提供智力支持。

（一）入境管理制度

从中蒙俄三国出入境管理法律制度的比较看，三国均从入境邀请制度、签证制度和入境禁止制度等方面，加强了对外国公民入境的管理规定。

第一，入境邀请制度。为加强入境管理，中蒙俄三国分别建立了入境邀请制度。《中华人民共和国出境入境管理法》第19条规定："外国人申请办理签证需要提供中国境内的单位或个人出具的邀请函件的，申请人应当按照驻外签证机关的要求提供。出具邀请函件的单位或者个人应当对邀请内容的真实性负责。"《蒙古国外国公民权益地位法》规定，"根据邀请人的申请"才能签发签证。邀请人是蒙古国的个人和企业单位。这样，事实上，蒙古国也建立了外国人入境蒙古国的邀请制度。《俄罗斯联邦出入境管理法》规定"根据联邦法律规定，按照授权联邦权力执行机关规定的办法办理的入俄联邦国境邀请函"是发给外国公民签证的依据。有权出具邀请函的主体包括：俄罗斯联邦国家权力机关、外国驻俄罗斯外交代表机关和领事机构、在俄罗斯的国际组织及其代理机构，以及驻俄罗斯国际组织的外国代表机构；俄罗斯联邦主体国家权力机关、被授权行使移民监督职能的联邦权力执行机关。此外，被授权行使移民监督职能的联邦权力执行机关的地方机构依照下列机构及个人申请发放入俄罗斯国境邀请函，具体包括：地方自治机关、依照规定在被授权行使移民监督职能的联邦权力执行机关或其地方机构办理了登记的法人、俄罗斯公民和常驻俄罗斯的外国人。依照规定办理了登记的外国商业组织分支机构可邀请外国公民来俄劳动；被《俄罗斯外国公民法律地位法》认定为高素质人才的人可邀请家人；依照规定办理了登记的外国商业组织代表机构可邀请外国公民来俄劳动。

第二，入境签证制度。入境签证制度是中蒙俄三国规范外国公民入境的主要措施。《中华人民共和国出境入境管理法》第15条规定，除本法另有规定外，外国人进入中国境内，应当向驻外签证机关申请办理签证。《蒙古国外国公民权益地位法》第11条规定："除蒙古国缔结的国际条约另有规定外，入境的外国公民应按相应规则取得蒙古国签证。"《俄罗斯联邦出入境管理法》第24条规定："外国公民可持证明其身份且俄罗斯承认的有效证件上的签证入出俄罗斯联邦国境，本联邦法律、俄罗斯缔结的国际条约或俄罗斯总统令另有规定的除外。"上述规范，在遵守国际条约和中蒙、中俄双边条约规定的免签情形外，建立了双方公民相互往来的签证制度。

在签证种类上，《中华人民共和国出境入境管理法》将中国签证分为外交签证、礼遇签证、公务签证和普通签证四种。《蒙古国外国公民权益地位法》则将签证分为外交、公务和普通等签证类型。俄罗斯则将签证分为"外交签证、公务签证、普通签证、过境签证或临时居留人员签证"（《俄罗斯联邦出入境管理法》第25.1条）。当然，中蒙俄三国在法律层面将签证种类具体化的同时，还授权本国政府进行细化管理。《中华人民共和国出境入境管理法》便规定，"对因工作、学习、探亲、旅游、商务活动、人才引进等非外交、公务事由入境的外国人，签发相应类别的普通签证。普通签证的类别和签发办法由国务院规定"。这一规定，实际上在对签证法律分类的基础上，扩大了我国签证的种类。《中华人民共和国外国人入境出境管理条例》则进一步对签证的种类进行了细化，进而形成了我国当前12类16种签证的格局。[1] 与蒙古国和俄罗斯相比，我国签证管理制度与国家的发展形势相符合，对签证种类也进行了必要补充。外国高层次人才和急需紧缺人才签证便是为积极引进国际人才、快速提升国家科学技术能力的签证类别。

中蒙俄三国在外国人入境方面，在坚持签证制度的同时，分别建立了入境免签制度。《中华人民共和国出境入境管理法》规定了对外国公民的免签制度："根据中国政府与其他国家政府签订的互免签证协议，属于免办签证人员的；持有效的外国人居留证件的；持联程客票搭乘国际航行的航空器、船舶、列车

---

〔1〕 具体而言，我国签证的种类包括：L-旅游签证；D-入境永久居留签证；Z-入境工作签证；R-外国高层次人才和急需紧缺人才签证；G-中国过境签证；Q-1-家庭成员团聚签证；S-1-探亲等签证；X-1-长期学习签证；J-1-常驻中国记者签证；M-入境商业活动签证；C-执行航空、乘务、航运等人员签证；F-入境交流、访问、考察等签证；Q-2-中国公民或永久居留外国人亲属入境短期探亲签证；S-2-外国人亲属入境短期探亲签证；X-2-境内短期学习签证；J-2-临时来中国采访记者签证。

从中国过境前往第三国或者地区，在中国境内停留不超过 24 小时且不离开口岸，或者在国务院批准的特定区域内停留不超过规定时限的；国务院规定的可以免办签证的其他情形。"《蒙古国外国公民权益地位法》规定："除蒙古国缔结的国际条约另有规定外，入境的外国公民应按相关规则取得蒙古国签证。"这一条实际上也为蒙古国为外国公民设立了免签制度。具体免签的种类，则由蒙古国其他法律法规进行细化规定。《俄罗斯联邦出入境管理法》规定，原则上，外国公民应持有效证件上的签证入出俄罗斯国境，但"本联邦法律、俄罗斯联邦国际条约或俄罗斯总统令另有规定的除外"。《俄罗斯联邦外国公民法律地位法》虽然没有明确规定免签制度，但在多个条文中都提及"免签制度"。但从俄罗斯的实践看，免签制度多数适用于俄罗斯与相关国家签订的双边或多边条约。根据俄罗斯与相关国家达成的协议，免签的时间可以是 14 天、30 天、90 天或 180 天。当然，为了吸引高技术人才，俄罗斯也规定了对来俄留学和工作人员的免签制度。免签制度的设立，可以大幅缩减两国国家间往来人员的手续，促进人员跨国流动，进而为相关国家带来收益。[1]

第三，禁止入境的情形。为保障国家安全，中蒙俄三国均规定了禁止入境的情形。《中华人民共和国出境入境管理法》第 25 条规定了外国人不得入境的情形，包括未持有效出境入境证

────────────────

〔1〕 Зверев К. А. Безвизовый режим между Россией и Европейским союзом: проблемы и переспективы//Манускрипт. 2019. № 3.

件或者拒绝、逃避接受边防检查的；被处驱逐出境或者被决定
遣送出境，未满不准入境规定年限的；患有严重精神障碍、传
染性肺结核病或者有可能对公共卫生造成重大危害的其他传染
病的；可能危害中国国家安全和利益、破坏社会公共秩序或者
从事其他违法犯罪活动的；在申请签证过程中弄虚作假或者不
能保障在中国境内期间所需费用的；入境后可能从事与签证种
类不符的活动的；法律、行政法规规定不准入境的其他情形。
对不准入境的，可以不说明理由。《蒙古国外国公民权益地位
法》第 22 条也规定了拒绝入境的情形，即未满 16 周岁及无行
为能力外国人没有法定监护人或援助人的；在蒙古国被判刑后
出境且未满刑期的人；蒙古国宣布为不受欢迎的人；在世界范
围内被通缉的人；妨碍蒙古国国家安全及社会正常秩序的人；
在蒙古国没有居住及入出境经济保障的人；依据本法驱逐出境
并限制入境期限未届满的人。同样，《俄罗斯联邦出入境管理
法》第 27 条也规定了外国人禁止入境俄罗斯的情形，这些情形
主要包括出于保障国防、保护国家安全、维护社会秩序或公众
健康所必需；被俄罗斯驱逐出境的外国人，时间未满 5 年，如
果 2 次以上被驱逐，时间未满 10 年的；按照俄罗斯法律，外国
人犯罪后前科未被注销的；没有必要的医疗保险的；被认定为
不受欢迎的人等 14 种情形。从对禁止外国人进入本国边境情形
的比较而言，俄罗斯规定得更为详细，被禁止的情形也更多。

（二）停留居留制度

按照属地管辖原则，外国人进入本国领域后，除有特别规

定外，都应遵守所在国的法律。中蒙俄三国规范外国人的出入境管理方面的法律，对此也进行了明确规定。

第一，一般停留居留制度。按照《中华人民共和国出境入境管理法》的规定，外国人在进入中国境内后，应当按照中国法律的规定，办理停留或居留手续。停留与居留的具体类别，需要根据签证上明确注明的要求办理。如果外国人所持签证注明的停留期限不超过 180 天的，无需办理居留手续，但如果期限届满还想继续停留的，应办理相应手续。如果签证上注明需要办理居留证件的，则应该在入境之日起 30 日内，办理居留手续，期限届满的应当申请延长或按期离境。《蒙古国外国公民权益地位法》也对外国人在蒙古国的居住做了明确规定。外国公民临时入境或因私居住蒙古国超过 30 天或经主管外国公民事务政府机关的审批并经蒙古国政府邀请或政府间合作来蒙古国工作的外国公民，自入境蒙古国之日起 7 日内，应到蒙古国主管外国公民事务政府机关进行登记，具体登记外国公民家庭情况、住址等信息。因"家庭原因、侨居、务工、投资、学习、交流、实习、科研工作或其他因私目的"，可以为外国公民授予因私居住权。但按照《蒙古国外国公民权益地位法》第 27.4 条的规定："外国公民因私居住蒙古国的人数不得超过蒙古国人口总数的 3%，其中一个国家的人口不得超过 1%。"蒙古国这一规定，与中国和俄罗斯的法律相比，是极具特殊性的。外国人在俄罗斯的居留制度，被规定在《俄罗斯联邦外国公民法律地位法》中。外国人在俄罗斯被分成临时逗留和临时居留两类。临时逗留的有效期，是根据其签证的有效期决定的，但"为保障国家安全、维持合理的劳动力资源平衡、协调俄罗斯居民优先就业，也为了解决国家内外政策的其他任务，俄罗斯政府有权将外国人在俄罗斯一个或多个主体内以及整个俄罗斯境内的临时居留期限延长到 180 天"。这一规定，体现出俄罗斯在对外国人临时逗留时间方面的灵活性措施。除临时逗留外，俄罗斯还规定了临时居留制度。外国人在俄罗斯临时居留，需要获得俄罗斯的临时居留许可。但对外国人的临时居留许可，俄罗斯政府采取配额制度，有效期为 3 年。具体的外国公民居留许可配额，则由俄罗斯政府根据各联邦主体行政机关的建议，并参考该联邦主体的人口状况及安排外国人的能力，具体确定。在设立临时居留配额管理制度的同时，《俄罗斯联邦外国公民法律地位法》还规定了不在配额之内的情形，即对出生在俄境内或曾拥有过苏联国籍的人、与俄罗斯国籍人员有亲属关系的人、投资符合法律规定数额的人、服兵役的人等有非常详细的规定。应该说，无论是与蒙古国法律上设立的外国人比例规定，还是与俄罗斯法律规定的配额管理制度相比，我国在对外国人的居留许可方面，并未进行明确的数额比例方面的限制。

　　第二，永久居留制度。在经济全球化的时代，国际社会越来越重视外国人对促进本国经济社会发展所做的贡献。为吸引和留住外国人才，很多国家都建立了长期或永久居留制度。《中华人民共和国出境入境管理法》便明确规定了针对外国人的永久居留制度。《中华人民共和国出境入境管理法》第 47 条便明确规定："对中国经济社会发展作出突出贡献或者符合其他在中国境内永久居留条件的外国人，经本人申请和公安部批准，取得永久居留资格。"取得永久居留资格的外国人，将可以凭永久居留证在我国境内居留和工作，并可以凭其护照和永久居留证出入国边境。当然，如果取得永久居留资格的外国人有对中国国家安全和利益造成危害的，被处驱逐出境的，弄虚作假骗取在中国境内永久居留资格的，在中国境内居留未达到规定时限的，不适宜在中国境内永久居留的其他情形的，将取消永久居留资格。这样，我国出入境管理法便设立了外国人永久居留制度，为加快吸引国际人才，助力中国建设进程的发展，奠定了法律保障。

蒙古国未正式建立针对外国人的永久居留制度。但《蒙古国外国公民权益地位法》在规定了外国公民居住制度的同时，该法第 29.1 条也规定了针对外国人的侨居制度，即"根据外国公民的申请和国家具体情况及经济能力以及侨居人的受教育程度和技术水平，由主管外国公民事务政府机关按本法第 27.1 条规定的期限授予外国公民侨居权"。该法第 27.1 条规定了外国公民在蒙古国居住的期限，即"根据外国公民的申请和相关单位的意见与许可，由主管外国公民事务政府机关按不超过 5 年期限审批外国公民因私居住，且每次可按 3 年期限延长"。当然，蒙古国的这一制度与中国的永久居留制度不同。首先，设置了较长的居住期限。尽管当拥有侨居权的外国公民年满 55 周岁后，如果想要获得不定期居住许可，还需要考虑"与该公民所属国对等原则"才能够授予其不定期居住许可。其次，蒙古国法律对外国公民获得的侨居权，做了限制性规定，即"获得侨居权的外国公民每年不在蒙古国居住时间超过 180 天的，主管外国事务政府机关可注销其侨居权"。这一规定实际上是为获得蒙古国侨居权的外国公民，设置了在蒙古国居住的义务性规定。最后，蒙古国对获得侨居权的外国公民人数做了数量限制。《蒙古国外国公民权益地位法》规定："侨居蒙古国的外国公民总数不得超过蒙古国总人口的 0.5%，其中一个国家的人口不得超过 0.17%。""外国侨民人数未超过 0.4% 时，由政府就侨民的数量、所属国籍与居住情况提交议会在其任期内研究一次；若超过 0.4% 应每年予以研究。"蒙古国法律对外国侨民数量的这一限制，实际上也反映出蒙古国社会对蒙古国的外国人的忧虑。在蒙古国的外国人一方面可以促进蒙古国经济社会的发展，但另一方面，蒙古国更加担心侨居蒙古国的外国人会影响其文化生活。

《俄罗斯联邦外国公民法律地位法》规定了针对外国人的长期居留制度。该法第 8 条在临时居住许可的基础上，设立了长期居留制度，即"在临时居住许可有效期内外国公民可凭合法理由申请颁发居留证。外国公民关于获得居留证的申请应于其临时居住许可有效期不少于 6 个月时向地方联邦移民权力执行机构提出。获得居留证前，外国公民持临时居留许可在俄罗斯居住不少于 1 年。向外国公民颁发的居留证有效期为 5 年。外国公民可在有效期满 2 个月前向地方联邦移民权力执行机构申请予以延期,每次延期 5 年,延期次数不限"。俄罗斯这一规定,尽管与中国针对外国人的永久居留制度不同,但在一定程度上,也方便了外国人在俄罗斯的工作和生活。当然,针对高技术人才,俄罗斯法律规定了更加灵活方便的长期居留制度,但仍没有达到中国永久居留制度的开放程度。

(三) 居住就业管理制度

外国人在入境一国后,除享有外交豁免权的人员外,均应严格遵守所在国国家的法律。

第一,关于外国人的居住规则。针对在本国的外国人问题,各国根据本国的实际情况,往往设置了特别的居住规则。《中华人民共和国宪法》第 32 条明确规定:"中华人民共和国保护在中国境内的外国人的合法权利和利益,在中国境内的外国人必须遵守中华人民共和国的法律。"这是对在中国境内外国人权利义务的宪法规范。《中华人民共和国出境入境管理法》在宪法规定的基础上,对外国人在中国的行为规范进一步做了细化。"外国人在中国境内停留居留,不得从事与停留居留事由不相符的活动,并应当在规定的停留居留期限届满前离境。"这是一条原则性的规定,却是对外国人在中国活动的明确要求,即"不得从事与停留居留事由不相符的活动"。至于外国人来中国从事何种具体活动,则由相应的法律法规予以规定。外国人在中国的居留,应严格按照我国法律的规定,进行注册登记、服从管理部门的管理。

《蒙古国宪法》[1] 也规定了在蒙古国的外国人的权利义务问题。《蒙古国宪法》第 18 条规定:"依据蒙古国法律及与外国公民所属国缔结的国际条约,规定外国公民在蒙古国境内的权利义务。依据国际公约明确外国公民的权利、义务时,蒙古国与该国公民所属国间坚持对等原则。"蒙古国宪法这一规定,阐明了对在蒙古国的外国人的依法保护及坚持国家间保护外国人的对等原则。《蒙古国外国公民权益地位法》对外国公民在蒙古国的权利义务进行了明确规定,这也是外国公民在蒙古国应该遵守的居留规则。按照该法的规定,在蒙古国的外国公民"按照与所属国对等原则,依据蒙古国法律确定外国公民在蒙古国境内的权利义务"。在蒙古国,除人的不可分割权外,蒙古国可以"以维护蒙古国的独立和国家安全及维持正常社会秩序为目的,限制外国公民的权利与义务",除此之外,"外国公民和蒙古国公民享有同等的权利和自由并承担相同的义务"。此外,按照蒙古国法律的规定,外国公民在蒙古国应尊重蒙古国的风俗习惯,应该进行登记并纳税,按照规定的期限离开蒙古国等。

按照《俄罗斯联邦宪法》第 62 条第 3 款的规定,"外国公民和无国籍人在俄罗斯联邦享有同俄罗斯联邦公民一样的权利,履行同俄罗斯联邦公民一样的义务,联邦法律或俄罗斯联邦签署的国际条约规定的情况除外"。俄罗斯宪法这一规定,确定了在俄外国人的基本权利和义务。《俄罗斯联邦外国公民法律地位

---

〔1〕 本部分引用的《蒙古国宪法》的相关内容,参见刘巴特尔等主编:《蒙古国商法汇编》(上册),内蒙古大学出版社 2018 年版,第 3—23 页。

法》对外国人在俄罗斯享有的权利义务等内容进行了细化。在俄罗斯的外国人，应该携带有效证件，具体包括外国人的护照、其他国家为外国人颁发的证明其身份且被俄罗斯承认的身份证明、临时居留许可、居留证、俄罗斯法律和签署的国际条约规定的证明无国籍人的其他文件。拥有上述合法身份证明文件的外国人，可以在俄罗斯法律禁止外国人进入的区域之外的俄罗斯境内，享有自由行动的权利，但在俄罗斯临时居住的外国人，无权根据其个人意愿改变其在具体的联邦主体临时居住的住址，也无权在该联邦主体境外选择住址。与中国和蒙古国相比，《俄罗斯联邦外国公民法律地位法》就在俄罗斯的外国人的选举权问题的规定，比较具有特色。该法第 12 条规定："外国公民对于俄罗斯联邦境内的联邦国家机构和联邦主体国家机构的选举无选举权和被选举权，并无权参加联邦主体的全民公决。""在俄罗斯联邦长期居住的外国公民在联邦法律规定的情况下并按照法律规定的程序，可在地方自治机构的选举中享有选举权和被选举权，并有权参加地方公决。"俄罗斯的这一规定，实际上赋予了在俄外国人享有的参与地方政治活动的权利。当然，俄罗斯对在俄外国人拥有参与地方自治选举权的规定，被《俄罗斯联邦地方自治机关法》进一步明确，将能够参与地方自治选举的外国人的范围限定在"长期或主要在俄罗斯自治地方居住的外国人"。当然，在俄罗斯长期居住或主要在俄罗斯居住的外国人，要想获得参与自治地方选举的权利，还需要外国人所属的国籍国与俄罗斯有相互参与地方选举的国际条约。而与俄罗斯签订本国人在对方国家可以参与地方选举条约国家的数量还非常有限，主要局限在苏联的加盟共和国，如白俄罗斯、亚美尼亚等国。[1]

第二，关于外国人的就业规则。如果大量外国人在本国就业，会影响到对本国公民就业权利的保护。在对外国人的管理方面，中蒙俄三国都严格控制外国人在本国领域内的劳动就业问题。《中华人民共和国出境入境管理法》第41条规定："外国人在中国境内工作，应当按照规定取得工作许可和工作类居留证件。任何单位和个人不得聘用未取得工作许可和工作类居留证件的外国人。"这一规定，原则上确立了外国人在我国就业的工作许可制度。随着我国综合国力的提升，"中国越来越成为具有吸引力的移民目的地国"，[2] 导致了严重的非法入境、非法滞留和非法就业的"三非问题"。2022年，国家移民管理局针对"三非"外国人开展了集中整治的"百日行动"，截止到2022年9月23日，共查处"三非"违法犯罪案件4794起、"三非"外国人19983人。[3] 这体现出国家从法律层面对外国人非法就业明令禁止。针对外国人的就业问题，我国采用指导目录

---

〔1〕 Леван Т. Ч. Права иностранных граждан на осуществление местного самоуправления в Российской федерации//Вестник экономической безопасности. 2018. No 1.

〔2〕 宋全成：《非法外国移民在中国的现状、症结与对策》，载《山东大学学报》2015年第1期。

〔3〕 参见《"百日行动"以来国家移民管理局查处"三非"外国人近2万人》，https://baijiahao.baidu.com/s? id = 1744729685560256196&wfr = spider&for = pc 浏览日期：2022年11月27日。

的形式定期对外发布。而对留学生的勤工助学问题，则由教育部门会同国务院相关部门共同制定。在《中华人民共和国出境入境管理法》明确列举了属于非法就业的情形，即"未按照规定取得工作许可和工作类居留证件在中国境内工作的；超出工作许可限定范围在中国境内工作的；外国留学生违反勤工助学管理规定，超出规定的岗位范围或者时限在中国境内工作的"。

　　蒙古国对外国人在本国的就业，也做出了严格的限制。外国人在蒙古国的劳动就业问题，被规定在 2001 年颁布的《蒙古国劳务输出与劳务及技术人员输入法》[1] 中。按照该法第 4.1.1 条规定，蒙古国主管劳动事务的中央行政机关"结合人口与就业及投资结构政策，制定并实施劳务输出与劳务及技术人员输入政策、方针"。这样蒙古国便以法律的形式明确规定了外国人在蒙古国就业的许可制度。在对外国的劳务及技术人员引入方面，蒙古国的总体要求是"以引进科学技术、教育、先进的生产技术与科技、现代生产与服务、设备安装与维修以及实施项目为目的"。"授权机构受理相关材料并审核在政府核定的指标内授予蒙古国境内务工许可"。并且，获得劳务许可的外国人，除蒙古国法律予以免除缴纳费用的情形外，还需缴纳一定的费用。

　　俄罗斯也对外国人在其本国的就业进行了严格规范，尽管

---

　　〔1〕 本部分引用的《蒙古国劳务输出与劳务及技术人员输入法》，参见刘巴特尔等主编：《蒙古国商法汇编》（下册），内蒙古大学出版社 2018 年版，第 456—463 页。

《俄罗斯联邦外国公民法律地位法》原则上规定，"外国公民有权自由支配自己的劳动能力，选择劳动种类和职业，并有权自由支配其能力及财产以从事不被法律所禁止的经营及其他活动，但须考虑到联邦法律规定的某些限制"。但这一条，实际上更加强调外国人在俄罗斯就业的一些限制性条款。外国人在俄罗斯就业方面，《俄罗斯联邦外国公民法律地位法》规定了优先使用本国劳动力、在俄罗斯全境对外国劳动力进行总量控制、限额管理的基本原则。[1]例如，该法第18条便规定："俄罗斯联邦政府每年确定对外国员工的需求，包括按优先职业技能类，并考虑政治、经济、社会和人口状况，也为评估使用外国劳动力的有效性……为了保障国家安全、维持合理的劳动力资源平衡、协助俄联邦公民优先就业，为了解决对内、对外政策的其他问题，俄联邦政府有权确定俄联邦一个或几个主体境内和整个俄联邦境内给外国公民劳动许可的配额。"

从对外国公民在本国就业的规范看，中蒙俄三国中，俄罗斯的法律规定得极为详细和具体。在坚持对外国人在俄罗斯就业严格进行配额管理的同时，考虑到俄罗斯不同地方，如符拉迪沃斯托克自由港等地，可以按照不同的法律要求，对外国人的就业进行差异化管理。在确定外国人工作配额指标时，严格考虑外国人对本国国家安全的影响等。

---

[1]　参见纪建全：《俄罗斯外国劳务管理现状与中俄劳务合作浅析》，载《西伯利亚研究》2017年第2期。

（四）出境管理制度

外国人进入本国领域后，应按照签证规定的期限，在签证期限届满前离开本国国境，当然，如果因特殊情形，在签证期限届满前，外国人可以申请延长居留许可的期限。对这些内容，中蒙俄三国的相关法律都做了明确规定。例如，《中华人民共和国出境入境管理法》第27条规定："外国人出境，应当向出入境边防检查机关交验本人的护照或者其他国际旅行证件等出境入境证件，履行规定的手续，经查验准许，方可出境。"《蒙古国外国公民权益地位法》第34.1条规定："外国公民应该在允许停留的期限内离境。"《俄罗斯联邦出入境管理法》第28条则以出境受限制可能的形式，规定了外国人应该遵照俄罗斯法律规定离开俄罗斯国境。

为加强对外国人的管理，中蒙俄三国都对外国人限制离开其本国的条件进行了明确规定，以此确保在其领域内的外国人，要切实遵守其法律。《中华人民共和国出境入境管理法》第28条规定了外国人不准出境的情形："被判处刑罚尚未执行完毕或者属于刑事案件被告人、犯罪嫌疑人的，但是按照中国与外国签订的有关协议，移管被判刑人的除外；有未了结的民事案件，人民法院决定不准出境的；拖欠劳动者的劳动报酬，经国务院有关部门或者省、自治区、直辖市人民政府决定不准出境的；法律、行政法规规定不准出境的其他情形。"中国法律这一规定，既具体到不准出境的事项，又以兜底条款的形式，进行了概括性规定。这些限制外国人离开中国国境的规定，最终是为

了确保外国人遵守中国的法律法规，既要坚持公平公正，也要
维护中国国家和公民的权益。

《蒙古国外国公民权益地位法》也对禁止外国人离开蒙古国
的具体情形做了明确规定。根据该法第 34 条，在蒙古国的外国
人存在下列情形，在离开蒙古国时将被进行限制。具体包括：
涉嫌犯罪嫌疑的，根据相关部门的决定待该案最终裁决为止；
法院判决有罪的，待刑期届满或释放以及按蒙古国缔结的国际
条约将外国公民移送到所属国为止；根据刑事诉讼法、行政处
罚法、法院判决执行法，由法院、检察院、执行局等单位作出
决定限制暂时出境蒙古国；主管外国事务的政府机关领导根据
相关部门的意见作出暂时限制外国公民离境的决定。

相类似的，《俄罗斯联邦出入境管理法》第 28 条规定了外
国公民或无国籍人离开俄罗斯国境可能受到限制的情形包括：
"根据俄罗斯法律，因涉嫌犯罪被拘留或作为被告受到起诉——
直到案件作出判决或法院宣判生效为止；因在俄联邦境内犯罪
而被判刑——直到服刑期满或免除刑罚为止，但依据法院判决，
对于受害一方无债务义务而被提前假释的外国公民或无国籍人
除外；逃避履行法院判决其承担的义务——直到履行义务或各
方达成和解为止；未履行俄联邦法律规定的纳税义务——直到
履行该类义务为止；根据俄联邦法律因在俄罗斯境内行政违法
而被追究行政责任——直到服刑期满或免除刑罚为止。" 比较中
蒙俄三国限制外国人离境的规定，我们可以发现限制某一外国
人离境的理由基本相似，具体而言，主要是涉嫌犯罪、服刑期

未满、存在着法院判决未执行的情况、遭受行政处罚等。中蒙俄三国在明确列举限制外国人出境的情形后，也都以兜底性条款，确保存在其他被本国政府认为不适宜出境的情形，则也可以限制外国人离境。对外国人离境的限制，确保了外国人在本国领域内能够遵守法律，正确履行其应当履行的义务，进而确保外国人与本国人及外国人之间权利义务关系的实现。

三、中蒙俄经济走廊合作视域下三国出入境管理法的完善建议

促进中蒙俄三国公民的往来，可以极大提升三国民众的了解程度，促进民心相通，进而带动三国贸易、投资、旅游等全方位的发展，进而推动三国区域经济一体化的实现。为此，在对中蒙俄三国出入境管理法律制度进行比较的基础上，提出完善三国出入境管理法的建议。

（一）新时代外国人管理更应突出权利保障理念

与蒙古国和俄罗斯对外国人的出入境管理相比，中国在对外国人出入境方面，具体适用《中华人民共和国出境入境管理法》的规定。这部法律重在强调外国人出入中国国边境的管理秩序，更加突出行政管理机关的秩序要求，但权利保障方面略显不足。对此，我们可以将其与《俄罗斯联邦出入境管理法》进行比较。2017年修订的《俄罗斯联邦出入境管理法》开篇便以宣言的形式表明："每个人都能从俄罗斯自由离境，俄罗斯公民有权自由返回俄联邦境内。"这一规定，不属于任何一条，而是相当于《俄罗斯联邦出入境管理法》的序言，最大程度地对外宣示俄罗斯对外国人和本国公民自由出入境权利的保障。这一规定是在对外传播俄罗斯对公民出入境权的保护理念，这是《俄罗斯联邦出入境管理法》的立法目的，而所有针对外国人出入俄罗斯国境的管理制度，最终是为保障公民自由出入境权服务的。《俄罗斯联邦出入境管理法》第 2 条规定："俄联邦公民出境权利不受本联邦法所规定的原则和办法之外的限制。俄联邦公民不可被剥夺进入俄联邦国境的权利。俄罗斯联邦公民出境不应使本人、其配偶或亲属在享有俄联邦法律和俄联邦应尽的国际义务受到限制。"《俄罗斯联邦出入境管理法》这些规定，是着眼于人权保障的目的，对公民出入境权的再次强调，并且为打消俄罗斯出境公民的自由出境的顾虑，在其法律中明确宣布，不能因俄罗斯公民出境而对其家人造成不良影响。

"尊重和保障人权"被我国宪法明确规定。出入境权也是公民的一项重要权利之一。"出入境权是指人人不受歧视和根据自己的意志离开任何国家和返回本国的权利。"[1] 受到历史条件的限制，我国的出入境管理制度，曾经一度是为限制公民自由出入境颁布的，并且在历史上很长一段时间，国家原则上禁止公民出入境。但是，随着改革开放的深入推进，中国公民出入境和外国公民进入我国，已经成为一种常态。无论是中国公民，还是外国公民，都存在着对出入我国国边境的强烈需求。如何

---

〔1〕 刘国福:《出入境权与中国出入境管理法》, 载《法治研究》2009 年第 3 期。

在出入境管理立法上突出人权保障理念，是必须思考的重点问题。尽管 2012 年我国出入境管理法律进行了大幅度的修改，但这种以管理公民出入境为目的的立法理念，并没有发生转变。甚至直到今天，"出入境权"在我国法律上的含义也并不清晰，导致了各方对该项权利的理解存在差异。[1] 在国家大力推进"一带一路"倡议的情况下，在大力推动"人类命运共同体"理念实施的背景下，中国的出入境管理法律制度也应该突出对公民出入境权保障的理念。应将保障中国公民和外国公民的出入境权作为出入境管理法的原则，在我国法律上进行明确规定，在理念和制度上推进我国出入境管理法律的完善。同样，蒙古国出入境管理法也应该在立法理念、原则和具体制度设计上，突出对公民出入境权的保障，共同推进三国出入境管理法律制度在理念和制度方面的对接，促进对三国民众出入境权的保障。

（二）出入境权救济制度的完善

中蒙俄三国出入境管理法律在确保正常的出入境管理秩序的同时，应该在保护公民出入境权方面进行制度对接。有权利，便应该有救济。在出入境管理方面，重要的救济在于，当公民认为其本人的出入境权受到侵害后，应该建立一种以中立的第三方对认为出入境权被侵害的公民进行救济的机制。这一制度，一方面是在新时代对所有公民出入境权保护制度建立的宣示，另一方面也可以在中蒙俄三国公民进行交往时，对三国公民出

---

〔1〕 参见刘国福：《出入境权与中国出入境管理法》，载《法治研究》2009 年第 3 期。

入境权利进行有效保障。例如，2020 年受疫情影响，俄罗斯加强了对进入俄罗斯国境的中国公民的强制隔离 14 天的措施。入境俄罗斯的中国公民，需要被严格执行隔离措施。2020 年 2 月 22 日，俄罗斯动用警力对被强制隔离的中国公民进行检查，结果发现了 80 多人违反俄罗斯隔离措施的决定。俄方根据《俄罗斯联邦行政违法法典》第 18.8 条第 3 款的规定，对违反该条规定的中国公民处以罚款，并附加驱逐出境且 5 年内不得入境俄罗斯的行政处罚。此事引起了中国国人的广泛关注，中国驻俄罗斯大使馆也要求俄罗斯切实保障在俄中国公民的合法权益。[1] 部分中国公民充分利用俄罗斯法律规定对出入境权保护的救济途径，并最终实现了对自己出入俄罗斯国境权的救济。例如，一名在莫斯科大学读书的中国大四学生，到俄罗斯后被隔离，但该学生曾经未经俄方允许离开过隔离场所，进而被处以驱逐出境的处罚。该名学生对此提出上诉。在上诉审过程中，中国学生及其代理人认为该生在莫斯科大学学习期间表现良好，其离开隔离场所是出于紧急情况，并且该生没有被感染新冠病毒，更没有将该病毒感染给他人，且该同学在俄罗斯期间，从未违反过俄罗斯出入境管理法的相关规定。进而，在俄罗斯进行二审时，法院认为"只有当驱逐出境是平衡公共利益和个人利益的唯一手段，并且在必须适用并考虑罪罚适当原则时，对涉案当事人才可以追加驱逐出境的处罚。在本案中，一审法院

---

〔1〕《在俄被隔离的 80 名中国人：有人被判 5 年内不得入俄》，https：//news.163.com/20/0303/18/F6QJ52T600018990.html，浏览日期：2020 年 3 月 10 日。

没有查明当事人是否存在需要加重处罚的情节，而《俄罗斯联邦行政违法法典》第18.8.3条也没有规定驱逐出境是同时强制判处的处罚，所以，根据俄罗斯联邦宪法法院的相关司法解释，二审法院判决撤销驱逐出境处罚"。[1] 中国国内媒体对俄罗斯二审撤销对中国学生驱逐出境的决定，予以了广泛关注，认为俄罗斯法院很好地保护了外国人的出入境权。

之所以上述被一审法院判处附加驱逐出境的中国公民出入境权能够得到保障，是和《俄罗斯联邦外国公民法律地位法》及《俄罗斯联邦行政违法法典》规定的权利救济制度相关的。《俄罗斯联邦外国公民法律地位法》第34条规定了外国公民可以被处以驱逐出境的处罚。《俄罗斯行政违法法典》第18.8条针对外国公民或在俄无国籍人的违法行为，规定了罚款或驱逐出境的行政处罚措施。俄罗斯的行政处罚，应由治安法官做出，这样便把行政处罚变成了法院的决定，不再是单纯的命令服从关系，而是行政人员向法院提出请求，由法院审理后最后做出决定，是一种司法解决途径，由中立的第三方根据公正原则和俄罗斯法律的规定，具体决定处罚措施。可以说，俄罗斯针对外国公民出入境权的救济方式，突出了对公民出入境权的保护和对行政机关行政权力的限制，并且当一审法院做出决定后，如果当事人不服，还有二审的救济程序。

《中华人民共和国出境入境管理法》中对违反出入境法律的

---

〔1〕《俄罗斯二审法院撤销中国公民驱除出境判决》，http://xindalilaw.com/newsitem/278447594，浏览日期：2020年3月23日。

外国人，也可依法处以驱逐出境的行政处罚措施。《中国出境入境管理法》第64条也规定了外国人对中国对其做出的"遣送出境措施不服的，可以依法申请行政复议，该行政复议决定为最终决定"。同样，该法第81条规定，"外国人违反本法规定，情节严重，尚不构成犯罪的，公安部可以处驱逐出境。公安部的处罚决定为最终决定"。作为对外国人出入境权的最严厉处罚，应该通过赋予权利人通过中立的第三方进行申诉进而获得权利救济的机会。这是一种权利救济的机制设置，是保护权利的有效手段，避免因行政权力的执行人和裁判人为一人而无法保障相对人的合法权利的情况发生。

（三）共同制定促进中蒙俄三国人员往来的国际条约

在中蒙俄经济走廊建设推进的过程中，最大限度地增进三国人员之间的密切往来，是促进贸易、民心相通乃至三国区域经济一体化的有效手段。然而，比较中蒙俄三国出入境管理法律规范，我们便可以发现，目前俄蒙两国在对外国人的出入境管理方面，设置了诸多限制条件，这对正处于增效提速阶段的中蒙俄经济走廊建设而言，并非有益之举。

身处中俄两个大国之间的蒙古国，对其文化安全存在着深深的焦虑。为此，蒙古国试图"从文化和心理上与两个邻国划清界限"。[1] 要从文化与心理上与中俄划清界限，一方面是加强对蒙古国历史文化传统的宣传，凝聚蒙古国公民的共识，另

---

〔1〕　图门其其格：《转轨时期蒙古国的民族主义思潮》，载《当代亚太》2006年第3期。

一方面则是限制蒙古国外来人口的数量。《蒙古国外国公民权益地位法》中设置了蒙古国的外国居住人口和侨居人口上限限制便是出于这一考虑。因私居住人数上限不得超过蒙古国人口总数的 3%，其中单一国家人口不得超过 1%。而且，侨居蒙古国的外国人不得超过蒙古国人口总数的 0.5%，单一国家人口不得超过 0.17%。蒙古国法律中这些对外国来蒙古国工作、生活人员的上限限制，从促进中蒙俄经济走廊建设的角度看，是极为不利的。中国是蒙古国的第一大贸易伙伴国和最大的外资来源国，中国对蒙古国投资占蒙古国外资总数的 50% 以上。在中国对蒙古国大量投资、中蒙经济联系日益紧密的情况下，蒙古国对外来公民的数量限制，将对中蒙两国进一步加强合作造成不利影响。现实的可能是，在中蒙两国加强合作的背景下，蒙古国应该从法律层面对外来公民的限制措施进行适当调整。当然，这关系到蒙古国立法的国家主权问题，需要与蒙古国方面进行必要的沟通与协调。

俄罗斯对外国公民在俄罗斯工作生活方面，也采取了限制、配额管理等措施，并把确保俄罗斯的国家安全作为引进外来公民在俄罗斯工作生活的前提条件。《俄罗斯联邦外国公民法律地位法》也将"保障国家安全"作为引进外来居民的首要条件。尽管俄罗斯没有像蒙古国那样，将外国公民在蒙古国的数量以立法形式进行明确限制，但《俄罗斯联邦外国公民法律地位法》的上述规定，必然会对某一国家公民在俄罗斯的居住、就业配额指标产生影响。俄罗斯法律上述规定以及配额指标管理等，实际上也不利于中蒙俄经济走廊合作的顺利推进。同样，这需要中俄两国就加强两国经济合作过程中涉及的两国公民在对方居住就业等问题进行沟通协调，消除不利于两国推进经济走廊建设的法律障碍。

为解决上述问题，中蒙俄三国政府部门应就三国公民在对方的居住、工作等问题进行对接，达成双边或多边的国际协议。在这方面，中蒙、中俄已经有切实可行的经验和做法可供复制。2013 年中俄两国签署了《中华人民共和国政府和俄罗斯联邦政府关于便利公民往来的协议》。该协议已经于 2014 年 4 月 26 日生效。按照该协议的规定，中俄两国将互免双方持外交、公务护照人员签证，简化双方执行国家间、部门间合作人员以及从事商务、运输、文教、体育交流活动人员的签证手续。中俄这一协议的签署，将会简化中俄两国公民往来签证的手续，能够促进中俄两国开展更深层次的合作，为促进中俄共建经济走廊建设提供帮助。中俄政府间的上述成功经验，实际上完全可以为中蒙两国所借鉴。中蒙两国已经签署了《中华人民共和国政府和蒙古人民共和国政府关于双方公民相互往来的协定》，但这一协定解决的是两国公民的往来问题，应借鉴中俄两国签署便利双方公民往来协议的做法，尽快签署中蒙之间促进两国人员往来的国际协议。为促进中蒙俄经济走廊合作的提速发展，我们应尽可能地从国家法律层面消除中蒙俄三国合作的障碍。中国出入境管理法律制度方面的成功做法，如针对外国公民的永居居留制度，也应该为俄罗斯和蒙古国所借鉴。俄蒙两国一方面希望吸引高素质人才到本国工作生活，以促进本国经济社会发展，另一方面在法律层面对包括高端人才在内的外国公民进行了诸多限制。这种立法上矛盾的做法，应该借鉴中国外国公民的永久居留制度予以解决。

（四）对接蒙俄制定《中华人民共和国外国公民法律地位法》

从对中蒙俄三国出入境管理法律制度的比较研究中，我们可以发现，在对外国人出入境管理方面，蒙古国和俄罗斯都制定了外国公民法律地位法。蒙古国直接采用《蒙古国外国公民权益地位法》，既规定了在蒙古国外国人的法律地位，又直接用这部法律来规范外国公民出入蒙古国境的行为。俄罗斯在《俄罗斯联邦外国公民法律地位法》之外，又制定了针对《俄罗斯联邦出入境管理法》来规范外国公民出入俄罗斯国境的法律行为。蒙古国和俄罗斯针对外国公民法律地位的立法，相比较而言，俄罗斯立法方式更优。在出入国边境管理方面，外国人也好，本国公民也罢，都应该尊重、遵守出入境管理法律制度。但在外国公民权益地位方面，本国公民和外国人存在较大区别，需要单独予以规定。

严格意义上而言，外国公民法律地位法是在一国的宪法之下，具体规定在本国的外国公民享有的权利义务，是一部专门针对外国人权益保护的法律规范。通常，一国宪法会概括性地规定外国公民在本国享有的权利，通常还会规定针对外国人权利规范方面的对等原则，除此之外，在本国的外国人除法律有特别的限制外，可享有与本国公民同等的权利。但毕竟外国人不同于本国公民，在原则上除享有与本国公民同样的权利外，还会针对外国公民进行一定的限制性规定，如不享有选举权和被选举权、不用服兵役、有些地区外国人不得进入等。例如，《俄罗斯联邦外国公民法律地位法》第15条规定："外国公民可以按合同制服兵役，可以根据联邦法律或俄联邦其他规范法律文件作为文职人员进入俄联邦武装部队、其他部队和军事集团工作。"《蒙古国外国公民权益地位法》要求外国公民应当"尊重蒙古国人民的风俗习惯"。《俄罗斯联邦外国公民法律地位法》对这方面的规定则更加细化。该法第15.1条便明确规定，外国公民申请办理在俄罗斯临时居住证、居留证、工作许可证等证件时，除针对特殊人才的特别规定外，要求必须提交诸如证明掌握俄语、俄罗斯历史和俄罗斯法律基础等方面的材料。俄罗斯的这一规定，可以最大程度地加快外国公民对俄罗斯的了解，加快外国公民融入俄罗斯社会的进程，避免不必要的文化冲突。[1] 应该说，这些专门针对外国人的法律规范，也是对外国人权利的限制，极不同于本国公民的义务规则，都需要进一步细化。

而上述问题，都不是一部出入境管理法就能够完全容纳的。在立法模式上，我国已经通过了专门规范公民出入中国国边境的出入境管理法。因此，有必要学习俄罗斯的经验，在出入境管理法之外，制定一部专门的外国公民法律地位法。这部法律

---

〔1〕 Казарян К. В. Пробемы правовой адаптации мигрантов в современных условиях//Юристъ-Правоведъ. 2019. №1.

与出入境管理法的立法目的和内容不同。立法目的上，出入境管理法是一部以维护中国出入境秩序为目的的、强制性的管理规范，而外国人法律地位法，则以在中国领域内的外国人的权利义务为主要内容，以切实保障在我国境内外国人的权利为立法目的。在内容上，出入境管理法主要针对公民出入境应该遵守的行为规范为主，而外国人法律地位法则以外国人享有的权利和义务为主。其实，我国很多学者曾建议制定一部中国的移民法。[1] 但是，从对接俄蒙及放眼世界的角度看，在有效管控和维护国家出入境管理秩序方面，单独一部出入境管理法是必要的。但应该与出入境管理法相并列，制定中国的外国公民法律地位法，以保障和规范在我国的外国公民的权利义务。做到既要达到吸引国际人才，促进国家建设的目的，又要切实保护在我国的外国人的合法权益，更要通过明确的法律规范，回应社会对外国人的看法，做到依法保障在中国的外国公民的权益。因此，制定一部符合中国国情的外国公民法律地位法，既是对接蒙俄、促进中蒙俄经济走廊建设的需要，更是向国际社会传达中国全面改革开放坚定立场的国内立法举措。

---

〔1〕 参见刘国福：《移民法：出入境权研究》，中国经济出版社 2006 年版，第490 页。

第二章 中蒙俄外商投资法律
制度比较研究

在中蒙俄共建经济走廊合作的进程中，吸引外资和扩大对外投资是促进中蒙俄经济走廊合作的重要路径。多年来，中国都是蒙古国外资的主要来源国。在不计算中国投资人借助其他国家企业对蒙古国投资的情况下，"中国（包含香港地区）在蒙古国 FDI 投资占其国家 FDI 投资的总体的 20%，仅次于加拿大，位居第二位"。[1] 中俄之间的经济合作也越来越紧密，中国对俄投资也呈扩大的趋势。俄罗斯中央银行数据表明："2015 年 1 月到 2018 年 1 月中国对俄直接投资由 27.69 亿美元增加到了 41.98 亿美元，增长 52%。"[2] 截至 2018 年末，中国对俄罗斯

---

〔1〕 刘刚、常静：《中国海外投资（FDI）"一带一路"建设中的影响力分析——基于中国 FDI 投资在蒙古国的状况研究》，载《财经理论研究》2019 年第 5 期。

〔2〕 李福川：《客观看中国对俄投资"异动"》，载《环球时报》2019 年 3 月 4 日，第 15 版。

联邦直接投资存量 142.08 亿美元。[1] 2022 年 9 月 8 日，俄罗斯驻华商务代表达赫诺夫斯基表示，2021 年来自中国的累计投资额增长 44%，超过 33 亿美元。[2] 同样，蒙古国和俄罗斯也不同程度地对中国进行投资。中蒙俄三国之间的投资互动，可以有效地促进三国合作升级，提升三国的合作水平，增进中蒙俄三国人民的福祉。为推动中蒙俄经济走廊合作的深入开展，比较研究中蒙俄外商投资法律制度就显得尤其重要。在针对我国投资方面，我国法律上使用的是外商投资，而俄罗斯使用的是外国投资，蒙古国则直接将外商投资的制度安排规定在自己的投资法中。为便于叙述，本章在标题的选取上，全部用"外商投资"来表示中蒙俄三国有关外国投资的法律术语表述。

一、中蒙俄外商投资法律制度基本情况

吸引外资是拉动本国经济发展、获得先进技术、解决就业的有效路径。中蒙俄三国都非常重视外资引进，三国也都分别制定并出台了较为完善的引进外资的法律法规。

(一) 中国外商投资法律制度概述

自实行改革开放起，我国便确立了积极引进外资的政策。

---

〔1〕 参见《2019 年对外投资合作国别（地区）指南（俄罗斯）》，http://www.mofcom.gov.cn/dl/gbdqzn/upload/eluosi.pdf，浏览日期：2020 年 4 月 1 日。

〔2〕 参见《俄驻华商务代表：2021 年中国对俄累计投资额达 33 亿美元》，https://sputniknews.cn/20220908/1043807168.html，浏览日期：2022 年 11 月 29 日。

大力吸引外资很大程度上是要实现"以市场换技术"的目的。通过吸引外资，实现我国技术水平的升级。为此，我国1979年便通过了《中外合资经营企业法》，1986年通过了《外资企业法》，1988年通过了《中外合作经营企业法》。上述"外资三法"的通过，为我国大力引进外资奠定了法律制度基础。当然，与上述"外资三法"相配套，规范企业行为方面，还有1986年的《民法通则》、1987年的《海关法》和1989年的《进出口商品检验法》、1987年的《中国银行对外商投资企业贷款办法》、1991年的《外商投资企业和外国企业所得税法》等。2001年，我国加入世界贸易组织后，为吸引外资、规范外资管理，又先后出台了《外资企业法实施细则》《外商投资电信企业管理规定》《外资保险公司管理条例》《外资金融机构管理条例》《外商投资电影院暂行规定》《外商投资租赁公司审批管理暂行办法》《关于设立外商投资创业投资企业的暂行规定》等具体法律规范，全面构建了我国外商投资的法律制度。

在我国迈入新时代，国家全面深化改革、推动全面开放新格局的历史条件下，需要按照我国的实际，制定符合新时代要求的外商投资法律规范。在这样的历史背景下，商务部启动了"外资三法"的修订工作，并于2015年1月正式公布了《中华人民共和国外商投资法》（草案征求意见稿）。这部法律草案也被列入了2018年的全国人民代表大会立法规划。2019年3月15日第十三届全国人民代表大会第二次会议通过了《中华人民共和国外商投资法》，并于2020年1月1日起施行。应该说，这部新的外商投资法律制度，将过去的"外资三法"合一，在制度构建上突出了"准入前国民待遇加负面清单管理"，更加彰显了我国对外开放的决心和力度。在这部新的《外商投资法》中，有众多的制度性规范，本部分将予以重点关注。国务院为配合《外商投资法》的顺利实施，于2019年12月12日国务院第74次常务会议通过了《中华人民共和国外商投资法实施条例》，于2020年1月1日起施行。当然，我国涉及外商投资的法律规范，除上述法律外，还涉及其他法律。具体而言，主要包括《中华人民共和国宪法》《国家安全法》《中华人民共和国民法总则》《公司法》《合伙企业法》《合同法》《证券法》《反垄断法》《政府采购法》等法律法规。

（二）蒙古国外商投资法律制度概述

蒙古国已认识到外资对其发展的重要性，但在不同的历史阶段，蒙古国对外资法律制度的建构是存在差异的。早在1990年，蒙古国便已经形成了外国投资法律框架，但当时的蒙古国正处于转型阶段。1990年3月23日，蒙古人民共和国大人民呼拉尔便通过了《蒙古人民共和国外国投资法》。[1] 此后，蒙古国经历了剧烈的社会转型，蒙古国法律制度也随之发生改变。1992年蒙古国通过了其历史上的第四部宪法，这为蒙古国国家

---

〔1〕 我国也较为关注这部法律，并及时地翻译成了中文，请参见陈六斤译：《蒙古人民共和国外国投资法》，载《经济学动态》1990年第10期，第55—56页；王婷娣译、刘鸿样校：《蒙古人民共和国外国投资法》，载《国际经济合作》1991年第5期，第59—60页。

制度奠定了法律依据。为此，蒙古国于 1993 年对其外国投资法进行了修改，颁布了《蒙古国外国投资法》。这部立法规定了到蒙古国投资的外国人享有的权利义务、投资领域、投资形式等基本内容。此后，蒙古国又颁布了《矿业法》《调整外汇法》《海关法》《公司法》《禁止不正当竞争法》等与规范外商投资相关的法律规范。1997 年，蒙古国加入了世界贸易组织。为增强外资的吸引力度，2002 年蒙古国出台了专门吸引外资的《经济自由区法》。在这一阶段，蒙古国与外资有关的法律涉及《蒙古国外国投资法》《蒙古国矿产法》《蒙古国建筑法》《蒙古国劳动法》《蒙古国自然环境保护法》《蒙古国税收总法》《蒙古国关税法》《蒙古国自由经济区法》，等等。随着蒙古国矿业的快速发展，该产业也很快成了蒙古国支柱产业。2004 年蒙古国对其《矿业法》进行了修改。2013 年 10 月 3 日，蒙古国议会对其投资法进行了大幅度修订，《蒙古国外国投资战略领域协调法》也随之作废。目前，蒙古国在外资方面，适用的正是《蒙古国投资法》[1]。本文对蒙古国外商投资法律制度与他国的比较，也将以该部投资法为主要依据。

（三）俄罗斯外商投资法律制度概述

20 世纪 80 年代，俄罗斯开始吸引外资。早在 1987 年，苏联出台了《关于创建和经营有苏联和外国组织、企业和管理机

---

[1]《蒙古国投资法》全文，参见宗那生、商那木拉主编：《蒙古国法律汇编》，内蒙古大学出版社 2018 年版，第 377—393 页。本文引用的《蒙古国投资法》条文，均出自该书。

关参与的现代企业、国际机构和组织问题的总统令》，被认为是其吸引外资立法的开端。在以法律形式调整外资方面，俄罗斯（苏联）经历了三个发展阶段，即1987年—1991年的初创阶段、1992年—2007年的发展阶段和2008年至现在，即以《关于外资进入对保障国防和国家安全具有战略意义的商业组织程序法》的通过为标志的现阶段。[1] 早在1991年7月，还未完全实现转型的俄罗斯，便出台了《俄罗斯苏维埃联邦社会主义共和国外国投资法》，同年11月15日，颁布了《关于俄罗斯联邦境内对外经济活动自由化》的总统令。但20世纪90年代的俄罗斯，处于转型时期，社会经济制度并不稳定。引进外资方面的改革，也一直处在持续进行的过程中。1992年俄罗斯颁布了《在俄罗斯境内发展自由经济区措施的总统令》，1993年2月颁布了《关于在俄罗斯联邦建立非商业风险的外国投资保险国际代理公司》的总统令，1995年6月颁布了《俄罗斯开展对外贸易活动基本原则》的总统令，1995年12月颁布了《俄罗斯联邦产品分成协议法》，1998年10月颁布了《俄罗斯联邦融资租赁法》以及1998年颁布了《俄罗斯联邦以资本投资方式实施投资活动法》等。在上述立法经验的基础上，1999年7月9日俄罗斯正式出

---

〔1〕 Гургулия А. А. Анализ развития правового регулирования иностранных инвестиций в России//Правово государство：теория и практика. 2018. № 1.

台了《俄罗斯联邦外国投资法》[1]，该法是对之前外资管理方面法律制度的全面修正。该部法律开宗明义地宣布了立法宗旨："在俄罗斯联邦经济领域吸引和有效利用外国的物质和财政资源、先进技术、工艺及管理经验，保障外国投资者经营条件的稳定性，使外国投资法律制度符合国际法准则及投资合作的国际惯例。"随着该法的颁布，其1991年的外资法也随之失效。上述法律法规的颁布，为俄罗斯初步构建起外商投资法律制度。

自2000年普京担任俄罗斯总统后，俄罗斯进一步加大了对外资的引进力度，相应地，继续修订或出台了一系列关于外资方面的法律法规，主要包括《俄罗斯联邦外国公民法律地位法》《俄罗斯联邦保障外国人投资权益法》《俄罗斯联邦促进投资活动法》《俄罗斯联邦经济特区法》。此外，俄罗斯民法典第一部分至第四部分，分别于1994年、1996年、2002年和2006年颁布实施，也为俄罗斯的投资管理法制化做出了贡献。在俄罗斯吸引和规范外国投资法律制度方面，《关于外资进入对保障国防和国家安全具有战略意义的商业组织程序法》（以下简称《战略领域外国投资法》）具有极为重要的意义。《战略领域外国投资

---

〔1〕《俄罗斯外国投资法》最早的汉语翻译文本，参见宋锦海译：《俄罗斯联邦外国投资法》，载《东欧中亚市场研究》2000年第3期，第33—39页。该部法律分别于2002、2003、2005、2006、2007、2008、2011、2014、2017、2018年修订，修订次数多达15次，修改幅度非常大。本文在写作时，参考了原译文，并根据俄罗斯外国投资法的最新版本进行了重新翻译校对。本文中引用的该法条文，均经作者重新校对翻译。原文参见《Федеральный закон Об иностранных инвестициях в Российской Федерации》，https：//docplan.ru/Data2/1/4294847/4294847207.htm，浏览日期：2020年3月21日。

法》于 2008 年 4 月 2 日由俄罗斯国家杜马通过，4 月 16 日联邦委员会赞同该法，4 月 29 日普京正式签署该法。此外，构成俄罗斯外资法律制度的规范性法律还涉及《俄罗斯联邦宪法》《俄罗斯联邦农用土地流通法》《俄罗斯联邦税法典》《俄罗斯联邦企业注册法》《俄罗斯联邦土地法典》《俄罗斯联邦固定资产投资活动法》《俄罗斯联邦矿产资源法》《俄罗斯联邦租赁法》《俄罗斯联邦保护证券市场投资者权益法》《俄罗斯联邦经济特区法》《俄罗斯联邦跨越式发展区法》《俄罗斯联邦符拉迪沃斯托克自由港法》《俄罗斯联邦反垄断法》《俄罗斯联邦投资基金法》《俄罗斯联邦证券市场法》，等等。

二、中蒙俄外商投资法律制度的共性与特色

中蒙俄三国都重视吸引外商投资，并且，在各自国家不同的发展阶段，三国也都通过了不同版本的外商投资法。中蒙俄三国外商投资法，在宏观的制度构建上，存在着相似之处，但三国又分别结合各自国家的特点，体现出各自的特色。

（一）外商投资概念的法律界定

比较中蒙俄三国外商投资法律制度，首先便涉及对外商投资概念的界定。这一概念的界定，涉及外商投资的范围及保护力度。按照《中华人民共和国外商投资法》第 2 条的规定，外商投资是指外国的自然人、企业或者其他组织（以下称"外国投资者"）直接或者间接在中国境内进行的投资活动。具体情形包括三项明确规定和一项兜底条款。三项明确规定是外国投

资者单独或者与其他投资者共同在中国境内设立外商投资企业；取得中国境内企业的股份、股权、财产份额或者其他类似权益；单独或者与其他投资者共同在中国境内投资新建项目。兜底条款则规定"法律、行政法规或者国务院规定的其他方式的投资"。这一兜底条款，为将来对外资监管"预留了法律上的依据和操作空间，不排除全国人大或有关部门在未来可能会出台一系列相关配套政策，以解决协议控制下的外资准入限制、返程投资等常见的法律问题"[1]。在对外商投资进行界定后，我国外商投资法进一步明确了外商投资企业，即"全部或者部分由外国投资者投资，依照中国法律在中国境内经登记注册设立的企业"。

《蒙古国投资法》同样也对外商投资进行了明确界定。但与我国外商投资法的规定方式不同，《蒙古国投资法》是通过"投资""外国投资者""外国投资企业""外国法人代表处""外国国有法人"五个基本概念来界定外商投资的。根据《蒙古国投资法》第3条的规定，"'投资'是指在蒙古国境内对从事营利性经营活动者的股份进行投资并反映于财务报告中的有形或无形资本"；"'外国投资者'是指对蒙古国进行投资的外国法人个人（不在蒙古国长期居住的外国公民和无国籍人以及在外国长期居住的蒙古国公民）"；"'外国投资企业'是指按照蒙古国法律注册成立，外国投资占有25%或者以上且每位外国投

---

[1]　石锦娟：《新外商投资法亮点解读》，载《中国外汇》2019年第9期。

者的投资额超过 10 万美元或等额图格里克的企业";"'外国法人代表处'是指外国法人在蒙古国成立的，以委托授权开展代表业务为目的的无法人资格主体";"'外国国有法人'是指公司 50% 及以上股份被外国直接或间接持有的法人"。我们可以将《蒙古国投资法》规定的上述概念结合起来，得出蒙古国外国投资的法律概念，即外国投资者在蒙古国境内投资营利性经营活动者的有形或无形资本。《蒙古国投资法》在投资者主体的确定上做了特别规定。其一，外国投资人必须是不在蒙古国长期居住的外国公民和无国籍人，也就是说，如果外国人和无国籍人长期在蒙古国居住，则不属于外国投资人。其二，即便是蒙古国公民，如果该蒙古国公民并不在蒙古国居住，而是长期在蒙古国之外居住，也可以认定为外国投资人。应该说，《蒙古国投资法》对外国投资者的这一规定，是与我国存在差异的。相比较而言，在对外国投资人主体资格的认定上，蒙古国采取了比中国更为实际的标准来界定。

《俄罗斯联邦外国投资法》也对外商投资在法律上进行了明确规定。与中国和蒙古国法律对外商投资的界定相比，俄罗斯法律对外商投资的界定相对复杂。《俄罗斯联邦外国投资法》第 2 条通过"外国投资者""外国投资""外国直接投资""被控制人"等几个法律概念对外商投资进行了界定。按照该条规定，外国投资者是指根据所在国法律，拥有民事权利能力和行为能力的外国公民、无国籍人，或者按照所在国法律确定民事权利能力并有权在俄罗斯投资的外国法人、非法人组织，或者是根据俄罗斯签署的国际协议规定的国际组织或符合俄罗斯联邦法律的外国国家。上述俄罗斯法律规定的外国投资人中，还做了排除性规定。首先，只要是拥有俄罗斯国籍的人，不论该人是否拥有其他国家的国籍，都不能认定为外国投资人。因为"根据1993年俄罗斯宪法的规定，按照联邦法律和国际条约规定，俄罗斯公民可以拥有双重国籍"。[1] 其次，处于俄罗斯公民或法人控制之下的外国法人或非法人组织，不能认定为外国投资人。最后，就无国籍人在俄罗斯投资的问题，其民事权利能力和行为能力要根据经常居地国的法律确定。在界定外国投资人主体之后，俄罗斯法律对外国投资做了明确界定。外国投资是指"以外国投资者所拥有的民事权利客体形式直接并独立地投入到俄联邦境内企业经营项目的资本，且根据联邦法律的规定，上述民事权利客体在俄联邦未被禁止流通或限制流通，其中包括货币、有价证券（外币及俄联邦货币）、其他财产、对智力活动成果具有货币估价的特殊权利的财产权（知识产权）以及服务和信息"。按照这一规定，构成《俄罗斯联邦外国投资法》上的外国投资的范围较为广泛，包括了货币、其他财产、证券、知识产权以及服务与信息。也就是说，只要是俄罗斯法律未被禁止的民事权利客体，均可以被列入外国投资的范畴。这样，外国投资的范围便过于宽泛。为此，《俄罗斯联邦外国投资法》又给出了外国直接投资的概念，即"根据俄联邦民事法律，外

---

〔1〕　Веселкова Е. Е. Об общих положениях правового регулирования иностранных инвести ций в россии//Современная наука. 2016. №1.

国投资者在俄联邦境内获得以合伙或公司形式成立的或重新组建的商业组织注册资本（合股资本）10%以上股份（投资）；向俄联邦境内成立的外国法人分支机构投入的固定资产投资；在俄联邦境内，外国投资者作为出租人实施的设备融资租赁，其海关估价根据欧亚经济联盟海关联盟（以下简称"海关联盟"）对外经济活动统一商品名录第16章和第17章所列，不少于100万卢布"。这一法律界定，便从宽泛的外国投资中区分出外国直接投资，以便于在实践中把握。与中国和蒙古国对外商投资的界定不同，《俄罗斯联邦外国投资法》还给出了"再投资"的概念，即"外国投资者或外资商业组织将外国投资所得收入或利润向俄联邦境内经营项目进行投资"。也就是说，对外国投资者而言的再投资，是外国投资者利用外资在俄罗斯获得的收入或利润进行的再次投资资本。俄罗斯法律对上述不同概念的清晰界定，实际上是为了在实践中对不同的投资形式赋予不同的管理措施奠定法律依据。与我国利用兜底性条款针对例外情况不同，《俄罗斯联邦外国投资法》将俄罗斯本国公民或法人排除在外国投资的主体之外，因此，该法明确规定了被控制人的概念。按照该法第2条的规定，被控制人是指被俄罗斯联邦公民和（或）俄罗斯法人控制之下的外国法人或外国非法人组织，具体而言，应具备如下特征之一：（1）控制人有权直接或间接支配被控制人作为注册资金50%以上具有表决权的股份；（2）根据合同或其他依据，控制人有权或者被授权做出包括被控制人从事企业活动条件在内的、被控制人必须接受的决定；

（3）控制人有权任命被控制人的一人执行机构和（或）集体执行机构50%以上的成员和（或）可以无条件地选任被控制人董事会（监事会）或者其他集体管理机构超过50%以上的成员；（4）控制人有权直接或间接支配被控制人低于作为注册资金50%的具有表决权的股份，但控制人有权支配的具有表决权的股份与被控人的其他股东（参加人）所有的作为被控制人注册资本的表决权股份的关系，已经让控制人有可能做出被控制人必须接受的决定的；（5）控制人可以全权管理被控人。俄罗斯法律关于被控制人的规定，实际上是避免了俄罗斯公民或法人通过控制其他外国公司对俄罗斯投资形成的法律规避。

比较中蒙俄三国法律对外商投资的界定，涉及外国投资主体和投资形式两类。在中蒙俄三国外商投资的主体上，有相似之处，那就是将外国公民或法人及非法人组织都纳入了外国投资者的范畴。但存在的区别也是非常明显的。首先，蒙古国将本国在蒙古国国外长期生活的公民，回蒙古国投资的，认定为外资的范畴。反之，如果是外国人或无国籍人长期在蒙古国居住，则也不属于外资的范畴。而俄罗斯则明确将被俄罗斯个人或企业控制的外国投资者排除在了外国投资者主体的范畴。同时，拥有俄罗斯国籍的人，不论是否长期在俄罗斯国外定居，也被排除在外。与蒙古国和俄罗斯法律相比，中国的外商投资法仅仅将外商范围限定在外国的自然人、企业或其他组织。这样实际上把中国在国外长期定居者的投资排除出了外资的范畴。这一规定与俄罗斯类似，但与蒙古国却存在较大差异。其次，与我国和蒙古国不同，俄罗斯将外国国家也作为外商投资的主体，但必须要与俄罗斯联邦法律规定的程序相符才可以。最后，《蒙古国投资法》特别单独规定了外国国有法人的概念，即"外国国有法人是指公司 50% 及以上股份被外国直接或间接持有的法人"。尽管《俄罗斯联邦外国投资法》没有直接对外国国有法人的概念进行界定，但在 2008 年通过的《战略领域外国投资法》[1] 中却使用了被"外国国家或国际组织控制之下的组织"的概念。而这一概念便指国有企业。[2] 相比较而言，我国关于外国国有企业对我国的投资并未在法律上做出明确的限制性规定。此外，按照俄罗斯国籍法的规定，如果对方国家承认双重国籍，则俄罗斯相应地也承认双重国籍。但拥有俄罗斯国籍和其他国家国籍的人，按照《俄罗斯联邦外国投资法》的规定，不能成为外国投资者。对这一点，因中国和蒙古国国籍法均不承认双重国籍，因此，俄罗斯对拥有双重国籍者的限制在中蒙两国的法律上并未出现。在外商投资的形式上，俄罗斯规定得更为详细。《俄罗斯联邦外国投资法》既规定了作为民事权利客体的、不被俄罗斯法律禁止的外商投资的范围，同样，该法再

---

〔1〕 对俄罗斯《战略领域外国投资法》的条文引用，参见《Федеральный закон О порядке осуществления иностранных инвестиций в хозяйственные общества, имеющие стратегическое значение для обеспечения обороны страны и безопасности государства》，https：//legalacts. ru/doc/federalnyi－zakon－ot－29042008－n－57－fz－o/，浏览日期：2020 年 3 月 27 日。

〔2〕 参见王佳惠：《〈俄罗斯战略外资法〉内容、变化及实施效果》，载《俄罗斯学刊》2014 年第 4 期。

次明确规定了外商直接投资和再投资的概念，而中蒙两国法律上并未进行细分。应该说，中蒙俄三国在对外国投资的界定上，分别彰显出三国结合本国特色的特别规定。相比较而言，中国的规定更为开放，范围更大。

（二）外商投资促进法律制度

吸引外资，促进本国经济发展，增进技术革新，推动产业升级，是中蒙俄三国外商投资立法共同追求的目标。中蒙俄三国的外商投资法律制度，都规定了外商投资促进的具体制度安排。

1. 国民待遇原则

《中华人民共和国外商投资法》确立了准入前和准入后的国民待遇原则。这是对我国之前"外资三法"制度安排的重大变革。在外资企业待遇方面，我国一度实行的是有限的准入后国民待遇原则，即"外商投资的主体资格和经营资格的取得，均需经外商投资主管部门的批准"。[1] 我国新通过的"《外商投资法》强调构造竞争中性环境，从准入前到准入后均实施国民待遇"。[2]"国民待遇条款的设立目的是促使东道国在制定和适用法律法规时，不负面区分外国与本国投资者，从而保证外国投资者与本国投资者享有同等地位。"[3] 按照《中华人民共和国

---

〔1〕　徐键：《论外商投资的准入许可》，载《兰州学刊》2020 年第 1 期。

〔2〕　钟昌标：《〈外商投资法〉与中国对外开放模式的转型》，载《武汉大学学报（哲学社会科学版）》2019 年第 5 期。

〔3〕　［德］多尔查、［奥］朔伊尔编：《国际投资法原则》，补欢、施进译，中国政法大学出版社 2014 年版，第 209 页。

外商投资法》第9、10、15、16条的规定，国家支持企业发展的各项政策对外商投资法平等适用；制定与外商投资有关的法律法规，应征求外商的意见；外商企业依法平等参与强制性标准的制定，国家的强制性标准对外资企业平等适用；外商企业依法公平参与政府采购。该法对外资企业的平等待遇，是促进外商来我国投资的切实措施。通过准入前后的国民待遇原则，目的是使"企业不应仅因其资本来源于海外而拥有不正当的竞争优势或劣势"。[1] 在进入中国市场后，依据《外商投资法》第17条，"外商投资企业可以依法通过公开发行股票、公司债券等证券和其他方式进行融资"。上述规定，实际上也是我国构建的各类市场主体竞争中性原则的体现。

《蒙古国投资法》将外国投资与蒙古国的国内投资一并进行保护。该法第4.1条规定，投资法适用于蒙古国境内投资的外国和本国投资者。如果蒙古国的法律未作出例外性规定，则外国投资者与蒙古国本国投资者享有相同的待遇。但该法第4.2条针对外国投资者规定"投资者可以对蒙古国法律法规未禁止的行业、生产和服务活动进行投资"。尽管这条规定针对的是蒙古国国内外投资者，但实际上蒙古国法律规定了一些对外国投资的禁止事项。这些被禁止的事项主要包括开设赌场、从事色情宣传活动及与毒品相关的业务。《蒙古国投资法》中还针对外资做了特别限制，下文再详述。

---

〔1〕 刘大洪：《市场主体规则平等的理论阐释与法律制度构建》，载《中国法学》2019年第6期。

《俄罗斯联邦外国投资法》确立了外国投资的国民待遇原则。该法第 4 条第 1 款规定："对外国投资者经营活动及使用投资所得利润所提供的法律制度的优惠程度，不低于向俄罗斯投资者经营活动及使用投资所得利润所提供的法律制度，但联邦法律有特别规定的除外。"当然，与国民待遇原则相伴的必然是例外规定。"只能基于保护联邦宪法制度的原则、道德，保护他人的健康、权利和合法利益，确保国防和国家安全的目的，联邦法律才可以规定限制外国投资者的措施。"当然，这样的例外规定，符合国际投资法原则。

从中蒙俄三国对外商投资的准入制度看，中国实行准入前和准入后的国民待遇原则最大程度地表明了中国的开放政策。相比较而言，蒙古国尽管在其投资法上，没有明确宣布针对外资的国民待遇原则，但从蒙古国的立法模式上看，其将外国投资和本国投资规定在同一部法律之中，且如未对外资做出特别规定的话，则从平等适用投资法的立法上看，蒙古国实际上也实行的是国民待遇原则。当然，这对于外商投资立法，实际上存在着单独设立外商投资法的立法模式和不单独设立外商投资法的模式。蒙古国恰恰采取的是第二种模式。这种模式本身便存在着对内外资共同遵守本国立法的国民待遇的意味。当然，单独设立外商投资法的模式也非常普遍。对外资单独立法的含义在于针对外资设立的一些特别制度，意在强调对外资的吸引和保护。[1] 因此，中蒙俄三国外商投资立法，都确立了外资的国民待遇原则，但中国的规定是最为开放的。

2. 外商投资服务法律制度

我国《外商投资法》加强了对外商投资服务的制度安排。具体而言，《中华人民共和国外商投资法》规定，建立健全外商投资服务体系，为外商投资提供政策、法律、信息方面的服务；建立多边或双边的投资促进机制，更加方便外商投资；授权县级以上人民政府在其权限内制定外商投资促进和便利化措施；各级政府均应"简化办事程序，提高办事效率，优化政务服务，进一步提高外商投资服务水平"。应该说，随着我国市场经济的发展，在全面改革的过程中，政府的服务意识、服务能力都在显著增强。

《蒙古国投资法》在服务外国投资方面也做出了规定。该法第7.1.8条便规定"平等接受国家服务"是投资者的权利之一。外国投资者在蒙古国享受接受服务的权利，自然有相应的国家机关提供服务。该法第9条规定了蒙古国相关职能部门向外国投资者提供的服务。具体包括："维护投资者权利和合法权益方面提供帮助和服务""向投资者宣传与投资有关的法律环境、国内市场的有利条件""帮助投资者制定投资计划""与投资有关的政府其他服务方面提供咨询和电子一站式服务"等。

《俄罗斯联邦外国投资法》尽管没有明确规定对外国投资者

---

〔1〕 Борисенко П. И. Совершенствование системы российского законодательства об иностранных инвестициях по российскому прваву//Общество и право. 2011. №4.

的服务，但以法律形式规定了俄罗斯联邦执行权力机关在吸引外资方面的职责，如俄罗斯联邦政府"制定并保障吸引外资的联邦规划的实施"等规定。比较中蒙俄三国外商投资立法对外商服务的法律规定，中国规定得更加全面。中国的外商投资法，将为外国投资者提供服务作为法律制度予以明确规定，要求提高政府服务意识，提供法律、政策、信息方面的咨询等。当然，在蒙俄的外资立法上，尽管关于服务外资方面的明确规定还较为欠缺，但蒙俄两国也面临着吸引外资的任务，对外资提供服务职能，也是相关部门的职责所在。

3. 外商投资的优惠制度

《中华人民共和国外商投资法》在坚持对外商投资进行国民待遇的同时，还规定了对外商投资的优惠待遇。这种待遇已经超出了对本国企业的待遇。该法第13、14条规定，国家设立特殊经济区域制度，可以在部分地区实行外商投资试验性政策措施；鼓励和引导外国投资者在特定行业、领域、地区投资并按照规定享受优惠待遇。当然，"给予外国投资者及其投资等同于本国投资者及其投资的待遇，（至少在一定的发展阶段）并不因约定或法定义务的设定而成为一国负有的一般性国际法义务"。[1] 为吸引外资，《蒙古国投资法》也规定了多种优惠措施。投资者有权获得税收和非税收方式的投资扶持。蒙古国为了吸引外国投资，确保外国投资者对蒙古国投资的信心，在其

---

〔1〕 徐键：《论外商投资的准入许可》，载《兰州学刊》2020年第1期。

2013 年颁布的《蒙古国投资法》中规定了稳定证书制度。符合条件的外国投资者，可以获得蒙古国政府颁发的稳定证书，进而能够在较长时间内，保证投资的税率等优惠不降低。除稳定证制度外，蒙古国还规定了对外国投资者非税收方面的扶持措施。《蒙古国投资法》规定了向投资者提供占有使用土地可延长 40 年，对投资自由贸易区、工业技术园区的投资者简化注册登记和检验进出境规程，对投资基础设施、工业、科技、教育的项目简化审批手续，向科技创新项目提供担保，签发多次往返签和长期居住许可等非税收支持措施。《俄罗斯联邦外国投资法》也规定了针对外国投资的多重优惠措施。该法第 4 条明确规定："可以基于俄联邦社会经济发展利益为外国投资人设定优惠的激励性特别措施。优惠的种类及赋予的程序由联邦法律规定。"这是一项概括性规范。俄罗斯也为了保障投资的预期收益，规定符合条件的外国企业，在 7 年时间内能够获得不低于投资时的税率优惠。此外，俄罗斯法律还规定了可以给外国投资者以海关关税方面的优惠。"外国投资者和外资商业组织实施优先投资项目时，应按照俄联邦海关法、海关联盟成员国国际条约和俄联邦税法给予海关税费优惠。"并且，《俄罗斯联邦外国投资法》还较为灵活地考虑到俄罗斯不同地域投资吸引力的差异，规定"俄联邦主体和地方自治机关在各自管辖范围内可以给予外国投资者优惠和保障，用俄联邦主体预算资金、地方预算资金及预算外资金对外国投资者实施的投资项目进行拨款并给予其他形式的支持"。

（三）外商投资保障法律制度

1. 外国投资财产保障制度

稳定的投资环境对外商而言是投资能够获得稳定收益的良好保障。外商投入的资产能够获得法律制度的保障，是外商能够放心将资本投入一国的关键。为稳定外商投资，确保外商投资的资产安全便是外商投资立法首先需要解决的问题。对此，《中华人民共和国外商投资法》对外商投资做出了"国家对外国投资者的投资不实行征收"的制度规定。这一制度性规定，是中国对外商投资的郑重承诺。我国学者指出："对外国投资的国有化问题，向来是国际投资争议中最突出的问题，也是国际投资保护的核心。"[1]"关于外国财产征收的国际法规则一直以来都是外国人尤其是外国投资者关心的主要问题。征收是干预财产最为严重的形式。如果没有足够补偿而对投资加以剥夺，投资者的所有预期将毁于一旦。"[2] 当然，对外资不实行征收是原则性规定。任何国家，出于公共利益的需要，都存在着对外资进行征收的可能。对此，《中华人民共和国外商投资法》第20条第2款做了例外规定，即"在特殊情况下，国家为了公共利益的需要，可以依照法律规定对外商投资者的投资实行征收或者征用。征收、征用应当依照法定程序进行，并及时给予公平、合理的补偿"。关于保护外国投资安全问题，蒙古国和俄罗

---

〔1〕 姚梅镇：《国际投资法》，武汉大学出版社2011年版，第144页。

〔2〕 ［德］多尔查、［奥］朔伊尔编：《国际投资法原则》，补欢、施进译，中国政法大学出版社2014年版，第100页。

斯的外资立法也做出明确规定。《蒙古国投资法》第6.3条规定:"蒙古国境内禁止非法没收投资者资产。"在这一原则性规定之外,强调为公共利益需要没收投资时,需要给予投资者必要的补偿。该法第6.4条和第6.5条规定:"只能因公共利益且依法给予全额补偿方可征收投资者资产。"按照前述条款征收财产时,"除蒙古国缔结的国际条约另有规定……应按照当时或者向投资者或者公众公布时的市场价进行评估并给予补偿"。《俄罗斯联邦外国投资法》在对外国投资的征收问题上,采取了类似的规定。该法第8条规定:"外国投资者或有外资参加的商业组织的财产不应被强行没收,包括收归国有和征用,但联邦法律或俄联邦的国际条约规定的特殊情形和理由的除外。"在外国投资者投资被征收的特殊情形下,"在征用时,向外国投资者或有外资参加的商业组织按被征用财产的价值支付赔偿费。在实施征用的情况终止时,外国投资者或有外资参加的商业组织按照诉讼程序有权要求收回所保存的财产,但同时应在考虑其财产贬值所受损失的情况下退还其得到的赔偿费。在外国投资者或有外资参加的商业组织的财产被收归国有时,向他们按被收归国有财产的价值支付赔偿费"。

在对外国投资的征收方面,中蒙俄三国法律均做出了原则上不得征收,特殊情形可以征收,但必须给予补偿的类似规定。通常征收合法性应满足的条件有:"公共目的""公认的术语意义范围内,措施不能具有任意性和歧视性""征收要遵守正当程序原则""必须有及时、充分和有效的补偿"。[1] 当然，中蒙俄三国在征收制度的具体表述上有所不同。中蒙两国明确使用了"公共利益"的表述，但俄罗斯使用的是"联邦法律或国际条约有规定"的字样。在补偿方面，同样，中蒙俄三国原则上承诺给予补偿，但在补偿的具体表述上，中国使用的是"公平、合理的补偿"，蒙古国使用的是"按照当时或者向投资者或者公众公布时的市场价进行评估并给予补偿"，俄罗斯使用的是"按被征用财产的价值支付赔偿费"。这三种不同的表述方式，实际上都表明对被征用的外资进行必要合理补偿的含义。但相对而言，俄罗斯法律考虑得似乎更为周全。俄罗斯法律规定，在征用财产情形结束时，外国投资者可以按照诉讼程序要求返还财产并获得必要的赔偿。这样的规定，实际上是赋予了被征用财产的外国投资者以选择权，更有利于投资者的财产保护。

外国投资者投资的目的在于赚取收益。没有收益，便不会有外国投资。这是由资本的逐利性所决定的。当投资者获得收益后，保障能够将利润自由汇出投资国，也是重要的制度安排。对此，《中华人民共和国外商投资法》第 21 条规定，"外国投资者在中国境内的出资、利润、资本收益、资产处置所得、知识产权许可使用费、依法获得的补偿或者赔偿、清算所得等，可以依法以人民币或者外汇自由汇入、汇出"。《中华人民共和国外商投资法实施条例》第 22 条对此进行了进一步补充："任何

---

〔1〕　参见［德］多尔查、［奥］朔伊尔编：《国际投资法原则》，补欢、施进译，中国政法大学出版社 2014 年版，第 101 页。

单位和个人不得违法对币种、数额以及汇入、汇出的频次等进行限制。"这一补充规定，也确保了外国投资者所获得的收益能够自由流转。蒙古国也对外国投资者获得利润等自由汇出做了明确的制度安排。《蒙古国投资法》第6.7条规定了投资者在完全履行蒙古国境内的纳税义务后，有权将属于自己的财产汇往境外，具体包括："经营所得利润、分红；提供他人使用知识产权所获利益，完成工作及服务费用；从境外获得的贷款本金及利息；注销企业所获属于自己的财产；依法获得或者所有的其他财产。"投资者在将自己的收益所得汇出蒙古国时，"有权选择兑换成国际市场上自由流动的货币"。《俄罗斯联邦外国投资法》也对外国投资者向俄罗斯境外汇出其合法收益做出了制度安排。根据该法第11条规定，外国投资者在付清俄联邦法律所规定的各种税费后，"有权将其收入、利润和由于其早先进行投资所得的其他合法外汇金额自由地汇往俄联邦境外"。外国投资者的具体收益包括以利润、股息、利息和其他收入形式得到的投资收入；用于履行合同或其他契约义务的款项；因清算有外资参加的商业组织或外国法人的分支机构、代表机构或转让投资财产、投资权利和知识产权所得的款项；依照俄罗斯法律获得的补偿费。中蒙俄三国均规定了外国投资者可以将其投资所得收益合法自由汇出本国境外的规定，是对外国投资者投资安全的坚实保障，有利于增强外国投资者的投资信心。

2. 知识产权保护与强制技术转让禁止制度

外商不仅仅带来资本，更重要的是通过外商投资，能够给投资国带来更为先进的技术和管理经验。外商投资过程中，应注重对知识产权的保护。为此，《中华人民共和国外商投资法》第22条规定，"国家保护外国投资者和外商投资企业的知识产权，保护知识产权权利人和相关权利人的合法权益；对知识产权侵权行为，严格依法追究法律责任"。在技术保护方面，《中华人民共和国外商投资法》禁止强制性技术转让，即"行政机关及其工作人员不得利用行政手段强制转让技术"。当然，投资者自愿选择的技术转让，在符合商业规则的情况下，是被允许和鼓励的。蒙古国和俄罗斯的外商投资立法也同样注重知识产权保护问题。《蒙古国投资法》第6.6条规定："蒙古国依法保护属于投资者所有的知识产权。"这一规定表明，除特殊规定外，蒙古国将依据其国内法对外国投资者予以同等保护。《俄罗斯联邦外国投资法》涉及知识产权的规范主要是以知识产权进行投资和以知识产权获得的收益可自由汇出俄罗斯的规定。尽管没有专门对知识产权保护问题进行规定，但《俄罗斯联邦外国投资法》第3条规定，"对俄联邦境内的外国投资的法律调整，适用本联邦法律、其他联邦法律、俄联邦其他规范性法律文件以及俄联邦签署的国际条约"。这是一项原则性规定，也就是对外国投资者知识产权的保护，将依照俄罗斯的法律进行。俄罗斯知识产权法律制度被规定在《俄罗斯联邦民法典》中。也就是俄罗斯原则上承诺对外国投资者知识产权的保护，与对俄罗斯投资者的保护力度相同。在强制性技术转让方面，《蒙古国投资法》和《俄罗斯联邦外国投资法》未明确规定。但蒙俄外商投资法，都希望通过吸引外资，引进国外先进的技术和管理经验。根据蒙古国和俄罗斯民事法律的基本原则，强制性转让技术与民法的平等、自愿、有偿等基本原则相违背，进而被蒙俄两国的法律禁止。对这样的规范，似乎没有必要在外国投资法上予以明确规定。中国在引进外资方面，从来也不曾有过强制性技术转让。如果存在技术转让，也是民事主体平等协商、等价有偿交易的结果，并不违反民事法律规则和市场交易规则。

3. 外商投资者权益的政府保护制度

外商投资的过程中，必然会与投资的当地的各级政府产生联系。地方各级政府对外商的态度，必然影响到外商投资者的投资积极性和权益保护。为此，《中华人民共和国外商投资法》构建了中国各级政府不得减损外商投资权益的法律制度。这具体体现在行政机关工作人员对其知悉的外商投资者的商业秘密必须保密，不得泄露或非法向他人提供；各级政府出台的涉及外商权益的规范性文件，必须符合法律的规定，"没有法律、行政法规依据的，不得减损外商投资企业的合法权益或者增加其义务，不得设置市场准入和退出条件，不得干预外商投资企业的正常生产经营活动"。各级政府对外商做出的政策性承诺必须遵守，"因国家利益、社会公共利益需要改变政策承诺、合同约定的，应当依照法定权限和程序进行，并依法对外国投资者、外商投资企业因此受到的损失予以补偿"。《中华人民共和国外商投资法实施条例》中，对政策承诺做了明确规定，即政策承诺必须为"书面承诺"。通过引进外资措施，最终外国投资者都会将外资投到具体的行政区域。《蒙古国投资法》未特别规定地方公职人员实施侵害外商投资者权益的责任问题，但在其法律责任部分，规定"违反本法的公职人员行为如果不具有犯罪的性质，对其追究《国家公务员法》规定的责任"。《俄罗斯联邦外国投资法》为促进地方行政当局吸引外资，促进地方经济的发展，规定了"俄联邦主体有权就其管辖的问题及与俄联邦共同管辖的问题通过有关外资调整的法律和规范性法律文件"。这是对俄罗斯地方当局在吸引外资方面的明确授权。《俄罗斯联邦外国投资法》第5条第2款还明确规定："对因国家机关、地方自治机关或其工作人员的违法行为（不作为）给外国投资者造成的损失，外国投资者有权根据俄联邦民事法律的规定要求赔偿。"这也是俄罗斯专门针对其地方行政机关人员违法给外国投资者造成损失的情形进行赔偿的明确规定。

（四）外商投资管理法律制度

1. 投资准入管理制度

中国在外商投资准入管理方面，采取了与准入前国民待遇相配套的负面清单管理模式。这一对外资的管理模式，在《中共中央关于全面深化改革若干重大问题的决定》中便已经被提出。负面清单制度的实施"实际上降低了外资企业在市场准入层面的门槛，有利于实现资本来源层面的市场主体规则平等"。[1]《中华人民共和国外商投资法》第4条确定了"准入前

---

〔1〕　刘大洪:《市场主体规则平等的理论阐释与法律制度构建》，载《中国法学》2019年第6期。

国民待遇加负面清单管理制度"。这一模式"在外国投资者享有准入前国民待遇的情形下，其投资行为仍然要受到负面清单项下的特别准入管制"。[1] 负面清单的范围，由我国行政主管部门定期进行更新。负面清单中，禁止外国投资者投资的领域，"外国投资者不得投资"。负面清单中限制投资的领域，"外国投资者进行投资应当符合负面清单规定的条件"。负面清单制度的建立，是我国在吸引外资方面的重要举措。负面清单由政府每年定期公布，给予投资者以明确的指导信息，避免对外资企业投资限制过多或监管部门过多造成投资阻碍。这一制度的实施，极大简化了监管流程。那些没有被负面清单禁止或限制的领域，投资者可自行选择投资。

《蒙古国投资法》一方面在肯定外国投资者与蒙古国境内投资者一般享有同等权利、平等适用蒙古国投资法的同时，另一方面也对外国投资者的投资进行了必要的规范。与1993年《蒙古国外国投资法》相比，2013年通过的《蒙古国投资法》在坚持外国投资与本国投资平等适用法律的同时，对外国投资的审批规定极为简洁，即"投资者可以对蒙古国法律法规未禁止的行业、生产和服务活动进行投资"。也就是说，在一般情况下，如果不涉及蒙古国法律的特殊规定，外国投资不需要进行审批。但根据《蒙古国投资法》的规定，如果投资者投资额在5000亿蒙图以上的，对外国国有法人需要取得批准后方可投资。此外，

---

[1] 徐键：《论外商投资的准入许可》，载《兰州学刊》2020年第1期。

前文提到,《蒙古国投资法》在第六章中,专门针对外国国有资产法人进行了投资方面的规定。外国国有资产法人在投资矿产、金融、出版、新闻、通信行业时,当投资达到蒙古国法人股份的33%时,需要获得许可。这可以看作蒙古国对外国投资者投资审批的专门性规定。

《俄罗斯联邦外国投资法》规定,"外国投资者有权在俄联邦境内以俄联邦法律不予禁止的任何方式进行投资"。在外国投资的限制方面,俄罗斯规定只要俄罗斯法律未禁止的,都是允许外国投资者投资的领域。但《俄罗斯联邦外国投资法》规定,"外国投资者必须遵守俄联邦反垄断法,不得进行不正当竞争及限制性经营活动,以及利用有关价格、划分商品销售市场或参与招标(拍卖、竞买)的恶意协议,包括以生产某种抢手商品,尔后将外国生产的类似商品打入市场而自行停业为目的在俄联邦境内建立外资商业组织或外国法人的分支机构"。这是对外国投资者的反垄断和反不正当竞争的再次明确规定。此外,2008年俄罗斯通过了《战略领域外国投资法》,对外商投资可以进入的领域进行严格审查。

2. 信息报告制度

建立完备的外商投资信息报告制度,有利于保护外商投资的合法权益,也能够更加客观地评估外商投资对经济的作用,做到外商利益保护和国家公共利益的协调。《中华人民共和国外商投资法》正式建立了外商投资的信息报告制度。按照该法第34条的规定,"外国投资者或者外商投资企业应当通过企业登记系统以及企业信用信息公示系统向商务主管部门报送投资信息。外商投资信息报告的内容和范围按照确有必要的原则确定；通过部门信息共享能够获得的投资信息，不得再行要求报送"。中国建立的这一针对外商投资的信息报告制度，在坚持必要性原则的同时，为防止报告制度给企业造成负担，要求政府主管部门不得要求企业重复报送信息。这也对政府管理部门的管理和服务提出了更高的要求。

蒙古国和俄罗斯也都建立了外国投资企业的信息报告制度。《蒙古国投资法》第7.2.3条规定，投资者有义务"为税务机关及其他需要信息的国家机关履行职责提供便利，按期提供必要信息"。这一规定可以看作蒙古国外国投资企业信息报告制度。《俄罗斯联邦外国投资法》第21条规定了关于外国法人委任分支机构与代表处的国家登记要求。具体需要登记的信息"由授权联邦执行机关确定"。这些登记信息"除了根据联邦法律限制访问的资料，登记表中的资料均向大众公开。登记表中的资料存放在授权联邦执行权力机关电信'因特网'官方网站。应存放在授权联邦执行机关电信'因特网'官方网站上的资料组成由授权联邦执行机关规定"。而且，上述登记信息可对公众免费开放查询。

中蒙俄三国在对外国投资的管理上，均建立了信息报告制度。但从三国的法律规范看，《中华人民共和国外商投资法》规定得较为规范和全面，既考虑到企业提供信息的必要性，同时又规定了不得重复报送等减轻企业负担的规定。蒙古国和俄罗斯仅将企业提供信息作为外国投资者的义务在法律上进行了明确规定，但没有确立相关政府管理部门不得要求企业重复提供信息的规则。这有可能导致不同的政府部门重复要求企业提供各种资料，造成企业经营之外的不当负担。《俄罗斯联邦外国投资法》在信息报告制度方面，增加了外国投资企业的信息公开制度，同时建立了查询制度。这种做法也值得中国和蒙古国借鉴。外商投资企业信息的公开透明，可以为其他投资者在投资某一行业领域前，进行必要的自我评估，也可以将投资引导到不同的领域，促进不同形式资本间的有序竞争，进而促进国家的发展。

3. 外商投资的国家安全审查制度

外商投资能够给国家带来众多益处，但凡事皆有利弊。"外来投资带给东道国的不一定都是福音，有时也会带来对国家安全的威胁。"[1] 为此，中蒙俄三国在外商投资法律制度方面，均建立了国家安全审查制度。"国家安全审查是东道国在国家经济主权上的体现，主要对外商投资行为进行审查以评估对本国安全的影响。"[2]《中华人民共和国外商投资法》第 35 条规定，"国家建立外商投资安全审查制度，对影响或者可能影响国家安全的外商投资进行安全审查。依法作出的安全审查决定为最终

---

〔1〕　徐杰:《〈外商投资法〉的制度意义》，载《学习时报》2019 年 7 月 24 日，第 2 版。

〔2〕　孔庆江:《〈中华人民共和国外商投资法〉与相关法律的衔接与协调》，载《上海对外经贸大学学报》2019 年第 3 期。

决定"。"东道国依据国内法对外国投资者设定不同于本国国民的限制或禁止义务，属于国家主权的体现，也为国际法或国际惯例所认可"。[1] 蒙古国在矿产、金融、出版、新闻、通信领域适用严格的审查程序。具体而言，蒙古国相关国家机关主要审查"投资者的一切行为及投资性质是否与蒙古国国家安全理念相悖；申请人是否遵守蒙古国法律及商业通用规则的条件；投资是否含有在该行业中造成限制或者建立优势地位的特征；投资是否对蒙古国财政预算收入、其他政策及事业造成严重影响"。这一对外资的审查制度，实际上是在《俄罗斯联邦外国投资法》之外，设置了对外资进入俄罗斯的特别审查制度。从 20 世纪 90 年代俄罗斯进入社会转型期起，俄罗斯在努力吸引外国投资的同时，也关注外国投资对其本国国家安全的影响，并对外资进入影响到俄罗斯国家安全的领域发布了禁令。在这种背景下，《俄罗斯经济安全指标清单》于 1996 年由俄罗斯议会通过。作为较早通过的一部基于国家安全原因对外国投资进行审查的法律，其开创了俄罗斯对外国投资进行国家安全审查的篇章。此后，对外资的国家安全审查便一度被各种分散的俄罗斯法律规定。为避免这种凌乱立法的状况，2008 年时俄罗斯正式通过了《战略领域外国投资法》。这一法律的通过实施，标志着俄罗斯对外国投资的安全审查进入到有法可依的时代。该法共 17 条，对涉及 40 多个行业区分不同的投资形式，确立了进行国

---

[1] 徐键：《论外商投资的准入许可》，载《兰州学刊》2020 年第 1 期。

家安全审查的标准和程序。

三、中蒙俄经济走廊合作视域下三国外商投资法律制度完善建议

通过上面的比较，我们可以发现，中蒙俄三国都在积极争取外国投资促进本国经济社会发展。但在具体的投资法律制度构建上，三国呈现出相似制度的同时，在细微之处还存在着诸多区别。恰恰是这些制度的不同之处，可为我们从比较法律制度的视角，提出完善中蒙俄三国外商投资法律制度的建议。唯有加强中蒙俄三国外商投资保障的制度构建，方能保证三国间投资的稳定，进而推动中蒙俄经济走廊建设稳步推进。

（一）外国投资稳定期制度

外国投资者到本国投资，其根本目的在于获得稳定的预期收益。但是，外国投资者的预期收益完全可能因投资国法律政策的变化而无法实现。蒙古国"政府政策缺乏稳定性，有些政策和协议常常朝令夕改，执行政策的'灵活性'大，在一定程度上影响了投资者的信心，成为对蒙贸易和投资不可忽视的风险"。[1] 这种投资收益的不稳定性，必然影响到外国投资者的投资积极性。在促进外资对本国投资方面，蒙古国和俄罗斯的投资稳定期制度，可以为我国所借鉴。

为了能够为外国投资者提供一个稳定的投资环境，《蒙古国

---

〔1〕　徐慧贤：《"一带一路"战略背景下中蒙边境贸易与金融发展研究》，经济管理出版社 2017 年版，第 138 页。

投资法》规定的投资稳定证书制度较具特色。《蒙古国投资法》第 6.2 条规定，"国家行政机关通过颁发稳定证书为投资者予以本法规定的税收比例、数额或者与其签署投资协议提供税收稳定保障"。该法第五章，以专章的形式规定了稳定投资环境。蒙古国努力克服由于其外国投资法律制度的变化而造成外国投资者预期不稳的问题，并做出适当的制度安排。2012 年通过的《外国投资战略领域协调法》针对外商对蒙古国的投资做出了极大限制，出现外资撤离，影响到蒙古国的经济发展的状况。在该法颁布之前，蒙古国"政府频繁更迭、采矿领域法律变化无常、税收更改都导致外国投资者减少及诉讼频发"[1] "为吸引外资、消除外国投资者的恐慌，在新的修订法中，增加了稳定性条款。"[2] 稳定证书的作用在于，蒙古国划分不同地区和不同行业，对外商投资给予 5 年到 18 年的稳定期。稳定期的长短，依照投资的地域和投资领域确定。"外国投资者想对那些在最短时间内能够获得利润的蒙古国经济领域进行投资，但不对那些具有广泛需求的生产领域进行投资。这一趋势阻碍了蒙古国经济的发展，在一定程度上对蒙古国中小企业的创建和发展造成了障碍。"[3] 为促进外资在蒙古国合理布局，在稳定证书

---

〔1〕 Суходолов А. П., Кузьмин Ю. В. Экономика Монголии в системе большой евразии//Евроазиатское сотрудничество：гуманитарные аспекты. 2017. №1.

〔2〕 张俊勇、张玉梅：《蒙古国"外国直接投资法"的转变》，载《北京金融评论》2015 年第 3 辑。

〔3〕 Даваасурэн А. Участие иностранного капитала в развитии экономики монголии//Известия ИГЭА. 2011. №3.

制度中，蒙古国对那些投向蒙古国引导的领域和地域的外资，给予了更长的稳定期。在稳定证书规定的稳定期内，外国投资将在税率和税种方面享有优惠。

《俄罗斯联邦外国投资法》中也规定了投资稳定期限制度。例如，在俄罗斯新的法律出现增加外资企业的税负、缴纳费用、税收负担或制定对在俄联邦的外国投资实行禁止和限制的制度等对外资不利的变化时，按照《俄罗斯联邦外国投资法》第9条的规定，符合条件的外资企业，可在不超过7年的时间内，"保证外国投资者的投资条件和制度的稳定性"。在对外国投资企业的优惠制度方面，相比较而言，蒙古国和俄罗斯都建立了外国投资企业获得收益稳定预期制度。蒙古国规定得最为详细。俄罗斯规定了对外商企业对其优先项目的投资，在符合条件的情况下，可在不超过7年的时间内，保持原有的优惠待遇。

蒙古国和俄罗斯为确保外国投资者预期而规定投资稳定期制度，是从国家法律制度的层面向外国投资者做出的正式承诺，以确保和维护外国投资者的预期收益，切实吸引外资对本国投资。这样一种制度安排，避免了因国家税收变化、关税政策改变而导致外国投资者收益受损，对外国投资者而言，具有较强的吸引力。因此，为吸引外国投资，我国的《外商投资法》应该借鉴蒙古国和俄罗斯关于外国投资稳定期制度的规定，在将来修改完善外商投资立法时，也应该补充增加该制度。

（二）安全审查制度

在外国投资法律制度构建方面，立法上一般会对外资给予国民待遇。中蒙俄三国外商投资法，都坚持了国民待遇原则。但是，在给予国民待遇的同时，也存在着作为国民待遇例外的公共秩序保留情形，"即东道国可以以维护公共秩序（社会公共利益）与保证国家安全为由，对外资实行差别待遇"。[1] 在对外资的差别待遇中，国家安全审查便是其中的重要制度之一。对外资的国家安全审查是确保一国国家安全的制度设计。我国国家安全审查制度在法律上规定得较为笼统，实践中不利于执行。当然，到底在多大范围内，需要对外资进行国家安全审查，需要有一个度的把握。

首先，国家安全审查过于宽泛，不利于外资的引进。蒙古国便出现过这方面的问题。在对外资进行国家安全审查方面，蒙古国一度出台过非常严格的法律规范。在 2013 年《蒙古国投资法》出台之前，随着外资对蒙古国矿业等战略性行业的大力投资，蒙古国也出现了外资影响国家安全的声音。"民族主义、民族资源主义成为政党炒作的议题。"[2] 2012 年 5 月，蒙古国推出了《外国投资战略领域协调法》。这部法律对外国投资进行了诸多限制，把矿业、金融业和新闻媒体等列为蒙古国的"战略性"产业，并规定在上述产业投资"超过 49%，或投资者超过 1000 亿图格里克，都需要经过蒙古国议会的批准……针对外

---

〔1〕 卢炯星主编：《中国外商投资法问题研究》，法律出版社 2001 年版，第 105 页。

〔2〕 张俊勇、张玉梅：《蒙古国"外国直接投资法"的转变》，载《北京金融评论》2015 年第 3 辑。

国国有资本只要超过 5% 的交易额就需要议会批准，对于能否列入议会审批事项存在很大的不确定性"。[1] 该法律的通过，对蒙古国吸引外资造成了较大的消极后果。外商对蒙古国的投资额急剧下滑。为此，2013 年通过的《蒙古国投资法》极大限缩了对外资进行蒙古国国家安全审查的内容。

其次，国家安全审查规定的范围过窄，有可能损害到国家的安全。在 2008 年《战略领域外国投资法》实施之前，俄罗斯社会并没有一部专门的规范外国投资进入时进行安全审查方面的法律规范，进而导致俄罗斯社会认为外资不当流入某些领域，危害其国家安全。2008 年俄罗斯《战略领域外国投资法》的颁布，为解决这一问题提供了法律依据。

最后，对外资流入本国进行安全审查时，需要公开透明的法律规定。2008 年俄罗斯《战略领域外国投资法》将涉及地质勘探、核能、武器生产等 42 个行业列为俄罗斯的战略行业。外国投资者要对上述行业投资，应按照该法律规定的程序进行审批。因此，尽管《俄罗斯联邦外国投资法》原则上对外资准入采取了开放的态度和做法，但由于俄罗斯《战略领域外国投资法》的存在，外资要想进入俄罗斯的战略领域，则需要进行严格审查。俄罗斯《战略领域外国投资法》第 1 条便明确规定，"为保障国防和国家安全对外国投资者做出例外的限制性规定"。"对国防和国家安全造成威胁"这一术语，俄罗斯在《战略领域

---

[1]　张俊勇、张玉梅：《蒙古国"外国直接投资法"的转变》，载《北京金融评论》2015 年第 3 辑。

外国投资法》中也做出了明确规定，即"对个人、社会、国家的重要生活利益造成的危险"。该法第 6 条将包括矿产、核能、武器、宇航业等多达 46 个领域列为保障俄罗斯国防和国家安全有战略意义的行业。想要获得上述战略行业 50% 以上股份的外国公司，预获得上述战略行业公司 25% 以上股份的有外国国有资本参股的公司等，均应事先获得俄罗斯的国家审批。

比较蒙古国和俄罗斯对外商投资的安全审查制度，笔者认为，我国《外商投资法》规定对外商投资的审查制度是必要的，但应该在现有的基础上，制定出更加切实可行的对外商投资进行安全审查的法律规范，进而做到对外国投资安全审查有法可依，审查范围宽窄适度，并且程序公开透明。在这些方面，蒙古国和俄罗斯外商投资立法恰恰可为我国提供了借鉴。

（三）投资纠纷争端解决制度

投资纠纷解决问题，对外国投资者而言极为重要。任何时候，都很难保证不发生投资方面的纠纷。关于投资纠纷解决方式，我国《外商投资法》并未明确规定。因此，外商投资在发生纠纷时，可以按照我国民事法律的规定，通过协商或仲裁、诉讼的方式解决。在外商投资纠纷解决方面，《蒙古国投资法》第 6.9 条规定："除法律及蒙古国缔结的国际条约另有规定，投资者与国家机关所签协议有关的争议，双方可协商由国内或国外仲裁机构解决。"《俄罗斯联邦外国投资法》第 10 条规定："外国投资者因在俄联邦境内实施投资和企业活动引起的纠纷，根据俄联邦的国际条约和联邦法律通过法庭或仲裁法庭或国际仲裁（仲裁法庭）给予解决。"比较而言，中蒙俄三国在外国投资者发生投资纠纷的解决方式上，均并未作出特别规定，而是按照民事法律的基本规则予以解决。上述为外国投资者解决投资纠纷，基本上是基于平等主体间民事关系而采取的办法。

　　然而，外商在投资经营过程中，有可能会遭受到来自政府管理部门的不当干涉。在这种情况下，如果只能通过诉讼渠道解决，会影响到解决问题的效率，进而不利于外国投资者合法权益的维护。为解决这一问题，《中华人民共和国外商投资法》第26条规定，"国家建立外商投资企业投诉工作机制，及时处理外商投资企业或者其投资者反映的问题，协调完善相关政策措施"。实际上，这是在通行的诉讼解决问题的渠道之外，增加了一条极具中国特色的解决问题的办法。通过投诉方式，让问题尽早反馈给政府职能部门，由相关部门通过内部协调的方式及时解决问题，确保外国投资者的合法权益。当然，如果进行投诉后，外国投资者对政府相关部门的解决办法和解决问题的效果仍然不满意，我国法律规定"外商投资企业或者其投资者认为行政机关及其工作人员的行政行为侵犯其合法权益的，除依照前款规定通过外商投资企业投诉工作机制申请协调解决外，还可以依法申请行政复议、提起行政诉讼"。这种将问题通过投诉机制，让政府内部协调解决外国投资企业遇到的与政府管理部门及其工作人员交往过程中问题的办法，极具效率性和效果性。通过这种投诉机制的设立，能够更加便捷、高效地为外国投资者解决现实问题。外商在蒙古国受到政府部门的阻碍、干预情形也时有发生，对蒙古国的投资环境造成了不利影响。2017 年在乌兰巴托召开的国际投资论坛，与会者认为"必须制定吸引外资并减少行政干预的具体措施和稳定规则"。[1] 行政部门对外国投资者的不当干预，在俄罗斯也时有发生。与我国《外商投资法》相比，蒙古国和俄罗斯在其外商投资法上，并未建立这种针对政府相关部门及人员的投诉机制。中国的经验和做法恰恰能够为蒙古国和俄罗斯完善其外国投资者权益保护路径提供借鉴。

---

〔1〕 СуходоловА. П. , Кузьмин Ю. В. Экономика Монголии в системе большой евразии//Евроазиатское сотрудничество：гуманитарные аспекты. 2017. №1.

第三章　中蒙俄旅游法律制度比较研究

随着中国、蒙古国和俄罗斯三国经贸合作的深化，前往三国的游客数量也急剧增加。中国到俄罗斯旅游的人数，从 2012 年开始，出现了逐渐增加的态势，每年增长 15%—20%，2018 年，中国到俄罗斯旅游人数已经接近 200 万人，而且据统计，仅 2019 年第一季度，中国游客在俄罗斯的消费数额便居各国游客首位，而且这还是不完全统计。[1] 尽管与到俄罗斯旅游人数相比，到蒙古国旅游的中国人数少得多，但中国已经成为蒙古国的首要客源国，仅 2019 年第一季度，中国游客到蒙古国旅游人数便达到 2.72 万人。[2] 在新冠疫情暴发前，中国已成为俄

---

〔1〕　上述数据请参见 Эксперты：въездной турпоток из Китая в Россию в 2018 году может достичь 2 млн человек，https：//www. russiatourism. ru/news/16090/；Китайцы стали лидерами по тратам среди приезжающих в Россию иностранцев，https：//www. rbc. ru/business/21/08/2019/5d5beb8e9a7947324870a3a3，浏览日期：2020 年 1 月 20 日。

〔2〕　李贵阳：《中国成蒙古国首要客源国》，载《人民日报（海外版）》2019 年 8 月 16 日，第 12 版。

罗斯游客头号来源国，仅 2019 年便有 119.8 万中国游客到俄罗斯旅游。[1]同样，到中国的俄罗斯游客和蒙古国游客数量也非常之大。而且，近年来中蒙俄三国共同打造的中蒙俄跨境旅游、自驾游等项目，越来越受欢迎。受疫情影响，中蒙俄三国间跨境游被按下了"暂停键"，但疫情过后，三国间的跨境游必将重新恢复，并将成为三国公民相互了解的重要途径。尽管关于何为旅游的定义存在着不同的观点，但这不是本著作研究的重点。本著作采用了国内学者对旅游的定义，即"旅游是人们离开居住地而到他处访问的旅行和暂时停留所引起的各种现象和关系总和"[2]。中蒙俄三国游客，到对方国家旅游，在遵守对方国家法律的同时，需要受到对方国家的法律保护。为保障三国游客的权益、为促进中蒙俄经济走廊合作中旅游业的发展，比较研究中蒙俄三国的旅游法律制度至关重要。为促进中蒙俄三国旅游业的进一步发展，我们需要对接中蒙俄三国旅游法律制度。但是，目前学界对中蒙俄三国旅游法律制度的研究相对有限，可以查找到的文献资源仅限于少数期刊论文和学位论文。[3] 本部分将在论述中蒙俄三国旅游法律制度的基础上，对其进行比

---

[1] 参见《专家：中俄已为疫情过后旅游业复苏做好充分准备》，https：//sputniknews.cn/20220906/1043716561.html，浏览日期：2022 年 12 月 3 日。

[2] 闻银玲等：《涉外旅游法律问题研究》，上海财经大学出版社 2014 年版，第 3 页。

[3] 参见杨慧、张宇：《创新"一带一路"国际合作机制研究——以吉林省与俄罗斯多元化合作为例》，载《吉林师范大学学报（人文社会科学版）》2018 年第6 期。

较分析，以期为促进中蒙俄经济走廊建设过程中的旅游合作助力。

一、中蒙俄三国旅游法律制度基本情况

要比较中蒙俄三国旅游法律制度，需要从三国旅游法律规范的体系入手。尽管中蒙俄三国旅游业发展状况存在差异，但中蒙俄三国在旅游方面，都形成了较为成熟的法律法规体系。

（一）中国旅游法律制度概述

目前，中国在旅游业方面形成了由法律、法规、规章及一系列规范性文件所组成的较为完善的制度体系。具体包括《中华人民共和国旅游法》（2018 年修正）、《中国公民出国旅游管理办法》（2017 年修订）、《旅行社条例》（2017 年修订）、《国务院办公厅关于促进全域旅游发展的指导意见》（2018 年颁布）、《国务院办公厅关于加强旅游市场综合监管的通知》（2016年颁布）、《国务院关于印发"十三五"旅游业发展规划的通知》（2016 年颁布）、《国务院办公厅关于进一步促进旅游投资和消费的若干意见》（2015 年颁布）、《国务院关于促进旅游业改革发展的若干意见》（2014 年颁布）、《国务院办公厅关于印发国民旅游休闲纲要（2013—2020 年）的通知》（2013 年颁布）、《国务院办公厅印发贯彻落实国务院关于加快发展旅游业意见重点工作分工方案的通知》（2010 年颁布）、《国家旅游局、中国保监会关于做好〈旅行社责任保险管理办法〉实施工作的通知》（2011 年颁布）、《国家旅游局办公室关于印发〈旅行社

责任保险投保信息报送和检查暂行办法〉的通知》（2013 年颁布）、《国家旅游局关于严格执行旅游法第三十五条有关规定的通知》（2013 年颁布）、《最高人民法院、国家旅游局关于进一步发挥审判职能作用促进旅游业健康发展的通知》（2016 年发布）、《最高人民法院关于审理旅游纠纷案件适用法律若干问题的规定》（2010 年发布），等等。上述法律规范涵盖了旅游市场的准入和监管、旅游者权利保障、旅游纠纷解决以及促进旅游业健康发展等多个方面。尤其是与国家层面的法律法规相配套，省级层面也相应出台了确保旅游业健康发展的实施办法。如内蒙古自治区于 2017 年修正了《内蒙古自治区旅游条例》。我国各省市自治区出台的旅游业条例，是在遵守国家法律规范的前提下，结合各地方的实际制定的具体规范性文件，为突出各地特色、促进旅游业健康发展提供了规范保障。

（二）蒙古国旅游法律制度概述

蒙古国境内风景美丽、景观气势壮阔，旅游资源丰富，高山、湖泊、草原、盆地、森林、戈壁、沙漠等自然景观多样。蒙古国旅游业的发展，是和蒙古国的发展历程紧密相关的。1990 年以后，与蒙古国的转型相适应，蒙古国旅游业也进行了私有化改革。步入市场经济轨道的蒙古国旅游业，迈出了快速发展的步伐。1995 年蒙古国议会把重点发展蒙古国旅游业列上了议事日程，审议并通过了《蒙古国 1995—2005 年发展旅游业十年期纲要》，1999 年制定了《蒙古国旅游发展总体规划》，2000 年颁布了蒙古国首部《蒙古国旅游法》。蒙古国在 1998

年—1999 年制定了首部旅游国际标准，加快了蒙古国旅游业国际化的步伐。1999 年，蒙古国正式成为"亚太旅游合作组织"的成员国之一。从那个时候起，蒙古国旅游业的发展速度显著加快。蒙古国政府将 2003 年定为"来蒙古国旅游年"，当时的统计数据显示，当年总共吸引了 25 万多人到蒙古国观光。

2000 年颁布的《蒙古国旅游法》，经过 9 次修改，最近一次修改在 2017 年。《蒙古国旅游法》全文为 6 章，但实际发生法律效力的为 5 章（原第五章于 2006 年被废止），分别为总则、旅游机构、导游-讲解员、旅游方面国家机关的职权、对旅游业的监督及法律责任。[1] 除了专门的旅游法，《蒙古国旅游法》第 2 条"旅游法律法规"第 1 款中也列举了旅游领域其他的法律渊源，即民法、土地法、自然环境保护法、特殊保护区域法及相应出台的其他法律文件。总体而言，蒙古国旅游立法更具原则性，具体规范较为依赖其他法律。

（三）俄罗斯联邦旅游法律制度概述

俄罗斯政府重视旅游业的发展，1996 年 11 月 24 日，俄联邦便通过了《俄罗斯联邦旅游活动基本法》。为促进旅游业的发展，俄罗斯政府于 2010 年批准了《俄罗斯 2011—2016 年发展旅游业（境内游和出境游）联邦专项纲要构想》。《俄罗斯联邦旅游活动基本法》是俄罗斯历史上第一部专门调整旅游关系的

---

〔1〕 本文中使用的《蒙古国旅游法》相关条文，参见刘巴特尔等主编：《蒙古国商法汇编》（下册），内蒙古大学出版社 2018 年版，第 385—393 页。

法律规范，于 2019 年 12 月进行了最近一次修改。[1]《俄罗斯联邦旅游活动基本法》明确规定了俄罗斯国家旅游政策的基本原则，建立了俄联邦统一旅游市场的法律基础，调整了俄罗斯联邦公民、外国人和无国籍人在旅行过程中行使休息权、迁徙自由等权利过程中产生的法律关系，同时建构俄联邦旅游资源开发利用的秩序。《俄罗斯联邦旅游活动基本法》共包括 10 章，分别是总则，国家对旅游活动的调整，旅游者的权利和义务，旅游产品的形成、推广和实现，旅游经营者和旅行社联合以及旅游者联合，俄联邦旅游资源，旅游安全，旅游经营者的责任保证金，国际合作及附则。从整体上看，《俄罗斯联邦旅游活动基本法》作为俄罗斯旅游领域的一部基本法律，其内容规定较为全面、详细和具体。

二、中蒙俄三国旅游法律制度的共性与特色

旅游市场和服务包括政府、旅游经营者及旅游者等双方或多方的关系，因此旅游立法主要调整旅游领域的法律关系。从这一角度看，中蒙俄三国旅游立法的章节条款项目的设置具有相当程度的共性，均对政府的权责、旅游活动的监管以及旅游经营者的责任进行了明确的规定。中蒙俄三国也基于各自不同的国情、历史传统和经济发展的需要，在法律规范上各自表现

---

〔1〕 本文中使用的《俄罗斯联邦旅游法》的相关内容，参见 Об основах туристской деятельности в Российской Федерации，http：//docs.cntd.ru/document/9032907，浏览日期：2020 年 1 月 20 日。

出了鲜明的特色。

（一）中蒙俄三国旅游立法关于旅游者权利保护的规定

中国和俄罗斯的旅游立法中都以专章的形式规定了旅游者的权利。如《中华人民共和国旅游法》第二章专门规定了旅游者的权利。其中包括：旅游者有权自主选择旅游产品和服务，有权拒绝旅游经营者的强制交易行为，旅游者有权知悉其购买的旅游产品和服务的真实情况，旅游者有权要求旅游经营者按照约定提供产品和服务（第9条），旅游者的人格尊严、民族风俗习惯和宗教信仰应当得到尊重（第10条），残疾人、老年人、未成年人等旅游者在旅游活动中依照法律、法规和有关规定享受便利和优惠（第11条），旅游者在人身、财产安全遇有危险时，有请求救助和保护的权利，旅游者人身、财产受到侵害的，有依法获得赔偿的权利（第12条）。同时，《中华人民共和国旅游法》第3条规定，国家发展旅游事业，完善旅游公共服务，依法保护旅游者在旅游活动中的权利。该条强调了对旅游者保护的国家义务。从章节的安排上，将旅游者的相关规定置于总则之后、其他规定之前，应是立法者有意为之，保障旅游者和旅游经营者的合法权益，是中国旅游立法的首要目的，也符合中国宪法所确立的人权保障功能的发展方向。

2000年通过并于2015年修改的《蒙古国旅游法》并未对旅游者的权利作出明确规定。[1] 但是，这并不意味着蒙古国对旅

---

〔1〕　参见刘巴特尔等主编：《蒙古国商法汇编》（下册），内蒙古大学出版社2018年版，第385—393页。

游者权利保护状况不佳。因为《蒙古国旅游法》第2条第1款规定："旅游法律法规由民法、土地法、自然环境保护法、特殊保护区域法、本法及与此相应出台的其他法律文件构成。"很显然，在蒙古国的这部旅游法中，尽管没有明确列举旅游者的权利，但实际上旅游者的权利已经由蒙古国民事等基本法律予以规定。从国内查到的关于蒙古国旅游法的文献看，蒙古国法律对旅游者的权利是从如下几方面予以保护的：旅游者对旅游类型和行程的独立自主选择权；除法律禁止外，在蒙古国全境的旅游自由权；旅游者权益受保护权；获得必要的救助权等基本内容。[1]

《俄罗斯联邦旅游活动基本法》（以下简称《俄罗斯旅游法》）第三章第6条专门规定了旅游者的权利。具体权利如下：有权获得进入临时居住国家（临时居住地）的必要且可靠的相关规则信息；有权获得当地风俗、宗教规矩、宗教圣物、自然、历史和文化古迹，以及其他处于保护中的参观游览对象的相关信息；有权获得环境状况信息；有权在临时居住国家（临时居住地）许可的限度内自由使用旅游资源；人身安全、消费权利、财产权以及无障碍的紧急医疗救助权获得保障；有权根据现行的联邦法律在出境游领域使用旅游公司联合保证金获得紧急救助；在旅游公司或者旅行社未按照俄联邦法律规定履行旅游合同的相关条款的情况下有权获得损失赔偿和精神损失补偿；有

---

〔1〕 参见傲云娜：《中蒙两国旅游基本法比较研究》，西北师范大学2016年硕士学位论文。

权获得临时居住国家（临时居住地）的权力机关（地方自治机关）提供法律协助或其他紧急救助；有权自由使用通讯工具；有权获得旅游公司录入清单的证件副本；有权获得旅行风险规避信息及公开的旅游公司责任保证金信息，其中包括由于旅行公司不适当履行旅游合同条款造成的旅游公司责任信息。

　　从中蒙俄三国旅游法对旅游者权利的基本规定看，三国都比较注重保护旅游者的权利。在旅游者诸如人身自由权、自主选择权、获得损害赔偿权、获得救助权等基本权利方面，存在着相似之处。实际上，如何促进旅游者在旅游过程中权益得到保护问题，是中蒙俄三国旅游法共同面临的问题。我国学者曾指出，旅游者的知情权受损、安全权受损和公平交易权受损，是中国旅游者权利保护面临的迫切问题。[1] 相比较而言，《俄罗斯旅游法》在旅游者权利保护方面，规定得更加详细，尤其是俄罗斯对旅游者获得相关信息权的规定更为全面。在旅游领域发生侵害旅游者权利的情况下，很多情形是由于旅游业从业者和旅游者之间的信息不对称造成的。这种信息不对称，为旅游业从业者损害旅游者的权利埋下了隐患。从这个角度而言，在旅游法上，更加详细地规定旅游者应该获得信息权，对保障旅游者的权利是至关重要的。俄罗斯旅游立法的这方面规定，值得中蒙两国借鉴。

----

　　〔1〕　参见张卓、刘伟江：《旅游消费者权益保护的现实困境及其立法完善》，载《重庆社会科学》2018 年第 9 期。

（二）关于导游（讲解员）的规定

在团体或个人旅游过程中，导游起到了非常重要的作用。导游帮助旅游者体验旅游行程之美，特别是导游的存在，可以为旅游者解决行程中可能出现的意外事故，从而确保旅游者的权益。因此，在中蒙俄三国的旅游法中，均有导游的相关规定。在我国，导游的素质、学历结构和外语水平等因素，[1] 影响着旅游者的旅游体验。因此，中蒙俄三国在旅游法上对导游均做出了不同程度的规范要求，当然，三国旅游法对导游具体权利义务的规定也并不一致。《中华人民共和国旅游法》和《蒙古国旅游法》均对导游的权利与义务做了明确规定，当然在内容方面存在不同之处。但《俄罗斯联邦旅游法》关于导游的规定则更为概括，相关规定需要在俄罗斯的其他法律规范中寻找。

《中华人民共和国旅游法》对于导游实行行业准入，要求通过资格考试并与旅行社订立劳动合同或者在相关旅游行业组织注册取得导游证，领队还应具有相应的学历、语言能力和旅游从业经历。按照《中华人民共和国旅游法》的规定，导游和领队不得私自承揽导游和领队业务，应当佩戴导游证，遵守职业道德，尊重旅游者的风俗习惯和宗教信仰，不得擅自变更旅游行程或者中止服务活动，不得向旅游者索取小费，不得诱导、欺骗、强迫或者变相强迫旅游者购物或者参加另行收费的旅游项目。从保护旅游者权益的角度来看，中国旅游法对导游的规

---

〔1〕 参见李云：《新〈旅游法〉背景下导游队伍建设的思考》，载《商业经济》2013 年第 12 期。

定非常详细，实现了在旅游过程中发生纠纷有法可依。

《蒙古国旅游法》关于导游（讲解员）的规定，与中国类似，采取导游的行业准入制度。要在蒙古国成为导游，必须是蒙古国公民，且应该掌握一门及以上的外语，通过导游培训且获得证书。通过外语和职业培训，确保导游员的基本业务素质。将导游限定在蒙古国公民的范畴，保障了蒙古国公民的就业需求。按照《蒙古国旅游法》的规定，导游应按旅游机构制定的线路为旅客提供服务，防范事故和保障旅客安全，佩戴相应标志，向旅客提供蒙古国社会经济、政体、历史文化、风俗习惯方面的真实信息，保守国家、个人和单位秘密，禁止向旅客索要奖励等。这些对导游的基本要求，与中国旅游立法中的相关规定具有高度一致性。

《俄罗斯联邦旅游法》第 1 条便以概念界定的形式，对导游进行了规定。按照《俄罗斯联邦旅游法》的规定，导游可以分为三类，第一类是景点导游，也就是一般的导游，"是指经过专门培训，在临时停留国（地）为游客进行景点讲解的人"。第二类是翻译导游，这类导游需要受过职业培训、具备翻译必需的外语水平，能够向旅游者介绍旅游国（地）。与第一类导游相比，《俄罗斯联邦旅游法》对第二类导游增加了对外语水平的要求。第三类是陪同导游。这类导游是指经过专业培训，能够在旅途中陪同游客并保障游客安全的人。《俄罗斯联邦旅游法》在对导游做出了基本分类后，对于导游的权利与义务的内容，并没有更为详细的规定。但是，按照该法规定，俄罗斯旅游立法由《俄罗斯联邦旅游法》及与该法相符的其他旅游类联邦法律和不与本法相违背的其他联邦主体的旅游法组成。导游的权利自然受到俄罗斯相关法律的保护。与中国和蒙古国旅游法对导游准入的明确规定不同，俄罗斯并未限定导游必须是俄罗斯公民。自然，在俄罗斯旅游业市场从事导游工作的人，很多来自国外，这也导致了俄罗斯导游收入受损。针对这一问题，俄罗斯有议员向国家杜马提交了限制外国人在俄罗斯从事导游工作的议案，而目前这一议案正在审议之中。[1] 2021 年俄罗斯通过了对《俄罗斯联邦旅游法》的修正案，并于 2022 年 7 月 1 日生效。该修正案规定，只允许俄罗斯公民从事在俄罗斯的导游工作，且从事导游和导游翻译等工作的从业人员必须在本地区政府设立的专业委员会获得专门的资格证书才可以执业。

从促进旅游业发展、确保旅游者权利的角度看，《俄罗斯联邦旅游法》关于导游的规定略显笼统，应该在旅游法中对导游的权利义务做全面系统的规定，这样更有利于旅游者保护自己的权利。从旅游立法方面看，中国的旅游立法中增加了导游的行业准入以及不得诱骗、欺骗、强迫或者变相强迫旅游者购物等内容，应当说，这符合中国促进旅游业改革发展的方向。《国务院关于促进旅游业改革发展的若干意见》（国发〔2014〕31号）中曾强调，"坚持以人为本，积极营造良好的旅游环境，让

---

〔1〕 Правительство РФ одобрило законопроект о регулировании деятельности экскурсоводов и гидов，https：//tourism. interfax. ru/ru/news/articles/64740/，浏览日期：2020 年 1 月 10 日。

广大游客游得放心、游得舒心、游得开心，在旅游过程中发现美、享受美、传播美"。《蒙古国旅游法》规定，导游（讲解员）有义务"消除服务中因自己的过错给旅客及该旅游机构造成的损失"，对中国具有一定的借鉴意义。导游（讲解员）是按照旅游线路为旅客提供向导、翻译和解说的人，旅游者的旅游体验在很大程度上依赖于导游（讲解员）的服务，如果因为服务给旅游者造成损失，会直接影响旅游者的财产权利或精神上的感受。而导游（讲解员）作为旅游者最直接的行程管理人，第一时间消除损失，既能最大限度尽快弥补旅游者的损失，同时也对维护旅游市场的秩序具有一定的保障作用。

（三）促进旅游业发展方面的法律规定

旅游业在促进国民经济生活中所起的作用越来越显著。在促进旅游业发展的过程中，国家出台的促进措施起到的作用是极为显著的。[1] 中蒙俄三国在旅游法上，也不同程度地为促进旅游业的发展，做出了明确的规定。

《中华人民共和国旅游法》第 5 条规定，国家倡导健康、文明、环保的旅游方式，支持和鼓励各类社会机构开展旅游公益宣传，对促进旅游业发展做出突出贡献的单位和个人给予奖励。第 8 条规定，依法成立的旅游行业组织，实行自律管理。《旅游法》第三章专门规定了"旅游规划和促进"，包括编制旅游发展

---

〔1〕　Бессонова Г. Б. Организационные модели государственного регулирования туризма за рубежом//Вестник Саратовского государственного социально–экономического университета. 2016 № 1.

规划、产业政策、资金安排、旅游形象推广战略、旅游公共信息和咨询平台以及旅游职业教育和培训。这样的规定从不同的角度，包括政府、财政、宣传、互联网、教育等方面，来推动旅游业的发展。这体现出国家以立法的形式对旅游行业做出全面支持。

《蒙古国旅游法》第 11 条规定了"国家鼓励并扶持旅游业"，而且该条放在了第二章《旅游机构》中，具体包括：国家对出口生产的扶持和优惠同样适用于旅游机构、宾馆对外国人提供的服务；对投资旅游业的公民、法人给予税收减免事宜按相关税法予以调整；发展旅游区项目中标人结合国家社会经济发展战略确定为蒙古国的旅游地区的，国家可按合同为其项目的实施提供一定的融资。

《俄罗斯联邦旅游法》第二章《国家对旅游活动的调整》中，第 3 条规定了国家调整旅游活动的基本原则，即国家承认旅游活动是俄罗斯联邦经济领域的优势产业，促进旅游活动的发展并为其创造有利条件；确定并支持旅游业的优先发展方向；塑造俄罗斯良好的旅游国家形象；支持并保护俄罗斯旅游者、旅游公司、旅行社及其联合的权益。为贯彻上述原则，该法详细规定了俄联邦国家权力机关、俄联邦主体国家权力机关及地方自治机关在发展旅游业领域的职权。从内容与法律整体的结构来看，俄罗斯联邦并没有将"对旅游业的促进和发展"进行单独规定，而是把它放在国家对旅游活动的调整这部分内容之中，并未突显出该国对旅游业促进和发展的特殊性。

　　旅游业对促进经济发展具有极为重要的作用。改革开放以来，我国实现了从旅游短缺型国家到旅游大国的历史性跨越。"十二五"期间，旅游业全面融入国家战略体系，走向国民经济建设的前沿，成为国民经济战略性支柱产业。2015年，我国旅游业对国民经济的综合贡献度达到10.8%，国内旅游、入境旅游、出境旅游全面繁荣发展，我国已成为世界第一大出境旅游客源国和全球第四大入境旅游接待国。旅游业成为社会投资热点和综合性大产业。"十二五"期间，我国旅游业对社会就业综合贡献度为10.2%，旅游业成为传播中华传统文化、弘扬社会主义核心价值观的重要渠道，成为生态文明建设的重要力量，并带动大量贫困人口脱贫，绿水青山正在成为金山银山。除了对国内的影响，旅游业还促进了中国国际地位和影响力的大幅提升。中国的出境旅游人数和旅游消费水平均列世界第一，与世界各国各地区及国际旅游组织的合作不断加强。中国政府积极配合国家总体外交战略，举办了中美、中俄、中印、中韩旅游年等具有影响力的旅游交流活动，旅游外交工作格局开始形成。[1] 深化旅游国际合作是"十四五"期间旅游业发展的重要任务，"积极服务和对接高质量共建'一带一路'，扩大与共建国家交流合作，打造跨国跨境旅游带"。[2] 在推进中蒙俄经济

---

　　[1]　参见《国务院关于印发"十三五"旅游业发展规划的通知》（国发〔2016〕70号）。

　　[2]　参见《国务院关于印发"十四五"旅游业发展规划的通知》（国发〔2021〕32号）。

走廊合作过程中，加强三国之间的旅游合作，具有极为重要的意义。旅游合作可以增进中蒙俄三国人民之间的相互了解，促进民心相通，并最终推动三国合作水平的提升。从三国旅游法对旅游业促进的规定看，中国旅游法无疑走在了前列。国家已经从战略层面将发展旅游业纳入了法治的轨道。这无疑为蒙古国和俄罗斯提供了良好的示范作用和重要的借鉴意义。

（四）关于旅游经营者的评级制度

为了促进旅游服务质量的提高，国家对景区、酒店等经营项目根据设施和服务水平等实施等级评定制度，等级评定后向社会公布。等级代表了相应的质量标准。评定旅游经营者的不同等级，便于按照不同的标准和要求进行监管，对于旅游者或者预定旅游者而言，则方便了解能够满足自己需求的旅游经营者而做出适当的选择。旅游经营者的评级制度，在促进旅游业进步和健康发展方面，具有重要的作用。

根据《中华人民共和国旅游法》第50条第2款，首先，旅游经营者依据标准或者规范，取得有关质量标准等级的，其设施和服务不得低于相应标准。当旅游者选择某项服务，与旅游经营者达成服务合同后，除非经特殊说明，否则相关质量标准等级成为合同的一部分。旅游者必须依照合同约定的质量标准等级履行义务。如果提供的设施和服务低于标准，则属于违约行为。其次，旅游经营者未取得质量标准等级的，不得使用相关质量等级的称谓和标识。这主要是为了避免假冒、欺诈等违规行为，旅游者实际接受的服务与旅游经营者对外宣传的不一致，由此可能导致旅游者支付的价款远高于实际获得的服务价值。[1]

关于旅游经营者的旅游评级制度，《蒙古国旅游法》也做出了相关规定。《蒙古国旅游法》规定，旅游机构有权申请权力部门评定等级（第 8.1.10 条），为旅客提供服务的单位应按服务的规范和等级要求开展业务（第 10.1.1 条），按授予等级制定服务价格并价格公示（第 10.1.2 条），公开摆放单位核准名称、等级、接待旅客许可证（第 10.1.4 条），由主管旅游的中央行政机关制定高档宾馆、旅游点星级等级评定规则（第 10.2 条），从法律规定来看，旅游机构"有权申请权力部门评定等级"，意味着申请权力部门评定等级是旅游机构的权利，而非义务。旅游经营者评价等级的获得，将直接促进经营者完善服务，给旅游者提供更好的旅游体验。

《俄罗斯联邦旅游法》第 5 条也对宾馆、滑雪场、浴场的等级评定作了规定。具体而言，对宾馆的等级评定，由俄罗斯政府颁布专门的规章进行详细规范。对滑雪场和浴场的评级工作，由执行权力的联邦机构确定具体的规则和程序。相关的等级评定工作，由俄罗斯联邦执行权力机关授权的组织负责实施。具体被授权的评级机构，要严格按照政府规定进行评级，在出现虚假证明等情况下，被授权的评级机构将会被取消评定资格。

通过对中俄蒙旅游经营者评级制度的比较，我们可以发现，

---

〔1〕　参见吴高盛主编：《〈中华人民共和国旅游法〉释义及实用指南》，中国民主法制出版社 2013 年版，第 140—141 页。

中蒙俄三国都很重视旅游经营者的评级问题，但三国对需要参与评级的旅游经营者的范围的规定不同。俄罗斯对宾馆、滑雪场和浴场规定了评级制度，但景区没有被纳入评级范围。中蒙两国则没有具体限定参与评级的经营者范围。在评级规则方面，俄罗斯旅游法授权俄罗斯政府和执行权力主体制定评级的细则，在确保旅游法稳定性的同时，也保证了修订规则的灵活性。同时，委托社会组织进行评级，节省了政府的人力资源也确保了公信力。这些都是中蒙两国在此方面值得借鉴之处。

（五）旅游安全规则

旅游目的地是否安全，如目的地是否有传染病、是否有泥石流、是否有山体滑坡等，是广大旅游者最为关心的事情。因此，保证旅游安全不仅能对旅游者的人身、财产权利提供保障，也能有效地维护旅游市场的秩序。因此，加强旅游的安全管理是中蒙俄三国政府共同面对的问题。

旅游安全直接关系到旅游业的健康稳定发展。中国政府历来十分重视旅游安全工作，国家旅游局先后制定了多部旅游安全管理规章制度。《中华人民共和国旅游法》第六章专门规定了"旅游安全"，共包括 7 条，对政府的旅游安全监管职责、建立旅游目的地安全风险提示制度、旅游突发事件的应对、旅游经营者的安全保障、安全警示义务、旅游安全事故救助和处置等内容做了规定。其中第 77 条规定，"国家建立旅游目的地安全风险提示制度。旅游目的地安全风险提示的级别划分和实施程序，由国务院旅游主管部门会同有关部门制定。县级以上人民政府及其有关部门应当将旅游安全作为突发事件监测和评估的重要内容"。该制度的建立和完善，要求各级旅游部门应当加强对旅游目的地安全风险的监测、评估和预警，督促旅游企业对旅游安全风险源、风险点进行建档登记、动态监测和评估，并及时通过互联网、手机短信等手段对外披露安全风险信息，提高安全提示信息的受众面和时效性；深化旅游气象合作，加快中国旅游天气网及旅游气象服务示范区建设，制定重点景区气象灾害风险目录，提升旅游行业灾害性天气预警防范的能力。

《俄罗斯联邦旅游法》也极其重视旅游安全防范问题。该法第七章，以专章的形式规定了旅游安全问题。与《中华人民共和国旅游法》的规定不同，俄罗斯旅游法明确界定了旅游安全的概念。按照该法的规定，旅游安全是指旅游者的安全及财产保全，以及在旅游时不破坏自然环境、不损害社会的物质和精神财富，不损害国家安全。在明确界定了旅游安全概念后，《俄罗斯联邦旅游法》也规定了旅游风险的提示制度，即俄罗斯联邦执行权力机关有义务告知旅游者所到旅游之地面临的包括流行病在内的风险，并规定在出现旅游风险的情况下，旅游者有权按照法律规定退订旅游产品和获得应该取得的份额。在俄罗斯领域内出现紧急状况时，《俄罗斯联邦旅游法》规定由俄罗斯紧急状态部负责救援。当在俄罗斯国外出现紧急状况后，《俄罗斯联邦旅游法》规定国家采取包括撤侨在内的必要措施，保护俄罗斯游客的权益。

与中俄两国对旅游风险制度的规定不同，《蒙古国旅游法》

并未明确规定旅游风险问题，也没有明确建立旅游风险提示制度。从这一点看，中俄两国旅游法规定的旅游风险制度对蒙古国有着较大的借鉴意义。

三、中蒙俄经济走廊合作视域下三国旅游法律制度完善的建议

"发展旅游业、开辟跨境跨区旅游线路"是《中蒙俄经济走廊规划纲要》规定的中蒙俄三国合作的重要内容。促进中国、蒙古国、俄罗斯三国旅游业发展是有效促进人文交流的路径。在中蒙俄经济走廊合作中，国际旅游业的发展不仅能为三国创造巨大的经济利益，对三国间的文化交流也发挥着巨大的作用，[1] 应根据旅游资源和当地所能开发的资源可能性，建设旅游走廊。[2] 但在发展国际旅游业的同时，旅游领域的法律问题是不容忽视的。根据前文对中蒙俄三国旅游法的比较研究，为更好地促进三国旅游业的发展，应从法律层面对接中蒙俄三国的旅游法律制度。

（一）对中国旅游法律制度的完善建议

从中蒙俄三国旅游法律比较的视角而言，俄蒙两国旅游立法方面一些优秀的制度，值得我国借鉴。

---

〔1〕〔蒙〕特·道尔吉、德·普尔布扎布：《经济走廊建设发展中丝绸之路智库联盟的作用》，载《2016 中蒙俄智库国际论坛论文集》，自治区发展研究中心 2016年版，第 11—21 页。

〔2〕〔蒙〕巴·巴图青格乐等：《中蒙俄经济走廊建设中蒙古国中心地区的作用》，载《2016 中蒙俄智库国际论坛论文集》，自治区发展研究中心 2016 年版，第33 页。

　　第一，紧急情况下对国际旅游者救助的法律完善。近年来，中国公民出境游的人数逐渐增加。据统计，2017 年中国公民出境旅游突破 1.3 亿人次；2018 年中国公民出境旅游人数 1.4972 亿人次；2019 年中国公民出境旅游人数达到 1.55 亿人次。[1] 同时，中国也是世界重要的旅游输入国。"这就意味着中国在对紧急情况下的国际旅游消费者，包括入境的外国旅游消费者和出境的中国旅游消费者的保护问题上面临极大的挑战。"[2]

　　《中华人民共和国旅游法》第六章专门规定了"旅游安全"。该章共包括 7 条，涵盖了旅游安全监管职责的主体、旅游目的地安全风险提示制度、旅游突发事件应对机制、旅游者安全保护制度和应急预案、旅游经营者事先说明警示内容、旅游经营者在突发事件或者旅游安全事故后的救助和处置义务、旅游者遇有危险时的求助权。对应该法的规定，中国还有国务院颁布的《中国公民出国旅游管理办法》和《旅行社条例》、国家旅游局制定的《旅游突发公共事件应急预案》，这三部法律法规也规定了旅行社、导游、领队在旅游团队遇到特殊困难和安全问题时应采取的必要措施，如向组团社和中国驻所在国使领

---

　　〔1〕　参见《中国持续保持世界第一大出境旅游客源国地位》，http：//hn. cnr. cn/whly/20181211/t20181211_524446681. shtml；《2018 年中国公民出境旅游人次近 1.5 亿》，https：//www. sohu. com/a/294829007_797714；《2019 年中国公民出境旅游人数达到 1.55 亿人次》，http：//www. kjw. cc/lvyou/2020/0311/9880. html；浏览日期：2020 年 3 月 10 日。

　　〔2〕　乔雄兵、连俊雅：《试论紧急情况下国际旅游消费者的法律保护》，载《旅游学刊》2015 年第 1 期。

馆报告，通过所在国家或地区的接待社或旅游机构等相关组织进行救助，要接受中国驻所在国或地区使（领）馆或有关机构的领导和帮助，力争将损失降到最低程度等。

这些法律法规在一定程度上为国际旅游消费者提供了人身、财产方面损失的救助，但仍存在一定的问题。笔者在研究中发现，中国相关法律对于国际旅游消费者保护对象范围相对较窄。也有学者持这一观点。[1] 根据《中华人民共和国旅游法》第 2 条有关适用范围的规定，该法仅限于中国境内的旅游活动和旅游经营活动，即中国公民和外国旅游消费者在中国境内的旅游活动，以及在中国境内组织到境外的包价旅游活动，这意味着自行出境或者在中国境外组织的旅游活动，则不能适用该法。[2] 这就使得一部分国际旅游消费者遭遇紧急状态时不能获得有效救助。在这一点上，我们应当借鉴俄罗斯联邦的旅游立法。

《俄罗斯联邦旅游法》第 1 条明确了"旅游""旅游活动""出境游""自助游"等概念。其中，"旅游"是指俄联邦公民、外国人和无国籍人以疗养、休闲娱乐、学习、运动、专业活动、宗教等为目的从经常居住地短期出行的活动，并在临时居留的国家（地方）不从事营利性活动。"旅游活动"是指旅游经营

---

〔1〕 参见乔雄兵、连俊雅：《试论紧急情况下国际旅游消费者的法律保护》，载《旅游学刊》2015 年第 1 期。

〔2〕 参见吴高盛主编：《〈中华人民共和国旅游法〉释义及实用指南》，中国民主法制出版社 2013 年版，第 26 页。

和旅行社的活动，以及旅游方面的其他活动。"出境游"是指常驻俄罗斯联邦的人到另一个国家旅游。"自助游"是指旅游者自己单独组织的旅游。此外，在该基本法中有第 3 章第 6 条"国际旅游消费者有获得紧急医疗救助和要求旅游目的地国权力机关协助其获得法律和其他形式的紧急援助的权利"，以及第 7 章第 15 条"由俄罗斯联邦立法规定的专业部门向在俄罗斯境内遭遇灾难的国际旅游消费者提供救助"和第 16 条"发生意外事件时国家采取措施以保护境外俄罗斯旅游消费者的利益，包括将其接送回国"等规定。诸规定与前述相关概念综合表明，俄联邦的旅游立法并未将自助出境游排除在旅游者权利保障之外。这样能够为国际旅游消费者提供平等的、非歧视的保护，也体现国家对本国旅游消费者在境外的一种保护义务。《俄罗斯联邦旅游法》的这一制度性规定，值得中国借鉴。特别是随着我国综合国力的提升，更需要为在境外旅游的中国游客，不论是组团旅游，还是个人旅游，提供更加充分的保障，以彰显宪法"尊重和保障人权"的规定，贯彻以人为本的理念，突显社会主义制度的优越性。

第二，应建立出境旅游公司联盟法律制度。这一问题实际上是与中国境外旅游者安全保障问题紧密联系在一起的。如上文所述，我国对境外的中国游客在安全保障方面的法律机制并不完善。尤其是我国《旅游法》第 82 条第 3 款规定，"旅游者接受相关组织或者机构的救助后，应当支付应由个人承担的费用"。问题是，一旦旅游者陷入困境，可能导致旅游者在国外因救助费用问题，而无法得到及时有效的救助，特别是在身处异乡、孤苦伶仃的情况下。而且，境外游的风险对旅游者而言，都是存在的。发生安全风险是一个概率问题，《俄罗斯联邦旅游法》较好地解决了这一问题。《俄罗斯联邦旅游法》第五章明确规定了出境旅游公司联盟法律制度。按照《俄罗斯联邦旅游法》的规定，出境旅游公司联盟是全俄罗斯唯一一家出境旅游联盟方面的非商业组织，其宗旨是根据俄罗斯法律的规定，向旅游者提供紧急救助。所有从事出境游业务的俄罗斯旅游公司，都必须加入这一出境游旅游联盟，并且应该按照俄罗斯法律的规定，向出境游旅游联盟缴纳补偿基金。按照《俄罗斯联邦旅游法》的规定，开展出境游业务的公司，按照年终业务报表中因出境游获得收入 0.1%的比例缴纳补偿基金，且不得少于 10 万卢布。补偿基金归出境游旅游联盟所有。此外，按照《俄罗斯联邦旅游法》的规定，"当旅游公司按照旅游产品销售合同的规定，不能履行或未完全履行合同义务或不当履行合同义务时"，俄罗斯出境游旅游联盟"向旅游者提供紧急服务"。《俄罗斯联邦旅游法》关于出境游旅游联盟的上述规定，为中国更好地保护境外旅游者的利益提供了较好的借鉴。加强中国境外游客的安全保护，是国家的任务。

第三，明确旅游监察的法律地位。多年来，中国旅游市场的规范状况并没有与其飞速发展的繁荣状况呈正比。乱象丛生，市场欺诈频发，各地旅游行政管理部门虽经多重努力，但收效并不十分显著。[1] 我国《旅游法》用专门一章规定"旅游监督管理",内含 8 个条文,包括监督管理的主体、监督管理的注意事项、监督管理的范围、程序、有关单位和个人的义务、监督管理信息共享与公开以及旅游行业组织的监督管理等内容。仅就监督管理的主体而言,这里面既包括"旅游主管部门",又包括"有关部门",有关部门的范围非常广泛,应当涵盖了交通、住宿、餐饮、娱乐等执法部门。且该章对于监管的具体权限的规定并不是十分明确。因此,实践中监管的联动性较弱。虽然从中央的文件到各地的实施,有"旅游监察"(如《昆明市旅游业监察条例》)、"旅游警务"[2]、"旅游警察"[3] 等不同的监督管理包括服务形式,但它们之间的关系并没有被很清晰地界定。由于收效与期望仍有差距,学界不乏质疑的声音。如围绕旅游警察,学者认为,存在产生背景与推广的目的易于混淆、机制设置存在分歧等问题。[4] 笔者认为,也许正是因为旅游立法上没有明确的定位,所以发挥作用的机制运行不畅。

　　比较而言,《蒙古国旅游法》第 23 条规定了国家旅游监察

　　〔1〕　参见陈修岭:《我国旅游市场的失范与治理——基于东道主的视角》,载《山东青年政治学院学报》2019 年第 6 期;宋晓辉、刘敏:《我国"旅游警察"制度建设探析》,载《云南警官学院学报》2016 年第 1 期;傅林放:《我国旅游市场秩序失范成因探析》,《浙江树人大学学报》2012 年第 5 期。

　　〔2〕　参见陈健:《浅谈旅游警务的概念、特征与意义——以杭州市公安局西湖风景名胜区分局为例》,载《公安学刊——浙江警察学院学报》2011 年第 5 期。

　　〔3〕　参见刘敏、曾晓东:《国内旅游警察研究综述及展望——基于警察本质和职能的探讨》,载《云南警官学院学报》2019 年第 4 期。

　　〔4〕　参见刘敏、曾晓东:《国内旅游警察研究综述及展望——基于警察本质和职能的探讨》,载《云南警官学院学报》2019 年第 4 期。

员的权利义务。其中权利包括：不分所有权归属，检查旅游机构、旅游服务单位、导游（讲解员）的旅游法执行情况；行使检查时，让相关公民、公职人员和机关无偿提供必要的信息资料；为行使检查进入相关单位；检查违反旅游法者的证件，必要时按违法行为审查处理法予以暂扣；对违反旅游法的人处以本法规定的行政处罚；向主管旅游中央行政机关建议降低不符合该等级条件的宾馆等级。义务包括：监督旅游法的实施时，严格执行法律及与此相应出台的规章细则；采取措施纠正和消除违法时，尊重单位及个人的合法权益和保守秘密；处理违反旅游法有关旅客提出的申诉；监督旅游机构、导游（讲解员）是否向旅客提供蒙古国社会经济、政体、历史文化、风俗习惯方面的真实信息。在这里，笔者建议借鉴《蒙古国旅游法》第23条国家旅游监察员的权利义务的规定，在立法上明确旅游监察（员）的概念、职责和权限，有利于厘清旅游监督管理体制，消除旅游监督管理的障碍。

（二）对蒙古国旅游法律制度的完善建议

与中国和俄罗斯相比，蒙古国旅游立法起步晚，旅游市场发展也较为缓慢。在某种程度上，是与《蒙古国旅游法》不完善有关。借鉴中俄两国旅游立法方面的成熟制度，对蒙古国旅游法律的完善更为重要。

首先，明确对旅游者权利的保障。在《蒙古国旅游法》中，没有专门规定旅游者权利的保障。虽然可以通过规范旅游经营者的活动及其责任义务、明确旅游主管部门的职责实现对旅游者权利的保障，但是未在立法中明确旅游者权利的保障仍然无法实现旅游立法的根本目的。由于旅游消费的特殊性，对旅游消费者的权益保护相应地也应当具有特殊性，否则就可能会在旅游立法、执法和司法等环节对旅游消费者权益的保护不到位，导致旅游纠纷不断且难以解决。[1] 事实上，中国在修订《旅游法》的过程中对于旅游者权利是否加以规定也是存在争议的。当时有一种观点认为，"旅游者权利就是民事权利，只是在旅游的过程中得以表现，说到底就是民事权利。因此带来两个具体意见：一是旅游者权利一章没有必要，现在的内容都是宣誓和口号，如果有需要保护的事项应该落实到民事权利一章中去；二是更进一步的看法，就是旅游者是一个无法界定的概念，从民事权利义务看就是一个自然人，并无特殊性，完善民事权利、加强民法典的编撰就可以解决共性的问题"，但经过多次商议讨论，最终决定保留旅游者权利的相关内容，这意味着"把保护公民的私权和个人权益提升到相当重要的位置"。[2]

在这方面，蒙古国的旅游立法可以借鉴中国和俄罗斯的相关经验，建议从以下几个方面保障旅游者的权利：第一，旅游者有权自主选择旅游线路和产品。第二，旅游者对其购买的旅游服务享有了解的权利。第三，旅游者的人身、财产安全得到

---

[1] 杨富斌：《旅游者权益保护的特殊性探析》，载《法学杂志》2015 年第 9 期。

[2] 杜一力：《谈旅游权利和旅游者权利——献给第一个中国旅游日》，载《北京第二外国语学院学报》2011 年第 5 期。

保障。第四，旅游者有权要求旅游经营者按照约定提供产品和服务。第五，旅游者在人身、财产安全遇有危险时，有请求救助和保护的权利；旅游者人身、财产受到侵害的，有依法获得赔偿的权利。第六，旅游者的人格尊严、民族风俗习惯和宗教信仰必须得到尊重。最后一项，考虑到蒙古国作为一个单一民族占多数的国家，容易忽视对旅游者的民族风俗习惯和宗教信仰的尊重，因此专门提出。根据蒙古政府第 324 号决议附录《国家旅游计划》，未来蒙古国将继续发展可持续的旅游业，实现计划目标，到 2025 年吸引亚洲和太平洋地区的旅游者达到 200 万。旅游者来自不同的国家和地区，其民族习惯和宗教信仰可能各不相同，为了避免文化上的冲突，在立法中明确规定尊重旅游者的人格尊严、民族风俗习惯和宗教信仰是非常必要的。

其次，建立旅游目的地安全风险提示制度。目前，在蒙古国旅游法律制度中并未规定该制度。有资料显示，近年来蒙古国气候变化情况非常严峻，随着气候变化，近十年自然灾害比以前增多了 1.5 倍，由于水、气候灾害死了 424 人，损失了很多资产，这使得蒙古国在气候灾害方面风险指数在世界排名第八。[1] 这样的气候状况需要蒙古国自身甚至国际社会密切关注，提前预知气候变化，能够避免人身和财产损失。从旅游业的角度看，提前做出风险预警，能够最大程度保障旅游者的

---

〔1〕〔蒙〕瑟·西热布、阿迪亚：《蒙古国大自然的缺陷及三个国家经济走廊建设问题》，载《2016 中蒙俄智库国际论坛论文集》，内蒙古自治区发展研究中心 2016 年版，第 409—417 页。

安全。

2019 年 12 月 9 日，新西兰怀特岛火山喷发，酿成 8 人死亡、另有 9 人失踪或据推测已死亡、30 多人被烧伤的悲剧，新西兰地质灾害监测机构显示，二氧化硫气体增加以及火山震动的频频出现，是火山深处岩浆上升的信号。凭借这些信号，可将火山的警戒级别划为 5 级。事故发生前，怀特岛火山的警戒级别曾达到 2 级，表明"中度到高度的火山动荡"。[1] 公众都在质疑：这么危险的情况下，旅游公司为什么还要组织游客登岛？目前笔者尚未查到事件调查结果，但可以确定的是，没有严格履行安全风险提示要求，势必会给旅游者的生命带来巨大的威胁。

中蒙俄三国旅游走廊建设，必然将旅游者的安全放在首位，因此，建立蒙古国的旅游目的地安全风险提示制度是非常必要的。

最后，明确导游（讲解员）的准入门槛。蒙古国有学者认为，蒙古国旅游专业人员的专业素质不高导致旅游服务质量降低。[2] 在旅游专业人员中，导游（讲解员）是其中的重要力量，由于蒙古国未在旅游法律制度中规定准入门槛，导游（讲解员）的专业素养在短时间内不会有较大提高。旅游服务质量

[1] 《新西兰警方着手调查火山惨案 旅游公司或面临处罚》，http：//www.chinanews.com/gj/2019/12-13/9032632.shtml，浏览日期：2019 年 12 月 13 日。

[2] ［蒙］德·阿木尔图布信等：《蒙俄中经济走廊沿线地区旅游业发展的条件、资源与可能性》，载《2016 中蒙俄智库国际论坛论文集》，内蒙古自治区发展研究中心 2016 年版，第 216—230 页。

降低，会直接影响赴蒙古国旅游人数的提升，众所周知，旅游的切身感受是影响旅游者旅游意愿的重要因素。此外，蒙古国旅游业的发展面临着一个比较复杂的困境，即旅游业的发展难以得到牧民的支持，因为会与传统游牧生活的模式和风俗习惯有所冲突。导游的专业素养能在一定程度上有效缓解这种冲突。在这方面，中国政府作出了较大努力，在 2019 年 1 月 16 日《文化和旅游部关于实施旅游服务质量提升计划的指导意见》中指出，导游和领队是旅游服务和形象的重要窗口，是传承和弘扬中华优秀文化和社会主义核心价值观的重要力量，是提升旅游服务质量的关键因素。要下大力气解决导游和领队服务意识不强、专业技能不高、职业素养不足、执业保障不够等问题，不断提高其服务能力。在此目标基础上，提出完善导游人员资格考试和等级考核制度，拿出加强国情和执业地区省情、市情、乡情以及旅游区点的历史、人文、地理、气候等应知应会的通识类知识储备等具体方案。《中华人民共和国旅游法》第 37 条规定，"参加导游资格考试成绩合格，与旅行社订立劳动合同或者在相关旅游行业组织注册的人员，可以申请取得导游证"，此外，中国国务院及其旅游主管部门先后颁布了《导游人员管理条例》《导游人员管理实施办法》等法规、规章，成为中国旅游法制建设的重要组成部分。在蒙古国，导游自身对历史、文化、传统有了较为深入的了解后，在执业过程中即会有意识地降低或者消除旅游过程中与牧民之间发生冲突的风险，从另一个角度来看，牧民的不抵触恰是蒙古国旅游业发展的更大空间。

（三）对俄罗斯旅游法律制度的完善建议

相对来说，《俄罗斯联邦旅游法》规定的内容较为详细具体，但该法中没有对导游的义务加以规定。20 世纪 90 年代以来，俄罗斯经历了经济、政治的转型，这也给对旅游业的发展带来了巨大的影响，旅游业的组织结构发生了根本转变，导游由原来国家（游览局、旅游局）统一管理转为旅游机构依据内部规则自主管理。这也成为俄罗斯现行旅游立法中未对导游的义务明确规定的原因。导游的存在，会极大提升游客的旅游体验，这是旅游业规范导游行为的前提。但是，在旅游过程中，会存在着导游利用工作之便，不履行或不认真履行导游职责，甚至出现导游侵害游客权益的现象。这种现象会对旅游业的发展造成不良影响。为此，俄罗斯在国家立法层面规定导游的一般性义务规范，在具体的旅游机构中，根据各自开展的旅游服务特点，在国家关于导游的义务规范之下，再详细制定各自机构中的导游义务。这种关于导游义务的规定，能更好地促进旅游业的发展。中蒙两国的相关规定，能够促进俄罗斯导游义务规则的完善。俄罗斯没有硬性规定导游的准入门槛，因此导游分为两类：专业性导游和自由职业导游，前者只要完成相应时长的导游培训课程，就会得到相应证书，后者通常没有接受过任何导游的培训，也不具备相应的证书。这与俄罗斯的经济发展状况直接相关。在国家法律层面没有规定导游的入职门槛，实际上导致导游素质参差不齐，导游带给游客的体验各异。俄罗斯在大力推进旅游业发展的过程中，迟早需要对导游的入职条件设定适当的标准。中国在导游入职条件方面的规定，恰恰可以为俄罗斯提供经验借鉴。此外，在加强旅游监察、确保游客权益方面，俄罗斯旅游法律制度也存在待完善之处。中国和蒙古国都建立了旅游监察制度，相比较而言，蒙古国的旅游监察制度，实际上更可以为俄罗斯所借鉴。为促进旅游业的健康发展，应确保国家制定的关于旅游业的规范和标准落到实处，这便需要对旅游从业者和旅游机构对国家法律的执行情况进行监督。对旅游业专门的监督检查，能够促进旅游业机构和从业者服务质量的提升。

第四章　俄罗斯边境合作基本法
及其对中俄合作的影响

在中俄合作中，边境合作占有重要地位。中俄学者都极为关注中俄两国的边境合作问题。我国学界就中俄边境合作的意义已有充分认识。中俄边境地区具有广泛的互补性，合作前景巨大。在中俄提出"一带一盟"对接后，国内学者将中俄地方合作纳入到"一带一盟"对接的视野中进行研究。程亦军研究员认为，在"带盟对接"的背景下，中俄地方合作"有望成为中俄经贸合作新的增长极"。[1] 这些大环境也必然要促进俄罗斯与中国共同努力提升边境合作的力度，促进中俄边境地区的发展。"通常中俄边境合作被理解为在极为有限的地方行政机构之间的关系，即俄罗斯远东（通常与远东联邦区相等同）和中国

---

〔1〕　程亦军：《"带盟对接"将推动中俄地区合作深入发展》，载《西伯利亚研究》2018 年第 4 期，第 18 页。

东北-满洲里之间的关系。"[1] 随着《俄罗斯边境合作基本法》
的出台，俄罗斯以立法的形式确定了边境合作的概念。与俄罗
斯不同，我国在各层级的政策法律文件中，并未对边境合作给
出一个清晰的界定。在实践中，边境合作一词，既包括与俄罗
斯边境主体的合作，也包括与俄罗斯非边境主体的跨境合作，
还包括沿边开放合作。尽管中俄两国对边境合作的概念界定不
同，但加强中俄边境地区的合作，是中俄两国政府共同努力的
方向之一。

中俄两国于 2006 年签署的《中华人民共和国政府和俄罗斯
联邦政府关于中俄国界管理制度的协定》第 29 条规定："双方
将促进边境地区间的经济往来，及为此目的的人员和货物流动
便利化。"加强中俄边境地区合作也是《中蒙俄经济走廊规划纲
要》的任务之一。内蒙古自治区在中蒙俄经济走廊合作中占有
极为重要的地位。内蒙古自治区与俄罗斯边境地区合作，尤其
是与外贝加尔边疆区的合作，是实现我国向北开放战略的有效
路径，并将切实推进呼伦贝尔中俄蒙合作先导区和满洲里国家
重点开发开放试验区建设。内蒙古自治区区内众多专家学者关
注到了内蒙古自治区与俄罗斯边境地区，尤其是与外贝加尔边
疆区合作的重要性。但国内学者要么是从宏观的角度研究中俄
合作中存在的问题与对策，要么立足于自己所处省份的现实条

---

〔1〕 Ларин В. В. Российско - китайское трансграничье в контексте проектов
евразийской интеграции//Мировая экономика и международные отношения. 2016.
№ 12. С. 70.

件，探讨与俄罗斯开展合作的路径。目前中国学者对中俄合作的研究成果多数集中在投资、贸易、互联互通等方面。尽管内蒙古自治区内外学者都认识到加强对俄罗斯政策法律研究的重要性，但这方面具体的研究成果却并不多。对与内蒙古自治区保持密切联系的外贝加尔边疆区同中国合作的政策等具体问题的研究成果就更是少之又少。尤其是 2017 年俄罗斯正式出台了《俄罗斯联邦边境合作基本法》后，除了我国个别媒体有所报道外，国内学界几乎没有对这部必将对中俄边境地方合作产生重要影响的法律进行过任何研究。作为对俄罗斯合作桥头堡的内蒙古自治区，我们应该加强对《俄罗斯联邦边境合作基本法》及该法出台后毗邻内蒙古自治区的外贝加尔边疆区出台的具体地方性法律规范的研究，以做到知己知彼，并从自治区层面出台具体的对俄罗斯合作的政策法律，以提升新时代法治内蒙古建设的水平，促进内蒙古自治区与俄罗斯的合作。

一、《俄罗斯联邦边境合作基本法》出台的背景与过程

要全面了解《俄罗斯联邦边境合作基本法》的内容，应从该法出台的历史背景、出台的动因、法律依据和立法进程进行阐述。这些内容可以让我们更好地了解《俄罗斯联邦边境合作基本法》在俄罗斯边境主体开展边境合作过程中所起的作用，以便更好地制定与俄罗斯合作的政策法律。

（一）俄罗斯开展边境合作的历史背景

大力开展边境合作，是当今俄罗斯新确立的国家政策。在

苏联时期，出于国家安全因素的考量，苏联将其比较重要的工业等经济部门主要设置在远离边境的国家内部地区。"苏联时期，对外经济活动由国家和外经贸主管部门高度垄断，边境地区对外经贸合作一直在中央直接掌控之下，自主权有限，规模不大，领域不宽，对边境地区经济社会发展的拉动力极为有限，地方发展边境合作的潜力也远远没有得到充分的挖掘和利用。"[1] 这样的工业布局对俄罗斯边境地区的经济发展造成了不良影响，人为地造成了边境地区与俄罗斯内部地区相比经济发展较为落后。这也自然会导致边疆地区人口流动性较大。当然，这是和苏联时期对边境地区的定位有关。苏维埃时期，"边界主要起到一种屏障功能，甚至将相邻的不同社会空间进行了划分，通过利用签证和边界制度，在极端情形下，可以将毗邻地区居民交往减到最少"。[2] "传统上，经济活力较弱的中心都接近边境地区，进而不能在平等原则之上开展国际合作，也不能依靠本国的基础设施发展。进而，在边境地区发展国际联系，也如同在俄罗斯联邦其他主体一样，事实上取决于俄罗斯联邦的情况。通常情况下，俄罗斯边境地区的省级主体区域生产总值低于国家人均的平均水平，这也反映出这些边境主体的社会

---

〔1〕 赵欣然:《"俄罗斯东部发展与中国、蒙古边境合作"会议探析》，载《西伯利亚研究》2010 年第 2 期，第 32 页。

〔2〕 Яковенко Г. В., Боронников Д. А., Яковенко А. Г. Анализ нормативно-правовой базы приграничного сотрудничества российских регионов с сопредельными территориями //Известия МГТУ《МАМИ》2012. № 2. С. 233.

状况。"[1] 为促进俄罗斯边境主体的经济社会发展，也就必须考虑开展边境合作。

在苏联解体后的20世纪90年代的一段时间里，俄罗斯仍然对其边境地区执行严格的管理制度，这与俄罗斯当时遇到的严重地方分裂主义情势有关。当时，俄罗斯国内存在着严重的分裂主义势力的威胁。为避免进一步解体，俄罗斯政府不得不对边境地区采取严格的垂直监督管理。到2000年左右，俄罗斯通过治理，使得可能导致分裂的情况有所好转。在这种情形下，俄罗斯的边境地区尽管仍然是确保俄罗斯国家安全的屏障，但也凸显出开展边境合作的优势和可能。而且，苏联解体后，有49个俄罗斯联邦主体处于边境地区。"俄罗斯联邦有超过230个陆地边境的市政机构有与其他国家的地方机关建立合办关系的需求。"[2] "苏联解体后，在由计划经济向市场经济转轨过程中，特别是在对外经贸自由化的过程中，边境地区的国际合作始终未能摆脱自发、无序甚至混乱的状态。为了改变这种状况，亟待制定一部法规以确立俄罗斯边境地区国际合作的地位，使

〔1〕 Арсентьева И. И. , Михайленко А. Н. Российский и китайский подходы к развитию приграничных территорий：сравнительный анализ//Вестник ЧитГУ. 2012. No 5. C. 71.

〔2〕 Михайлова Е. В. Приграничное сотрудничество в России－инструмент территориального развития, требующий правовой регламентации//Сборник материалов международной научной конференции. 2016. Издательство：Универсум（Смоленск）. C. 103.

之真正成为俄罗斯国家对外合作不可分割的重要组成部分。"[1]

（二）俄罗斯开展边境合作的直接动因

苏联解体后，俄罗斯宪法规定了公民的迁徙自由权。在这种情况下，出现了原来居住在边境地区的公民向俄罗斯其他经济相对发达地区大量迁徙的过程。这种大规模的俄罗斯国内移民，既包括在边境主体内部，从更为落后的地区向边境主体的政治、经济、文化中心迁徙，也包括边境地区居民向俄罗斯首都等经济较为发达的地区迁徙。"在外贝加尔边疆区这一与中蒙接壤的联邦主体，2000 年时有 6305 人向外贝加尔之外移民，2004 年是 4474 人，2008 年是 3621 人，2010 年是 4882 人。当然了，大部分移民都是有劳动能力和经济条件较好的人。"[2] "2019 年外贝加尔边疆区的统计数据显示，2016 年外贝加尔边疆区共有常住人口 108.3 万人，2017 年为 107.9 万人，2018 年为 107.28 万人，2019 年为 106.58 万人。"[3] 2020 年为 105.3 万人，2021 年为 104.3 万人。[4] 也就是说，与 2016 年相比，2017 年从外贝加尔边疆区迁出了 4000 人，2018 年迁出了 6200

---

〔1〕 赵欣然:《"俄罗斯东部发展与中国、蒙古边境合作"会议探析》，载《西伯利亚研究》2010 年第 2 期，第 32 页。

〔2〕 Михайленко А. Н.，Арсентьева И. И. Политико - правовые проблемы развития российских приграничных территорий//Россия и Китай: проблемы стратегического взаимодействия: сборник Восточного центра. 2012. № 11. С. 66.

〔3〕 Забайкальский край в цифрах. 2019. https: //chita. gks. ru/storage/media-bank/10_5_2018. pdf, 浏览日期：2020 年 11 月 11 日。

〔4〕 Забайкальский край в цифрах. 2022: Крат. стат. сб. /Забайч 69 кал-крайстат - Ч., 2022. С. 6.

人，2019 年迁出了 7000 人。从外贝尔边疆区向俄罗斯其他地区的人口流出，只是整个俄罗斯远东联邦区人口流失的一个缩影。这也引发了俄罗斯政府对以外贝加尔边疆区为代表的俄罗斯边境地区人口状况的担忧。有俄罗斯学者指出："俄罗斯联邦的很多边境主体在不远的将来都面临着变为荒无人烟区域的风险，这些地方留下的人是退休者和缺乏活力的居民，因为剩下的人，既没有正常的生活条件，也没有运用自己知识和劳动技能的可能，他们也将努力向生活条件更好的地方移民。"[1] 人口的流失，不仅进一步恶化了俄罗斯边境地区的经济状况，而且还导致俄罗斯边境地区"存在着严重的影子经济，以及诸如移民监督弱化、边境地区犯罪化等问题。进而导致俄罗斯边境地带既没有发挥联系功能，也没有发挥屏障功能，还对国家融入世界经济体系和区域经济体系造成了阻碍"。[2]

如何促进俄罗斯边境地区的发展，成为俄罗斯当局亟须解决的现实问题。其一，苏联解体后，俄罗斯"必须与那些毗邻国家创建边界和海关设施，而且这些毗邻国家分别属于不同的政治和军事集团，此外，需特别关注那些跟俄罗斯曾经存在而且一直存在边界纠纷的国家，对毗邻国家的经济潜力和发展也

---

〔1〕 Михайленко А. Н. , Арсентьева И. И. Политико - правовые проблемы развития российских приграничных территорий//Россия и Китай：проблемы стратегического взаимодействия：сборник Восточного центра. 2012. № 11. С. 66.

〔2〕 Арсентьева И. И. , Михайленко А. Н. Российский и китайский подходы к развитию приграничных территорий：сравнительный анализ//Вестник ЧитГУ. 2012. № 5. С. 71.

必须加强关注"。[1] 其二，边境地区的发展，需要俄罗斯中央政府加大对俄罗斯边境地区的投入。这需要俄罗斯中央政府强力的财政支持。在俄罗斯中央财政收入有限的情况下，很难起到实效。其三，在俄罗斯中央政府财政投入有限的情况下，边境地区发展需要俄罗斯中央的政策支持。俄罗斯中央政府赋予俄罗斯边境主体开展边境合作，便是俄罗斯中央对俄罗斯边境地方的政策支持之一。俄罗斯边境地区通过与其毗邻国家开展边境合作，可以促进俄罗斯边境地区的经济社会发展。开展边境合作"可以将吸引外资、与外国开展人文合作、俄罗斯联邦各主体及地方自治机关参与国际和对外经济关系等方面提升到新的水平"。[2] 尤其是当前俄罗斯遭受到以美国为首的西方国家制裁的背景下，开展边境合作的意义对俄罗斯而言更加重要。在 20 世纪 90 年代后期，俄罗斯将"发展边境地区合作纳入俄罗斯联邦地方发展的优先方式之列。诸如《俄罗斯联邦到 2020年经济社会长期发展规划》、《到 2025 年俄罗斯联邦国家政策战略》和《俄罗斯联邦对外政策构想》等文件均指出，边境地区

---

[1]　Яковенко Г. В. , Боронников Д. А. , Яковенко А. Г. Анализ нормативно-правовой базы приграничного сотрудничества российских регионов с сопредельными территориями //Известия МГТУ《МАМИ》2012. № 2. С. 233.

[2]　Логвинова И. В. Приграничное сотрудничество：правовые основы и особенности в условиях Российского федерализма//Пробелы в российском законо-дательстве. 2017 № 6. С. 77.

合作的重要性".[１] 据俄罗斯学者统计，截至 2020 年，俄罗斯
与欧盟国家签署了 7 项边境合作协议，分别是" '科拉尔克季
克'（俄罗斯、芬兰、瑞典和挪威）边境合作项目（俄方有 6 个
区域参加该项目）、芬兰东南部与俄罗斯边境合作项目（俄方有
3 个联邦主体参加）、卡累利阿（俄罗斯-芬兰）边境合作项目
（俄方有 5 个区域参加）、俄罗斯-爱沙尼亚边境合作项目（俄方
有 3 个联邦主体参加）、俄罗斯-拉脱维亚边境合作项目（俄罗
斯有 3 个区域参加）、俄罗斯-立陶宛边境合作项目、俄罗斯-波
兰边境合作项目（俄方邀请加里宁格勒州参加）".[２] 可以说，
大力开展边境合作是俄罗斯各边境主体和边境人民为改善经济
条件、增进福祉的现实需要。

（三）俄罗斯开展边境合作联邦立法层面的缺憾

既然鼓励俄罗斯各边境主体开展边境合作已经成为俄罗斯
发展边境地区经济、改善边境地区生活条件的必然选择，这就
需要为俄罗斯联邦各边境主体开展边境合作提供法律支持，尤
其是联邦层面的依据。否则，开展边境合作法律依据的不足将
会削弱俄罗斯联邦各边境主体开展边境合作的积极性。实际上，

---

〔１〕　Михайлова Е. В. Приграничное сотрудничество в России – инструмент
территориального развития，требующий правовой регламентации//сборник мате-
риалов международной научной конференции. 2016. Издательство：Универсум
（Смоленск）. С. 97.

〔２〕　Логвинова И. В. Приграничное сотрудничество：правовые основы и
особенности в условиях Российского федерализма//Пробелы в российском законо-
дательстве. 2017 № 6. С. 78.

从20世纪90年代开始，俄罗斯边境地区便开展了边境贸易，但并没有充分的依据。1995年通过的《俄罗斯联邦国际条约法》规定，"直接与边境合作有关的规范性法律文件可以分为三类：第一类是边境合作的国际条约、协议、构想和规划；第二类是调整边境合作的联邦文件；第三类是俄罗斯联邦各主体权力机关与边境合作有关的法律、决定、规划和其他规范性文件"。[1]但是，这部法律并未对俄罗斯联邦边境主体开展边境合作的职权进行明确规定。俄罗斯于1999年签署并于2002年批准了《马德里欧洲地方团体和政府进行边境合作的框架性意向书》（以下简称《马德里公约》）。《马德里公约》的"主要原则不仅仅适用于与欧洲国家的合作，而且也应该适用于与包括中国在内的亚洲国家的合作"。[2]但实际情况是，俄罗斯并没有完全采纳《马德里公约》的所有条款。要想具体适用《马德里公约》，还需要俄罗斯通过专门的法律规范。此后2001年《俄罗斯边境合作构想》"规定了边境政治的基本目的、原则和优先方向"，[3]但也没有从联邦法律的层面明确边境合作的地位等基

---

〔1〕 Яковенко Г. В. , Боронников Д. А. , Яковенко А. Г. Анализ нормативно-правовой базы приграничного сотрудничества российских регионов с сопредельными территориями //Известия МГТУ《МАМИ》2012. № 2. С. 233.

〔2〕 Арсентьева И. И. , Михайленко А. Н. Российский и китайский подходы к развитию приграничных территорий：сравнительный анализ//Вестник ЧитГУ. 2012. № 5. С. 70.

〔3〕 Арсентьева И. И. , Михайленко А. Н. Российский и китайский подходы к развитию приграничных территорий：сравнительный анализ//Вестник ЧитГУ. 2012. № 5. С. 71.

本问题。"长时间以来，俄罗斯边境合作问题不是由联邦法律来调整，而是由 2001 年 9 月 2 日俄罗斯政府颁布的《俄罗斯对外政策构想》来规范。这一文件有些过时，且存在很多术语方面的不准确，众多问题需要进一步明确。"[1] 在俄罗斯签署的部分国际协议，如 1996 年签订的《独联体国家加强经济和文化领域一体化进程的边境合作协议》等，也对边境合作的内容进行了一般性规定，但"实施边境合作的具体方法和机制应该规定在专门的国内规范性法律文件中"。[2] "尽管俄罗斯边境地区主体积极与邻国开展跨境合作，但到 2016 年 9 月，边境合作这一概念在俄罗斯国家立法层面还没有正式的法律定义。"[3] 俄罗斯学者指出："无论是俄罗斯宪法，还是其他规范性法律文件，都没有对边境合作给出清晰界定。如果说有所涉及的话，也只是将边境合作作为国际合作概念的补充而已。"[4] 这明显是俄罗斯立法上的空白。"这种政治法律方面的空白与地方居民尝试

---

[1] Логвинова И. В. Приграничное сотрудничество：правовые основы и особенности в условиях Российского федерализма//Пробелы в российском законодательстве. 2017 № 6. С. 76.

[2] Костюков А. Н., Семакина Ю. А. Проблемы правового регулирования приграничного сотрудничества//Вестник Омского университета. Серия：право. 2012. № 3. С. 51.

[3] Михайлова Е. В. Приграничное сотрудничество в России – инструмент территориального развития, требующий правовой регламентации //сборник материалов международной научной конференции. 2016. Издательство：Универсум (Смоленск). С. 99.

[4] Доронина П. Е. Концепция проекта федерального закона《Об основах приграничного сотрудничества в Российской Федерации》：критический анализ// Современные проблемы социально-гуманитарных наук. 2015. № 2. С. 107.

通过自治方式解决问题之间发生了冲突。而地方居民的尝试是值得鼓励的，而且地方居民的自我组织能够在不与国家中央管理机关相矛盾，而是相互促进的条件下产生积极的结果。"[1]"联邦层面对边境合作进行调整的规范性法律缺失，实践执行过程中很多问题没能得到解决，这表明，发展边境合作具有战略意义的说法仅具有宣传性。"[2]

与俄罗斯联邦层面对边境合作立法存在空白缺憾的事实不同，俄罗斯宪法等一系列俄罗斯联邦法律都规定了加强边境合作的原则性条款。如"俄罗斯联邦宪法宣称，社会的开放性和俄罗斯公民有迁徙的自由；在国家边境地区形成稳定环境的必要性；解决现有的或潜在的族裔的、宗教的冲突；解决与毗邻国家的领土争端；与毗邻国家协调化解技术或自然的灾害；实施毗邻地区自然资源保护的共同生态项目；按照国家的平均指标，尽可能提升边境地区居民的生活与福利水平；为促进俄罗斯边境地区的经济社会发展，充分发挥边境地区的特有优势；在开办小微企业方面，充分利用边境地区的投资和创新潜能；利用边境地区的优势形成劳动市场并缓解人口压力；俄罗斯联

---

〔1〕 Арсентьева И. И.，Михайленко А. Н. Российский и китайский подходы к развитию приграничных территорий：сравнительный анализ//Вестник ЧитГУ. 2012. No 5. C. 71.

〔2〕 Михайлова Е. В. Приграничное сотрудничество в России − инструмент территориального развития，требующий правовой регламентации//сборник материалов международной научной конференции. 2016. Издательство：Универсум（Смоленск）. C. 97.

邦加入不同的国际组织、联盟、计划及履行其负有的义务；共同打击有组织犯罪、非法贩卖毒品、人口和武器及走私；确保国家的独立和安全，等等"。[1] 这都要求俄罗斯联邦层面必须为边境合作提供更为翔实的法律依据。2016 年俄罗斯总统《关于确定俄罗斯联邦对外政策》的总统令也规定："为保障国家利益和国家优先战略方向的实现，国家的对外活动应该努力提升俄罗斯经济的竞争力，助力经济、稳定增长、技术创新、提升居民的生活质量和水平。"[2] 大力提升边境合作的水平，是实现俄罗斯总统令的有效路径。而按照《俄罗斯联邦宪法》第 71 条、第 72 条和第 80 条关于俄罗斯联邦的对外经济关系、俄罗斯联邦的边界、协调俄罗斯联邦各主体的国际交往和对外经济联系、俄罗斯联邦总统确定国家内外政策的基本方针等规定，俄罗斯联邦制定独立的边境合作法才具有充足的宪法依据。

（四）《俄罗斯边境合作基本法》的立法进程

《俄罗斯边境合作基本法》最早可以追溯至 1999 年。当时，俄罗斯边境主体希望制定一部关于俄罗斯边境地区地位的联邦法律。2001 年 6 月前，俄罗斯便对其边境地区的法律草案进行了探讨，此后才逐渐形成了有关俄罗斯联邦边境合作的法律草

---

［1］ Яковенко Г. В. , Боронников Д. А. , Яковенко А. Г. Анализ нормативно-правовой базы приграничного сотрудничества российских регионов с сопредельными территориями //Известия МГТУ《МАМИ》2012. № 2. C. 233.

［2］ Логвинова И. В. Приграничное сотрудничество：правовые основы и осо-бенности в условиях Российского федерализма//Пробелы в российском законода-тельстве. 2017 № 6. C. 76.

案。"俄罗斯联邦会议联邦委员会独联体国家工作委员会，自
2001 年开始着手起草《俄罗斯联邦边境合作法》草案。该法案
的制定也是履行欧洲 1980 年《地方团体和政府进行边境合作的
框架性意向书》的义务要求。"[1] 2004 年 3 月前，该法律草案
已经在联邦委员会进行了议会审议，并提交给欧洲专门委员会
进行鉴定。2004 年 7 月，该法律草案被提交给俄罗斯国家杜马，
但该草案并未获得俄罗斯政府的支持。自此，"讨论了四个法律
草案，其中的三个分别于 2004、2008 和 2010 年提交到了国家杜
马。自此 17 年内，对法律草案进行了公开讨论，其名称和调整
对象也发生了变化"[2] 在这一过程中，2004 年制定的有关边
境合作的法律草案提交给俄罗斯国家杜马后，由于种种原因居
然到 2008 年才被审议。当然，在这一过程中，负责起草该部法
律的职能部门的改变，也是造成该部法律被延迟的原因。"俄罗
斯联邦区域发展部是起草和制定调整边境合作的相应法律草案
和规范性文件的主要发起者之一。这是因为 2006 年 4 月 21 日，
第 234 号俄罗斯联邦政府令授予俄罗斯联邦区域发展部以制定

---

〔1〕 Доронина П. Е. Концепция проекта федерального закона《об основах
приграничного сотрудничества в Росснйской федерации》: критический анализ //
Современные проблемы социально-гуманитарных наук. 2015. №2. С. 107.

〔2〕 Михайлова Е. В. Приграничное сотрудничество в России - инструмент
территориального развития, требующий правовой регламентации//сборник матер-
иалов международной научной конференции. 2016. Издательство: Универсум （См-
оленск）. С. 99.

在实施边境合作领域中国家政策规范性法律调整的职能。"[1]
而且，边境合作问题实际上涉及俄罗斯联邦非常多的职能权力
部门。如俄罗斯联邦边境局负有对海关、移民、防疫、交通等
监管的职能，俄罗斯联邦海关局则对保障边境合作负有组织和
监管职责等。此后的 2009 年和 2010 年俄罗斯围绕该法又分别举
行了听证会。"2009 年 11 月，俄罗斯与欧洲国家签署的 5 份边
境合作规划国际投资协议，在边境合作发展进程中具有标志性
意义。"[2] "联邦委员会和区域发展部的工作组于 2008 年起草
并向国家杜马提交了新的法律草案。但是，在 2009 年春季会议
上，并没有讨论新的法律草案，2010 年 6 月 26 日，因立法主体
的动议而撤下了讨论的议程。"[3]

　　发展俄罗斯边境地区经济、改善边境地区民生问题被俄罗
斯最高领导层关注，是加快该立法进程的重要因素。当时，"俄
罗斯国家领导层已经认识到这种中央严格集中的政策存在低效
率的问题及改变这方面政策的必要性。2011 年梅德韦杰夫总统
在与俄罗斯联邦部分主体首脑会谈时宣布，必须将当前集中在

　　〔1〕 Яковенко Г. В. , Боронников Д. А. , Яковенко А. Г. Анализ нормативно-
правовой базы приграничного сотрудничества российских регионов с сопредельными
территориями//Известия МГТУ《МАМИ》2012. № 2. С. 233.

　　〔2〕 Михеева Л. Ю. , Нудненко Л. А. К вопросу о концепции федерального
закона " об основах приграничного сотрудничества в Российской Федерации " //
Коституционное и муниц-ипальное право. 2011. № 2. С. 35–42.

　　〔3〕 Доронина П. Е. Концепция проекта федерального закона《Об основах
приграничного сотрудничества в Российской Федерации》: критический анализ//
Современные проблемы социального-гуманитарных наук. 2015. № 2. С. 107.

中央层面的部分职权进行去中央化，并将之转移到区域层面"。[1] 在《俄罗斯边境合作基本法》草案进行跨部门征求意见时，众多意见集中在到底应该制定一部什么样的法律方面。"一些人赞成通过一部框架性法律，而另一些人则主张通过一部能够直接实施的法律。上述三部提交给国家杜马的法律草案都是框架性的。因为在上述三部法律草案中，规定了边境合作的目的、任务、原则以及在联邦和联邦主体之间的权限划分。边境合作问题立法进程的长期性和无结果性表明调整边境合作问题达成一致意见的复杂程度，这种复杂程度既表现在俄罗斯执行权力内部之间，也表现在执行权力机关和立法机关之间。"[2] "2015 年发生的几起事件，再次将边境合作问题提升日程。第一，鉴于不同地理位置开展边境合作的特殊性，2015 年 10 月 28 日俄罗斯政府签署了《远东联邦区各主体开展边境地区合作构想》。该构想是在俄罗斯特定的边境地区确定了在发展边境合作领域国家政策的目的、任务、机制和主要方向的第一份联邦层面的规范文件。第二，在俄罗斯联邦经济发展部之下设立了

---

〔1〕 Михайленко А. Н. , Арсентьева И. И. Политико – правовые проблемы развития российских приграничных территорий//Россия и Китай: проблемы стратегического взаимодействия: сборник Восточного центра. 2012. № 11. С. 69.

〔2〕 Михайлова Е. В. Приграничное сотрудничество в России – инструмент территориального развития, требующий правовой регламентации//Сборник материалов международной научной конференции. 2016. Издательство: Универсум (Смоленск). С. 101.

《俄罗斯联邦边境合作基本法》的跨部门工作组。"[1] 上述两起事件极大地促进了俄罗斯边境合作法的出台进度，并将制定俄罗斯边境合作法提上日程。"2017 年 4 月 10 日举行的以'俄罗斯联邦边境合作的法律调整：现状与前景'为题的议员听证会上提交了 2016 年 11 月 10 日俄罗斯联邦政府提供的修正案、第七届国家杜马议员的修正案以及俄罗斯联邦边境主体的建议，法律修正案考虑到了上述建议，最终 2017 年 7 月 14 日国家杜马三读通过了该法律草案。"[2] 2017 年通过的《俄罗斯边境合作基本法》弥补了俄罗斯在边境合作立法方面的诸多空白，调整因边境合作产生的关系，规定了边境合作原则、任务和方向及俄罗斯联邦边境合作主体的职权。

二、《俄罗斯边境合作基本法》的主要内容

《俄罗斯边境合作基本法》主要规定了该法的调整对象、原则与任务以及俄罗斯边境合作主体的职权划分、边境合作协议的签署与效力等内容。

---

[1] Михайлова Е. В. Приграничное сотрудничество в России – инструмент территориального развития, требующий правовой регламентации//сборник материалов международной научной конференции. 2016. Издательство：Универсум（Смоленск）. С. 103.

[2] С. Журова：принятый закон《Об основах приграничного сотрудничества》впервые определяет права и обязанности органов местного самоуправления в этой области. http：//duma. gov. ru/news/14096/，浏览日期：2020 年 9 月 2 日。

（一）《俄罗斯边境合作基本法》调整对象、原则与任务

在《俄罗斯边境合作基本法》出台之前，俄罗斯边境主体对外合作的主要形式是经济领域。但实际上，俄罗斯学者早就注意到"边境合作要比对外经济关系包含更广泛的内容"。[1]制定边境合作法，可以在比加强与毗邻地区边境主体经济联系更为广泛的程度上，强化与俄罗斯毗邻地区主体的全方位联系。这也是俄罗斯出台边境合作规范的重要意义之所在。明确《俄罗斯边境合作基本法》的调整对象，是正确适用该部法律的前提。为此，《俄罗斯边境合作基本法》第 1 条明确规定："本联邦法律调整因边境合作产生的关系。"很明显，因边境合作产生的关系，并不仅限于经济关系。为明确"因边境合作产生的关系"，《俄罗斯边境合作基本法》第 5 条进一步明确了边境合作的方向，即"经济领域的合作，交通与通讯领域的合作，能源领域的合作，社会领域的合作，科学与教育领域的合作，文化与艺术领域的合作，体育与旅游领域的合作，健康保健领域的合作，生态与自然利用领域的合作，农业、林业和渔业领域的合作，预防紧急情况、消除事故和自然灾害、预防传染病及消除其后果，由相应的俄罗斯联邦边境合作各主体在其职权范围内开展的其他边境合作事项"。很明显，《俄罗斯边境合作基本法》的调整对象进一步延续了 1980 年《马德里公约》对边境合

---

〔1〕 Костюков А. Н.，Семакина Ю. А. Проблемы правового регулирования приграничного сотрудничества//Вестник Омского университета. Серия：право. 2012. No 3. C. 53.

作的定义，即"在两国国家司法管辖范围内行政区划单位或政权之间加强和鼓励睦邻关系的任何共同行动以及它们之间签订的有关条约或协定"。[1]《俄罗斯边境合作基本法》"给出了一个合作方向的开放式清单，但合作的方向只能是以联邦层级法律规范的形式来确定且要符合边境合作主体的职权。这些合作的方向包括：经济、交通、通讯、能源、社会领域、科学与教育、文化与艺术、体育与旅游、健康保健、生态和自然资源利用、农业、林业和渔业、预防紧急事态、消除灾难和自然灾害的后果、预防疾病及消除其后果"。[2]

在明确了《俄罗斯边境合作基本法》的调整对象后，需要确定边境合作的主体。《俄罗斯边境合作基本法》规定了"诸如'边境合作''俄罗斯联邦边境主体''相邻国家边境合作主体'等基本概念。这些关键性概念在其他规范文件中并未规定"。[3]在界定边境合作主体前，该法第 2 条第 4 项首先确定了边境合作地区，"俄罗斯联邦边境合作地区是指俄罗斯联邦边境主体的地域和俄罗斯联邦边境主体地方机关的地域及俄罗斯联邦签署

---

〔1〕 〔俄〕贝斯特里茨基等：《俄罗斯远东地区与中国边境地区合作的新构想》，载《东欧中亚市场研究》2002 年第 10 期，第 37 页。

〔2〕 Логвинова И. В. Приграничное сотрудничество：правовые основы и особенности в условиях Российского федерализма//Пробелы в российском законодательстве. 2017 № 6. С. 76.

〔3〕 Говорин Н. Закон о приграничном сотрудничестве станет основой для улучшения жизни забайкальцев，https：//zab. ru/news/97711_zakon_o_prigranichnom _sotrudnichestve_stanet_osnovoj_dlya_uluchsheniya_zhizni_zabajkalcev___govorin，浏览日期：2020 年 10 月 3 日。

的国际条约确定的俄罗斯联邦其他地区"。该法第2条第2项、第3项确定了边境主体和边境主体地方机关的概念，即"俄罗斯联邦边境主体是指那些地域紧邻俄罗斯国界的联邦主体"，"俄罗斯联邦主体的地方机关是指处于俄罗斯联邦边境主体地域内的地方机构"。在明确了上述概念后，《俄罗斯边境合作基本法》第2条第5项、第6项规定，可以开展边境合作的主体包括俄罗斯联邦、俄罗斯联邦各边境主体、俄罗斯联邦各边境主体的地方机关、俄罗斯联邦国际条约规定的其他边境合作主体。而与俄罗斯联邦边境主体开展边境合作的外国边境主体包括"毗邻国家和按照这些国家法律的规定，作为毗邻国家边境地区的联邦主体国家机关地方行政机关和地方自治机关"。而"毗邻国家边境合作的区域是指毗邻国家边境合作主体所属的地区"。按照《俄罗斯边境合作基本法》的规定，与俄罗斯毗邻国家的公民和法人之间开展的合作，并不属于《俄罗斯边境合作基本法》调整的对象。《俄罗斯边境合作基本法》为与俄罗斯毗邻国家的公民、法人开展合作活动提供了更加便利的条件。边境地区的公民和法人开展的相关交往交流等，要根据双方签署的合同进行交易。按照《俄罗斯边境合作基本法》的规定，外国国家组织的活动，也不属于该法的调整范围。综上，该法第2条第1项对边境合作做出了清晰界定，即"边境合作是俄罗斯联邦、俄罗斯联邦边境主体及俄罗斯联邦边境主体的地方机关与毗邻国家边境合作主体的国际关系、国际及对外经济关系的组成部分"。

在开展边境合作的过程中，需要遵守哪些原则呢？《俄罗斯边境合作基本法》第4条对此进行了明确规定："遵守公认的国际法原则、准则和俄罗斯联邦签署的国际条约；在俄罗斯联邦国家权力机关之间、俄罗斯联邦各主体国家权力机关之间和地方自治机关之间区分管辖的对象和职权；照顾俄罗斯联邦国家安全利益；兼顾国家间关系的特殊性和俄罗斯联邦边境合作地区与毗邻国家边境合作区域的特殊性；在实施边境合作国际规划和边境合作国际规划方案时，保障俄罗斯联邦边境合作各主体和毗邻国家边境合作各主体的相互利益；保障俄罗斯联邦边境合作地区居民对边境合作信息的知情权；确保俄罗斯联邦及俄罗斯联邦边境合作各主体的社会-经济发展战略和国家规划与边境合作的国际规划相符；认真履行边境合作条约的各项条款。"

开展边境合作的主要任务也在《俄罗斯边境合作基本法》第5条第2款中进行了明确规定，即促进俄罗斯联邦边境合作地区的社会和经济发展；提升俄罗斯联邦边境合作地区居民的生活水平和质量；促进俄罗斯联邦边境合作各主体与毗邻国家边境合作各主体间相互作用的完善，发展并巩固上述主体间的互利和友好关系；在俄罗斯联邦边境地区创造信任、相互理解和睦邻友好的氛围；为在俄罗斯联邦边境合作地区和毗邻国家边境合作地区开展共同合作创造条件。从《俄罗斯边境合作基本法》规定的开展边境合作的任务看，俄罗斯边境合作"已经不仅解决对外政治和经济的任务，而且还具有社会、人文、文化的意义。边境合作的主要任务是改善边境地区居民的生活质量"。[1] 俄罗斯通过立法的形式，将边境合作的主要内容法治化，既要开展边境合作，又要确保边境合作能够按照俄罗斯国家既定的方向进行，并能够提升边境地区居民的收入和生活水平，进而带动整个俄罗斯社会的发展。

（二）《俄罗斯边境合作基本法》对边境合作主体的职权划分

边境合作的顺利开展，需要各有权开展边境合作的主体之间分工配合。而恰恰是具有开展边境合作权的主体之间的职权问题，曾经阻碍了《俄罗斯边境合作基本法》的出台。早在2010 年 6 月 30 日，俄罗斯国家杜马便对该法草案进行了一读。但是，这部法律却迟迟没能审议通过，其中一项重要的原因便"与在联邦机关、俄罗斯联邦各主体机关和市政机关在边境合作领域的职权划分有关"。[2] 按照《俄罗斯边境合作基本法》的规定，俄罗斯联邦、俄罗斯联邦边境主体和边境主体地方市政机关均有权开展边境合作。如果不能清晰地划分不同层级边境合作主体的职权，将会导致各层级主体之间职权的交叉与混乱，不利于俄罗斯对外政策战略的实现。在起草边境合作法时，曾经就市政机关是否具有独立开展边境合作的职权产生过争议。

---

〔1〕 Логвинова И. В. Приграничное сотрудничество: правовые основы и особенности в условиях Российского федерализма//Пробелы в российском законодательстве. 2017 № 6. С. 78.

〔2〕 С. Журова: принятый закон《Об основах приграничного сотрудничества》впервые определяет права и обязанности органов местного самоуправления в этой области. http://duma. gov. ru/news/14096/，浏览日期：2020 年 9 月 2 日。

有学者认为，"《俄罗斯边境合作基本法》上规定的俄罗斯市政机关人员独立开展对外联系仅具有宣传性"。[1] 2017 年通过的《俄罗斯边境合作基本法》还是赋予了市政机关开展边境合作的职权。"与相邻国家地方自治机关签订边境合作协议被列入地方自治机关的职权范围……国家杜马通过的《俄罗斯边境合作基本法》创建了联邦层面和区域层面边境合作所有综合问题的调整机制，并且首次确定了在这一领域地方自治机关的权利与义务。"[2] 如何划分不同边境主体开展边境合作方面的职权，也就成了《俄罗斯边境合作基本法》起草过程中的一项重要内容。经过长时间的探讨，《俄罗斯边境合作基本法》最终清晰划分了不同边境合作主体之间的职权。

根据《俄罗斯边境合作基本法》第 6 条的规定，负责履行制定边境合作领域国家政策和规范性法律调整的执行权力联邦机关的职权有：制定、实施并保障在边境合作领域统一国家政策的实现；确定边境合作的优先发展方向；在边境合作领域与相关国家和国际组织的相互关系中，代表俄罗斯联邦的利益；协调俄罗斯联邦各主体国家权力机关开展边境合作；制定、实施边境合作的国际规划和边境合作国际规划方案，并对其效果

---

〔1〕 Костюков А. Н. , Семакина Ю. А. Проблемы правового регулирования приграничного сотрудничества//Вестник Омского университета. Серия：право. 2012. No 3. C. 53.

〔2〕 C. Журова：принятый закон 《Об основах приграничного сотрудниче-ства》впервые определяет права и обязанности органов местного самоуправления в этой области. http：//duma. gov. ru/news/14096/，浏览日期：2020 年 9 月 2 日。

进行评价；按照俄罗斯联邦法律规定的程序，制定并提出在边境合作领域俄罗斯联邦签署国际条约的建议；在俄罗斯联邦各主体和地方自治机关开展边境合作时，向他们提供法律的、组织的和方法的支持；按照 1999 年 1 月 4 日《关于俄罗斯联邦各主体国际和对外经济关系相协调》的第 4 号联邦法律规定的程序，对俄罗斯联邦各边境主体边境合作的协议草案进行协商；编制并管理统一的边境合作协议清单；收集俄罗斯联邦边境主体及俄罗斯联邦边境主体地方自治机关与毗邻国家的边境合作主体在边境合作方面开展国际和对外经济关系及其实施效果的信息；按照俄罗斯联邦签署的国际条约、本联邦法律、其他联邦法律及俄罗斯联邦其他规范性法律文件的规定，在边境合作方面的其他职权。从开展边境合作的职权看，俄罗斯联邦层面"研究的是边境合作的战略问题，在与毗邻国家和国际组织的关系中代表俄罗斯联邦的利益，协调俄罗斯联邦各主体国家权力机关的活动，制定并执行国家规划，签订国际条约，对俄罗斯联邦各边境主体签订的协议草案进行协商，对边境合作进行评估并对俄罗斯联邦各主体和地方自治机关进行指导帮助。特别关注国家安全问题"。[1]

根据《俄罗斯边境合作基本法》第 7 条的规定，俄罗斯联邦边境主体的边境合作，由相应俄罗斯联邦边境主体的国家权

---

〔1〕 Логвинова И. В. Приграничное сотрудничество: правовые основы и особенности в условиях Российского федерализма//Пробелы в российском законодательстве. 2017 № 6. С. 78.

力机关实施。在边境合作方面，俄罗斯联邦边境主体国家权力机关的职权有：与毗邻国家的联邦主体国家机关、地方行政机关和地方自治机关的代表，以及在俄罗斯政府授权的情况下与毗邻国家的国家权力机关举行会谈、协商和其他活动；与毗邻国家的联邦主体国家机关、地方行政机关，以及在俄罗斯政府授权的情况下与毗邻国家的国家权力机关签订边境合作方面的协议；创建边境合作的组织并（或者）参与活动，以及按照俄罗斯联邦签署的国际条约的规定，创建边境合作组织并（或）参与活动；参与专门为开展边境合作而建立的国际组织的活动；参与制定和实施边境合作的国际规划和边境合作的国际规划方案；对俄罗斯联邦边境合作主体地方自治机关给予帮助并协调上述机关在边境合作领域内的活动；编制俄罗斯联邦边境合作主体地方自治机关边境合作协议草案；编制俄罗斯联邦边境主体和俄罗斯联邦边境主体地方机关的边境合作协议清单；收集俄罗斯联邦边境主体、俄罗斯联邦边境主体地方自治机关与毗邻国家边境合作主体有关开展边境合作的国际和对外经济联系及其实施效果方面的信息；根据俄罗斯联邦签署的国际条约、本联邦法律、其他联邦法律和俄罗斯联邦其他规范性法律文件的规定，在边境合作领域的其他职权。俄罗斯联邦主体层面开展的边境合作的职权"具有组织属性，其中包括：举行活动、签订协议、创建边境合作机关、在为开展边境合作而创建的机构范围内参与国际组织及国际规划、对地方自治机关的合作进行指导、在国际合作和对外经济关系领域进行评估"。[1]

根据《俄罗斯边境合作基本法》第 8 条的规定，俄罗斯联邦边境主体地方自治机关的边境合作是由相应地方自治机关的地方自治机构实施的。"按照该联邦法律的规定，与相邻国家地方自治机关签订边境合作协议被列入地方自治机关的职权范围，这从法律的视角看是极为重要的。"[2] 俄罗斯联邦边境主体地方自治机关的地方自治机构在边境合作领域的职权包括：与毗邻国家的联邦主体国家机关、地方行政机关及地方自治机关的代表举行会面、协商和其他活动；与毗邻国家的边境地方自治机关签署边境合作方面的协议；创建边境合作的组织并（或者）参与活动，以及按照俄罗斯联邦签署的国际条约的规定，创建边境合作组织并（或）参与活动；参与专门为开展边境合作而建立的国际组织的活动；参与制定并实施边境合作的国际规划方案；根据俄罗斯联邦签署的国际条约、本联邦法律、其他联邦法律和俄罗斯联邦其他规范性法律文件的规定，在边境合作领域的其他职权。《俄罗斯边境合作基本法》的出台，"在联邦立法层级上，规定并首次阐明了边境地区市政主体的国际合作

---

〔1〕 Логвинова И. В. Приграничное сотрудничество: правовые основы и особенности в условиях Российского федерализма//Пробелы в российском законодательстве. 2017 № 6. С. 78.

〔2〕 С. Журова: принятый закон 《Об основах приграничного сотрудничества》 впервые определяет права и обязанности органов местного самоуправления в этой области. http: //duma. gov. ru/news/14096/, 浏览日期：2020 年 9 月 2 日。

机制"。[1]

俄罗斯学者认为，《俄罗斯边境合作基本法》通过将俄罗斯联邦层面、联邦边境主体层面和市政地方层面开展边境合作的职权的详细规定，"对所有边境合作的参加者都是极为重要的"。[2] 这从联邦法律层面合理划分了职权分工，进而促进各类边境合作主体更好地开展边境合作。

（三）《俄罗斯边境合作基本法》规定的边境合作协议的签署与效力

《俄罗斯边境合作基本法》第 10 条和第 11 条对边境合作协议如何签署进行了明确规定。按照这两条规定，俄罗斯联邦边境主体的边境合作协议，可以由一个或几个俄罗斯联邦边境主体签署。俄罗斯联邦边境主体地方自治机关的边境合作协议可以由俄罗斯联邦一个边境主体的一个地方自治机关签署，或者由俄罗斯联邦多个边境主体的，包括处于不同的俄罗斯联邦边境主体之内的多个地方自治机关签署。俄罗斯联邦边境主体的边境合作协议，由俄罗斯联邦边境主体国家权力机关和毗邻国家的联邦主体国家机关、地方行政机关签署，在征得俄罗斯联

---

〔1〕　Говорин Н. Закон о приграничном сотрудничестве станет основой для улучшения жизни забайкальцев, https://zab.ru/news/97711_zakon_о_prigranichnom_sotrudnichestve_stanet_osnovoj_dlya_uluchsheniya_zhizni_zabajkalcev___govorin，浏览日期：2020 年 10 月 3 日。

〔2〕　Логвинова И. В. Приграничное сотрудничество: правовые основы и особенности в условиях Российского федерализма//Пробелы в российском законодательстве. 2017 № 6. C. 78.

邦政府同意的情况下，也可以与毗邻国家的国家权力机关签署。俄罗斯联邦各边境主体地方自治机关边境合作协议由俄罗斯边境合作主体的地方自治机关与毗邻国家的地方机关签署。

有权开展边境合作的俄罗斯主体所签订的边境合作协议，其效力如何呢？或者说，俄罗斯边境主体签订的具有跨国性质的边境合作协议是否属于俄罗斯签署的国际条约的范畴呢？这一问题极为重要。因为，根据《俄罗斯联邦宪法》第 15 条第 4 款的规定："公认的国际法原则和准则与俄罗斯联邦签署的国际条约是俄罗斯联邦法律体系的组成部分。如果俄罗斯联邦签署的国际条约规定的规则与俄罗斯联邦法律规定的规则有不同之处的话，则以国际条约中的规则为准。"也就是说，按照这一规定，如果将俄罗斯边境主体签订的边境合作协议也认为是属于俄罗斯国际条约的范畴，则该边境合作协议的效力将高于俄罗斯国内法。但是，由于签订边境合作协议的主体隶属于俄罗斯，从立法层级看，俄罗斯边境主体签订的边境合作协议，尽管具有跨国属性，但其效力绝不可能高于俄罗斯的国内法，而是相反，俄罗斯边境主体签署的边境合作协议要根据俄罗斯国内法进行规范。《俄罗斯边境合作基本法》第 10 条第 1 款规定："边境合作协议，不论其形式、名称和内容如何，都不是俄罗斯联邦的国际条约。"既然俄罗斯边境主体签署的边境合作协议并不属于俄罗斯联邦的国际条约，那么，边境合作协议具有何种属性呢？"从法律的角度看，边境合作是极为复杂的现象，处于国际法、宪法和市政法的结合地带。"〔1〕 从《俄罗斯边境合作基本法》的规定看，俄罗斯边境主体签署的边境合作协议规定的是开展边境合作的组织内容，而非财产内容。签订边境合作协议的目的是为促进边境地区的贸易、人文领域的交流。边境合作协议更多具有的是管理关系，而非财产关系。如果签订边境合作协议的某一方违反了该协议，并不能通过司法合作方法令协议得以实施。也就是说，该协议的履行并不具有司法的强制力保障。

不同层级的俄罗斯边境主体签署边境合作协议的程序，需要按照该边境主体隶属的管辖机关的要求开展。俄罗斯联邦边境主体地方自治机关，征得其所在的俄罗斯联邦边境主体最高权力执行机关的同意，按照该俄罗斯联邦边境主体确定的程序，签订边境合作协议。按照俄罗斯联邦边境主体法律规定的程序，由该俄罗斯联邦边境主体国家权力机关对其地方自治机关的边境合作协议进行登记，这是该边境合作协议生效的必要条件。俄罗斯联邦边境主体地方自治机关签署的边境合作协议，按照公布地方法律文件的程序进行公布。

三、《俄罗斯边境合作基本法》的实施情况及评价

《俄罗斯边境合作基本法》的颁布实施，填补了俄罗斯在开

---

〔1〕 С. Журова：принятый закон《Об основах приграничного сотрудниче-
ства》впервые определяет права и обязанности органов местного самоуправления в
этой области. http：//duma. gov. ru/news/14096/，浏览日期：2020 年 9 月 2 日。

展边境合作方面的空白。那么，俄罗斯各边境主体对该法的实施情况如何呢？本部分将以与中国毗邻的俄罗斯外贝加尔边疆区为例，阐述俄罗斯边境主体对该法的实施情况。

（一）外贝加尔边疆区等边境主体对《俄罗斯边境合作基本法》的贯彻情况

2017 年《俄罗斯边境合作基本法》出台后，强化了俄罗斯与中国毗邻的边境主体对开展边境合作的信心，但《俄罗斯边境合作基本法》"很多条款是框架性的，需要补充确定。与此相关，俄罗斯联邦各主体注意到，必须为实现上述法律制定相应法律文件"。[1] 也正是由于这一原因，俄罗斯各边境主体也纷纷出台了各自的边境合作配套法规。与内蒙古自治区毗邻的外贝加尔边疆区立法会议于 2018 年 6 月 20 日通过了《外贝加尔边疆区关于实施〈俄罗斯联邦边境合作基本法〉部分条款法》。[2] 该法于同日被外贝加尔边疆区立法会议主席李汉诺夫和外贝加尔边疆区行政长官日丹诺娃签署。外贝加尔边疆区通过的该部法律主要包括如下三项内容。

第一，边境合作领域外贝加尔边疆区政府的职权。外贝加

---

〔1〕 С. Журова：принятый закон 《 Об основах приграничного сотрудничества》 впервые определяет права и обязанности органов местного самоуправления в этой области. http：//duma. gov. ru/news/14096/，浏览日期：2020 年 9 月 2 日。

〔2〕 Закон Забайкальского края 《 О реализации отдельных положений Федерального закона "Об основах приграничного сотрудничества" на территории Забайкальского края》，http：//publication. pravo. gov. ru/Document/View/7500201806210009，浏览日期：2020 年 11 月 20 日。

尔边疆区政府在边境合作领域的职权与前文所述的《俄罗斯边境合作基本法》第 7 条第 2 款规定的内容大部分相同，只是增加了外贝加尔边疆区边境合作协议及外贝加尔边疆区市政机构边境合作协议清单的编制程序。这两项是《俄罗斯边境合作基本法》赋予俄罗斯各边境主体自行决定的内容。外贝加尔边疆区政府在边境合作领域的其他职权，均与《俄罗斯边境合作基本法》规定的内容相同。这也是俄罗斯联邦法律对各联邦主体制定实施联邦法律的细则方面的要求，可以确保俄罗斯法制的统一性。

第二，外贝加尔边疆区与外贝加尔边疆区市政机构地方自治机关在签订边境合作协议时的协调机制。俄罗斯学者认为，中俄边境合作的结构可以分成宏观、中观和微观三个不同的层次，"中俄跨境地区的宏观层级有边境区域，即俄罗斯联邦各主体和中国的省组成，他们的行政边界与中俄边境相重合。中俄跨境地区中观层级，俄罗斯方面由接近国境线的市政机关组成，而中方则是由两个较大的单位组成，即地级、市级和县级。中俄跨境地区的微观层级是处于与国境通道直接相邻的较低层级的行政机关"。[1] 如果是中俄两国省级主体之间的合作，则关系到中俄相邻的市级主体的相关利益。在这种情况下，中俄两国的省级合作主体在签订边境合作协议时，应该考虑到毗邻的市级主体之间的利益。《俄罗斯边境合作基本法》第 12 条第 3

---

〔1〕 Чубаров И. Г., Михайлова Е. В. Проблемы преодоления периферийности российско-китайского трансграничья//Россия и АТР. 2017. №4. С. 100.

款规定："在俄罗斯联邦边境主体最高国家权力执行机关和俄罗斯联邦边境主体地方自治机关就边境合作协议草案产生分歧的情况下，按照该俄罗斯联邦边境主体确定的程序进行协商。"外贝加尔边疆区通过的《外贝加尔边疆区关于实施〈俄罗斯联邦边境合作基本法〉部分条款法》对协商的程序做了详细规定。如果是外贝加尔边疆区签订边境合作协议涉及边疆区地方政府的利益时，按照该法第3条第2款的规定："如果外贝加尔边疆区边境合作协议的实施是以外贝加尔边疆区市政机构地方自治机关的参与或涉及其利益为前提，应由全权代表机关按照其确定的期限将上述协议草案发送给外贝加尔边疆区相应的市政机构的地方自治机关提出建议。"如果是外贝加尔边疆区市政机构地方自治机关签订的边境合作协议，应该提请外贝加尔边疆区政府授权的机关进行审核。对此，《外贝加尔边疆区关于实施〈俄罗斯联邦边境合作基本法〉部分条款法》第4条规定："外贝加尔边疆区政府对外贝加尔边疆区市政机构地方自治机关签署的市政机构边境合作协议及协议草案进行核准。在签订市政机构边境合作协议前，相应的外贝加尔边疆区市政机构地方自治机关应该将协议草案提交给全权代表机关。"外贝加尔边疆区负责核准的机关可以做出核准或不予核准的决定。在不予核准市政机构边境合作协议的情况下，要说明理由并提出修改的意见和建议。如果外贝加尔边疆区市政机构地方自治机关对核准机关的意见和建议存在异议，再应该成立协调委员会，共同起草边境合作协议。这一详细的工作程序，确保了外贝加尔边疆区和外贝加尔边疆区市政机构地方自治机关在开展边境合作方面政策的统一协调性。

第三,《外贝加尔边疆区关于实施〈俄罗斯联邦边境合作基本法〉部分条款法》规定了核准市政机构边境合作协议的必要程序。如果没有经过核准,市政机构边境合作协议不能产生法律效力。

以上是外贝加尔边疆区对《俄罗斯联邦边境合作基本法》在该边疆区的贯彻实施情况。俄罗斯各边境主体也纷纷制定了与之类似的法律规范。例如,与中国毗邻的俄罗斯滨海边疆区于 2017 年 11 月 7 日通过了实施《俄罗斯边境合作基本法》的法律。这些法律规范对《俄罗斯边境合作基本法》在本联邦主体的实施进行了进一步细化,使得《俄罗斯边境合作基本法》的内容更好地在本地区得到贯彻落实。

(二) 对《俄罗斯边境合作基本法》的评价

曾经,"缺乏必要的法律保障是俄罗斯东部地区发展与毗邻国家边境合作的重要制约因素之一",[1] 俄罗斯科学院远东所卢贾宁认为,尽管当前外贝加尔边疆区面临着一系列问题,但外贝加尔边疆区未来的发展,要重视与内蒙古自治区的合作,且应强化法律规范方面的保障。[2] 2017 年, 时任俄罗斯国家杜

---

〔1〕 赵欣然:《"俄罗斯东部发展与中国、蒙古边境合作"会议探析》,载《西伯利亚研究》2010 年第 2 期, 第 31 页。

〔2〕 Лузянин С. Г. Россия – Китай: модель 2016 – 2017 гг. Глобальные, региональные и приграничные измерения//Российско-китайские исследования. 2017 № 1. С. 22–31.

马国际事务委员会第一副主席的茹罗娃就制定《俄罗斯边境合作基本法》草案的意义时曾指出："对边境合作进行立法调整，对俄罗斯而言，意义重大。俄罗斯有着世界上最长的国家边界。有超过一半的俄罗斯联邦主体在某种程度上与18个国家的毗邻地区相连。这为发展边境合作提供了独特的条件。但是在这一方面现有的法律不能完全释放与毗邻国家合作的潜力。"[1]《俄罗斯边境合作基本法》的正式出台，弥补了在边境合作立法保障方面的空白。这部法律承载着大部分俄罗斯边境主体通过开展边境合作发展经济、提升俄罗斯边境人民生活质量的美好愿望。大部分俄罗斯学者认为，"边境合作的任务具有社会经济的目的性，也就是要提升居民的生活质量和水平"。[2] 2017年，在《俄罗斯边境合作基本法》出台后，俄罗斯边境地区的人民给予了这部法律较高的期望，认为这部法律的颁布实施，将赋予边境主体在开展边境合作方面更大的权限，俄罗斯边境主体将会更加自主地开展边境合作。外贝加尔边疆区的俄罗斯国家杜马议员嘎瓦林的观点较具有代表性。他认为："《俄罗斯边境合作基本法》将会奠定边境地区发展和数以千计的外贝加尔边疆区人民生活水平提高的基础。这部法律对诸如外贝加尔等边

---

〔1〕 С. Журова：принятый закон《Об основах приграничного сотрудничества》впервые определяет права и обязанности органов местного самоуправления в этой области. http：//duma. gov. ru/news/14096/，浏览日期：2020年9月2日。

〔2〕 Логвинова И. В. Приграничное сотрудничество：правовые основы и особенности в условиях Российского федерализма//Пробелы в российском законодательстве. 2017 № 6. С. 76.

境地区尤为重要，甚至可以将之称为调整边境地区法律关系的基础性规范文件……这部法律消除了在边境合作领域的无序和可能导致腐败的成分，并从法律的角度看，构建了国家边境合作的体系。"[1]

《俄罗斯边境合作基本法》在对开展边境合作的俄罗斯边境主体的职权进行细分的同时，也关注到了不同层级主体间在开展国际合作时进行相互合作的必要性。例如，《俄罗斯边境合作基本法》第11条第3款规定："如果俄罗斯联邦边境主体边境合作协议的实施，应由俄罗斯联邦边境主体地方自治机关参与或涉及其利益，上述协议草案应在俄罗斯联邦边境主体规定的期限内，发送给相应地方自治机关提出意见。""在边境合作领域内，各地区通过其代表参与边境合作规划的制定，而这些边境合作规划随后会上升到国际层面。各地区的利益在边境合作文件中会得到考虑和体现。类似文件的制定是建立在透明、集体协商、公开原则之上的，是一个长时间的妥协的过程。"[2]《俄罗斯边境合作基本法》的上述类似规定，使开展边境合作的不同层级主体间相互配合、协调一致，以确保俄罗斯国家整体利

〔1〕　Говорин Н. Закон о приграничном сотрудничестве станет основой для улучшения жизни забайкальцев，https：//zab. ru/news/97711_zakon_o_prigranichnom_sotrudnichestve_stanet_osnovoj_dlya_uluchsheniya_zhizni_zabajkalcev___govorin，浏览日期：2020年10月3日。

〔2〕　Логвинова И. В. Приграничное сотрудничество：правовые основы и особенности в условиях Российского федерализма//Пробелы в российском законодательстве. 2017 № 6. C. 76.

益的实现，为避免不同层级和地方边境主体在开展边境合作过程中的恶性竞争提供了立法保障。"俄罗斯边境合作基本法通过俄罗斯联邦各主体国家机关考虑边境地区市政机关的利益的途径，完善了在区域层面签订边境合作协议的机制。"[1] 这种以国家联邦法律的形式确定的利益协调机制，为俄罗斯边境主体相互协调配合，开展更为积极有效的边境合作奠定了基础。

四、与俄罗斯边境地区合作的规范依据与完善建议

在中俄友好的大背景下，中俄两国合作迈上新台阶，中俄两国边境地区交往也越来越紧密。内蒙古、黑龙江、吉林等省区毗邻俄罗斯，与俄罗斯交往密切。内蒙古自治区实施的诸多项目，都是在中俄两国战略合作伙伴关系的框架下，配合国家对俄合作战略开展的。内蒙古社会科学院李洋副研究员认为，内蒙古应该把同外贝加尔边疆区的合作作为经济可持续发展的重要组成部分。[2] 同样，俄罗斯学界认为加强外贝加尔边疆区与中国毗邻地区的合作对促进俄罗斯边境地区的发展具有极为重要的现实意义。俄罗斯后贝加尔国立人文师范大学的别伊金娜专门研究了外贝加尔边疆区与中国的合作问题，认为在投资、

---

〔1〕 С. Журова：принятый закон《Об основах приграничного сотрудничества》впервые определяет права и обязанности органов местного самоуправления в этой области. http：//duma. gov. ru/news/14096/，浏览日期：2020 年 9 月 2 日。

〔2〕 李洋：《中俄跨境合作背景下内蒙古同后贝加尔边疆区的合作发展研究》，载《理论研究》2015 年第 6 期。

旅游、贸易等方面应强化与中国的合作。[1] 内蒙古自治区是我国向北开放的桥头堡，近年来出台了若干支持对俄合作的政策项目。本部分将以内蒙古自治区为例，研究在俄罗斯出台边境合作法的背景下，提升对俄合作的路径建议。

（一）内蒙古自治区与俄罗斯开展边境合作的政策及交流合作

从国家层面，为落实中俄两国签署的《中国东北地区与俄罗斯远东及东西伯利亚地区合作规划纲要（2009—2018）》及在中国"一带一路"倡议下参与中蒙俄经济走廊合作，在国家支持下，我国国务院和内蒙古自治区政府先后出台了多份与俄罗斯合作的规范性政策文件。比较典型的有：《内蒙古自治区参与建设中蒙俄经济走廊实施方案》《关于加快满洲里、二连浩特国家重点开发开放试验区建设的若干意见》《内蒙古自治区人民政府关于支持沿边开发开放实施意见》《内蒙古自治区人民政府关于支持呼伦贝尔中俄蒙合作先导区建设的若干意见》《内蒙古满洲里边境旅游试验区建设实施方案》《中国（满洲里）跨境电子商务综合试验区建设实施方案》，等等。这些支持内蒙古与俄罗斯合作的政策措施的出台，无疑为自治区实施向北开放的战略提供了坚实保障。内蒙古自治区依托与俄罗斯接壤的边境地区主动推动边境合作，发展经济、贸易、旅游，为自治区和

---

[1] Бянкина А. М. Правовое регулирование приграничного сотрудничества Забайкальского края с регионами Китая//Власть и управление на Востоке России. 2011 № 4.

国家向北开放战略的实施夯实了基础。

在上述国家和自治区对俄罗斯合作政策的支持下，内蒙古自治区也与俄罗斯建立了多层次的合作关系。在省级层面，内蒙古自治区政府已经与俄罗斯 5 个地区建立政府间定期会晤机制，已同俄罗斯外贝加尔边疆区政府签署了地方政府间定期会晤机制协议。[1] 这些政府间对话机制的建立，可以在省级政府层面进行有效对话，促进省级政府之间的政策沟通，以促进和深化内蒙古自治区与俄罗斯相关主体之间的合作关系。呼伦贝尔市利用"中俄蒙合作先导区"的政策支持，也在探索与俄罗斯和蒙古国的全方位合作，并举办了"中俄蒙经贸洽谈暨商品展销会"、边境合作论坛等大型活动。国内有学者认为，海拉尔、赤塔、乔巴山次区域合作具备基础条件和可行性。[2] 应该在中蒙俄经济走廊合作框架下，开展好中俄蒙海拉尔、赤塔、乔巴山次区域合作。[3] 这些专家学者的意见和建议，也被融入到呼伦贝尔中俄蒙合作先导区规划中，提出建立以中国呼伦贝尔中心城区（海拉尔）、俄罗斯外贝加尔边疆区首府赤塔市、蒙古国东方省首府乔巴山市为核心的"海赤乔"次区域国际合作

---

〔1〕 参见《关于对政协十二届委员会第二次会议第 0243 号提案的答复》，http://www.nmg.gov.cn/art/2019/9/5/art_1570_282900.html，浏览日期：2020 年 10 月 6 日。

〔2〕 包思勤：《"海赤乔"国际次区域合作前景展望》，载《北方经济》2017年第 10 期。

〔3〕 杨臣华：《中蒙俄经济走廊：走实走深合作共赢》，载《北方经济》2017年第 10 期。

金三角的构想。

满洲里市更是利用其独特的地缘优势，在不同领域与俄罗斯合作，推出了"中国北方国际科技博览会""中俄蒙国际冰雪节"等有代表性、影响力的活动。在国家加强与俄罗斯合作的背景下，积极争取国家和自治区的政策支持，建设"国家重点开发开放试验区""边境旅游试验区""跨境电子商务综合试验区"。满洲里市公安局、司法局、文化和体育局等也分别与俄罗斯毗邻地区，通过定期会晤、会商机制建立了长效的合作机制。例如，2012 年满洲里市公安局与后贝加尔斯克边疆区内务局签署了《中国内蒙古满洲里市公安局与俄罗斯联邦后贝加尔斯克边疆区内务局警务会谈纪要》。2016 年满洲里市律师协会与伊尔库茨克州律师协会签署了《法律服务友好协议》。满洲里市教育局和位于满洲里的内蒙古大学满洲里学院，与毗邻的俄罗斯高校积极开展形式多样的复合型人才培养工作，并取得了较好的成效。

（二）内蒙古与俄罗斯合作政策法律方面的不足

尽管内蒙古自治区非常重视与俄罗斯的合作，而且，近年来也出台了一系列政策措施加强与俄罗斯，尤其是俄罗斯外贝加尔边疆区的合作，但是，内蒙古自治区在与俄罗斯合作过程中，在政策法律方面，还存在如下的不足。

第一，制定与俄合作的法律政策时，缺乏对俄罗斯与中国合作法律政策的分析调研。发展与俄合作对内蒙古自治区和整个国家都极为重要，但是，要想在与俄罗斯合作方面取得更大的成绩，在制定对俄罗斯合作政策时，就应该分析俄罗斯与中国合作的政策法律。对此，呼伦贝尔政协副主席李启华等认为，呼伦贝尔市与俄合作方面存在着对俄罗斯经济贸易政策研究不深入等问题。[1] 自治区政府在《关于对政协十二届委员会第二次会议第 0243 号提案的答复》中也明确指出："民间机构、学术团体研究开放工作缺乏对国外法律、政策等内容深度了解……"[2] 这实际上也是整个自治区在开展与俄合作时存在的问题。要推动中俄边境合作，就需要合作双方相互了解、互利互惠，就需要开展边境合作的中俄双方，对对方的合作政策、法律有清晰的认识。毕竟，内蒙古自治区要发展与俄罗斯的边境合作，必须得考虑以外贝加尔边疆区为代表的俄罗斯联邦各主体的实际情况。《俄罗斯边境合作基本法》的出台，实际上是俄罗斯联邦政府为俄罗斯联邦各边境主体划定了一个合作的范围框架和程序规则，包括外贝加尔边疆区在内的俄罗斯各边境主体，必须在《俄罗斯边境合作基本法》的框架内开展活动。但从自治区出台的对俄合作的政策和实施的项目看，显然更多的是关注到自治区的实际情况及想要达到的目标，但对俄罗斯在开展边境合作方面的法律规范研究不足。这也导致了部分政策项目在实施过程中中方热情高但俄方却并不积极的现象。实

---

〔1〕 李启华、周丽荣:《"一带一路"背景下呼伦贝尔对俄开放研究》，载《边疆经济与文化》2019 年第 1 期。

〔2〕《关于对政协十二届委员会第二次会议第 0243 号提案的答复》，http://www.nmg.gov.cn/art/2019/9/5/art_1570_282900.html，浏览日期: 2020 年 10 月 6日。

际上，从《俄罗斯边境合作基本法》的规定看，在开展边境合作时，"俄罗斯联邦国家安全利益"被规定为首要标准。针对俄罗斯外贝加尔边疆区和布里亚特共和国的作用，有俄罗斯学者便指出："事实上该地区是俄罗斯与中国和蒙古国的边境'缓冲地带'。这一方面给该地区附加了额外的负担，限制利用边境地区从事经济活动，另一方面该地区具有发展跨境贸易的潜能。"[1] 也就是说，在俄罗斯学者看来，既要开展边境合作，以促进俄罗斯边境地区的发展，但同时也要关注边境安全。这种紧密的合作可能导致毗邻地区边界的模糊，进而导致丧失对俄罗斯的文化认同和中国公民向外贝加尔地区的大量移民。[2] 在自治区与俄罗斯开展边境合作的过程中，对俄罗斯法律政策的研究就显得非常必要。

第二，中俄边境合作政策存在着衔接不畅的问题。这一点在内蒙古自治区与外贝加尔边疆区的合作过程中有所体现。由于政策衔接不畅，合作项目成效打折扣。例如，中俄两国计划在边境地区开展互市贸易。为此，1992年5月，中俄两国分别在满洲里和后贝加尔斯克开工建设互贸区。但由于俄方建设滞

---

〔1〕 Янтранов А. Е. и др. Факторы《новой экономической географии 》и интеграционная деятельность регионов Забайкалья//Вестник Бурятского государственного университета. Экономика и менеджмент. 2019. № 2.

〔2〕 Бейдина Т. Е., и др. Сотрудничество между Забайкальским краем и Китаем：функционирование региональных факторов с учетом внешних сакций//Известия Иркутского государственного университета. 《Политология. Религиоведение》2016. Т. 17.

后，到 1996 年时，中俄双方同意，仅利用中方一侧实施单方运营。此后，中俄以换文的形式解决了俄罗斯公民到中方一侧从事边境贸易的管理和经营问题。[1]《中华人民共和国政府和俄罗斯联邦政府关于中俄国界管理制度的协定》第 31 条也规定："双方促进在边境地区开展旅游和边境贸易，鼓励建立贸易（经贸）综合体和其他边境贸易合作形式，双方可就此签订有关协议。"为落实中俄两国政府协定，内蒙古自治区和满洲里市政府与俄方举行多次会晤。《满洲里与后贝加尔斯克边境区域发展问题专家组会议纪要》（2011）、《满洲里市政府与俄罗斯莫斯科"波多利耶-21"有限责任公司工作会谈纪要》（2011）、《满洲里市与俄罗斯后贝加尔边疆区工作会谈纪要》（2011）、《内蒙古自治区人民政府与俄罗斯联邦后贝加尔边疆区政府会谈纪要》（2012）和《中俄人文合作委员会第十三次会议纪要》（2012）中，都将"俄罗斯东方之门"满洲里-后贝加尔斯克跨境旅游园区项目列为中俄两国建设的重点项目，但俄方一侧的互贸区建设却直到今天也未能完成。现实情况是，满洲里互市贸易区当前成了俄罗斯公民单方面来中国境内开展边境贸易的地区。相反，中国公民却无法到俄罗斯一侧开展边民互市贸易。这种状况是多方面原因造成的，但从俄罗斯法律政策方面看，俄罗斯特别重视维护边界安全利益也是导致上述互贸区俄方一侧不能

---

〔1〕 参见满洲里市中俄互市贸易区简介，http：//www. manzhouli. gov. cn//mzl/363045/bmzfxxgk/395034/395035/395036/728917/index. html，浏览日期：2020 年 11 月 10 日。

正常运转的原因之一。2019 年修订的《俄罗斯联邦国界法》第 16 条也明确规定："边界制度必须为保卫国家边界创造必要条件的利益服务。"也就是说，俄罗斯在边界地区建立的相关管理制度，必须服务于俄罗斯国家边界安全。也正是基于此，该条同时规定，边界制度的内容包括了对距陆地边界 5 公里之内地域"从事生产、捕捞及其他活动，举办大型群众性社会政治、文化及其他活动的规则"。在距离边境地域 5 公里的地区，具体的管理制度受俄罗斯国家边界法的调整。

中俄边境合作政策衔接不畅，带来的直接后果是中俄两国之间和中俄毗邻的省份之间的合作成效远没有预期的好。例如，俄罗斯远东联邦区中有 5 个联邦主体，即哈巴罗夫斯克边疆区、滨海边疆区、阿穆尔州、外贝加尔边疆区和犹太自治州与中国相邻。"21 世纪初中俄政府都定期采取了通过经济部门现代化的方法提升两国毗邻地区经济社会发展水平的尝试。远东发展规划和中国东北老工业基地振兴纲要都是为此而制定的。但这两个规划并未取得显著的成绩。"[1] 同样，俄罗斯在推行"转向东方"政策时，在俄罗斯滨海边疆区建立了超前发展区。俄罗斯学者指出，自 2014 年《俄罗斯社会经济超前发展区联邦法》实施以来，"近 5 年过去了，高层预期的远东经济奇迹没有发生。尽管提供了税收和行政优惠，但远东联邦区建立的 20 个超前发

---

［1］ Ларин В. В. Российско‐китайское трансграничье в контексте проектов евразийской интеграции//Мировая экономика и международные отношения. 2016. № 12.

展区只有 400 家企业入驻（外国企业的比例为 9.3%）。同时，79 家企业从今年年初开始落实自己的项目。已经宣布的 3.8 万亿卢布投资只有 6200 亿到位，14.17 万个新就业岗位落实了 4 万个"。[1] 俄罗斯政府希望借助中俄合作带动其远东地区发展的战略效果似乎并不理想。《中华人民共和国东北地区与俄罗斯联邦远东及东西伯利亚地区合作规划纲要（2009—2018 年）》中规定的项目，很多都停留在纸面上。中俄两国规划十年的跨境项目合作，"在最好的情况下，也就是刚及格"。[2]

当然，尽管中俄政府之间签订的合作项目"经济成绩不令人满意，但也不能因此就放弃该纲要。因为该纲要具有较大的政治意义"。[3] 但是，包括边境合作在内的中俄之间的合作项目，很多并没有预期的效果好，却是被中俄学者承认的事实。这种局面的出现，很大程度上是与合作过程中中俄政策法律衔接不畅存在内在联系的。要加强与俄罗斯的合作，提升规划合作项目的预期成效，就必须在计划实施项目前，对与俄罗斯开展合作的相关政策法律深入研究，并进行必要的对接。

---

〔1〕 参见《项目多落实少：俄罗斯高层预期的远东经济奇迹为何没有发生?》，https：//user. guancha. cn/main/content? comments - container = &id = 202529，浏览日期：2019 年 11 月 25 日。

〔2〕 Зуенко И. Ю., и др. Программа сотрудничества восточных регионов России и северо-восточного Китая 2009-2018: итоги и дальнейшие перспективы//У карты Тихого океана. 2018. №3.

〔3〕 Иванов С. А. Программа сотрудничества восточных регионов России и северо - восточных регионов Китая: политическая значмость и экономическая эффективность//Таможе-нная политика России на дальнем востоке. 2018. №1.

第三，对俄合作政策缺乏系统性。内蒙古自治区与俄罗斯的合作，尤其是与俄罗斯外贝加尔边疆区的合作，更多的是在中俄两国国家战略框架内完成的。但从内蒙古自治区出台的与俄罗斯合作的相关政策看，各种政策支持之间独立性较强，系统性和整体性则较为欠缺。自治区支持满洲里重点开发开放试验区建设，支持呼伦贝尔中俄蒙合作先导区建设，支持满洲里边境旅游试验区建设，支持满洲里跨境电子商务综合试验区建设。这是开展与俄罗斯合作的政策支持，彰显了自治区与俄罗斯开展合作的决心。这些不同的规划中，很多方面具有重合关系。例如，不同的方案中都支持发展旅游业，发展中俄互市贸易，但这些政策间的内在衔接逻辑何在？但从目前的几个文件看，自治区出台的对俄合作政策支持之间恰恰缺乏政策之间的系统性和整体性。在支持旅游业发展方面，支持满洲里发展旅游业和支持呼伦贝尔发展旅游之间的内在逻辑关系如何？支持满洲里进行沿边开放，与支持呼伦贝尔和自治区整体实施向北开放之间的政策逻辑关系如何？这些问题，需要有一个顶层的规划设计。

当然，发展中俄边境合作是极具潜力的。中俄边境合作的价值，并不仅仅在于两国合作的经济利益层面，更多还在人文层面、政治层面。俄罗斯学者指出："与跨国大型贸易活动相并列的还有在边境合作过程中开展的中小型贸易。这些中小型跨境贸易可以更加有效地增进人民之间的联系，促进毗邻国家人民之间的了解，建立并发展人文关系。"[1] "中俄跨境地区不仅是紧密相邻和相互渗透的地区，而且还是具有共同利益，人文和文化相互作用、互相依存的地域。"[2] 但是，在与俄罗斯开展边境合作的过程中，如何做到自治区出台的政策文件之间保持延续性且做到各类政策之间保持必要的逻辑关系，特别是需要平衡经济利益追求和政治利益之间的关系，都需要进行系统性、整体性的思考。

（三）提升对俄合作的建议

《俄罗斯边境合作基本法》及其各边境主体出台的贯彻实施的相关法律，为俄罗斯各边境主体开展边境合作划定了法律边界。为促进内蒙古自治区与俄罗斯的边境合作，有必要在自治区现有对俄罗斯合作政策的基础上，提升法治化水平，以确保自治区对俄合作政策的有效实施。

第一，加强对俄罗斯涉及边境合作方面的法律政策的研究。要提升与俄罗斯的合作水平，必须研究俄罗斯的相关政策法律。目前，在对俄罗斯有关开放的政策法规研究方面，自治区还存在较大差距。在《俄罗斯边境合作基本法》出台后，俄罗斯边境主体开展的边境合作活动已经严格地受到了这部法律的约束。各边境主体相应出台了贯彻实施《俄罗斯边境合作基本法》的

---

〔1〕 Аносов А. В. Приграничное сотрудничество России и Китая：проблемы и новые возможности//Экономика и управление．2009 №8.

〔2〕 Ларин В. В. Российско‐китайское трансграничье в контексте проектов евразийской интеграции//Мировая экономика и международные отношения. 2016. № 12.

配套法律规定。自治区制定与俄罗斯开展边境合作项目必须考虑这些俄罗斯边境主体开展边境合作的法律规范。当然，俄罗斯联邦中央对其边境主体开展边境合作的法律规定，对中国并没有法律约束力，也不会对中国各省市自治区开展与俄合作的政策规划产生强制性影响。但要想让与俄合作的政策法律发挥出最大的效果，就需要考虑俄罗斯合作方被其联邦立法所赋予的职权范围。在内蒙古自治区大力推进向北开放、建设国家向北开放桥头堡、"立足俄蒙面向欧洲"战略的指引下，加强有关俄罗斯对外开放方面的政策法律研究就显得极为重要。俄罗斯在对外开放方面，已经形成了一整套完整的法律法规体系。在俄罗斯边境主体开展对外合作方面，出台了《俄罗斯边境合作基本法》。在外商投资方面，俄罗斯制定了《俄罗斯联邦外国投资法》《俄罗斯联邦外国公民法律地位法》《俄罗斯联邦保障外国人投资权益法》《俄罗斯联邦促进投资活动法》《俄罗斯联邦经济特区法》《关于外资进入对保障国防和国家安全具有战略意义的商业组织程序法》。俄罗斯制定颁布这些与边境合作、外国投资有关的法律法规，对其对外开放过程中存在的经济活动进行规范。要强化与俄罗斯的经济贸易合作，就必须对这些俄罗斯制定的法律法规和对外政策进行研究，方能让计划到俄罗斯投资的中国企业预防法律层面风险，确保我国企业和公民个人对外投资安全。

　　第二，制定对俄合作的指导性政策法规。当前，内蒙古自治区在与俄罗斯合作进程中，出台的政策规划比较多。但是，各种项目规划和支持政策之间，缺乏一定的系统性和整体性。在自治区开展与俄罗斯的合作时，不同地区之间也存在着竞争关系。当然，这种竞争关系，既在自治区内部与俄罗斯开展合作的不同地区之间存在，也不同程度地在我国各省级层面上存在。如何协调与俄罗斯开展合作的不同主体之间的利益关系，应该建立一种必要的机制，确保自治区与俄罗斯合作过程中能够维护自身的整体权益。《俄罗斯边境合作基本法》规定的俄罗斯联邦与俄罗斯联邦各主体之间及俄罗斯联邦各主体与其开展边境合作的市政机构之间在签订边境合作协议时的协调机制就值得借鉴。当自治区的一个政府机关计划与俄罗斯某一边境主体签订边境合作协议时，应该通知开展边境合作的其他利益相关方，尤其是自治区政府，以便自治区能够统一协调与俄罗斯开展边境合作事项。这样，既能够鼓励地方主体的创新性，也符合自治区整体对俄罗斯的合作战略，做到对俄合作步调一致、有序推进。当然，要想实现这一点，自治区政府需要出台一部与俄罗斯开展边境合作的指导性程序规范。也就是自治区内部与俄罗斯开展合作的政府，在与俄罗斯边境主体签订合作协议前，需要报自治区级或地级市政府相关部门进行审核备案，必要时应该对协议的内容进行协商。这种协商程序，应该规定在自治区出台的对外合作指导性文件中，以便自治区与俄罗斯开展合作的不同层级的主体予以遵守。

第三，建立内蒙古自治区与俄罗斯边境地区主体对话边境论坛，并签订框架性边境合作协议。在这一方面，俄罗斯部分边境主体的行政长官也意识到了与中国合作时进行政策沟通的重要性。2017年曾任外贝加尔边疆区行政长官的日丹诺娃在第三届"俄罗斯和中国：向新型双边关系迈进"会议上提出，"我们应争取为各级（国家间级别、联邦级别和地区级别）双边地区间合作和边境合作建立额外的法律依据。这能放宽两国边境地区当前妨碍发展旅游、贸易等领域互动的限制性规定"。而且，日丹诺娃提议俄中两国签订有关发展边境合作的政府间协议。[1]通过中俄边境主体的对话沟通，双方可以共同向各自的中央政府申请必要的政策支持，破除一些影响合作的政策壁垒。俄罗斯阿穆尔州与中国的合作集中在国家层面和区域层面。每一个合作层面都签署了举行会谈和协商的协议，这可以巩固和发展中俄之间的跨区域合作。[2]这种成熟跨区域沟通机制，为自治区与俄罗斯开展合作提供了借鉴。边境合作的实现形式有"跨政府间委员会、跨区域论坛、边境合作规划、双边或多边国际合作协议"。[3]内蒙古自治区政府应该与俄罗斯联邦主体之间建立一个以政府为主导的边境合作论坛。从2015年开始，边境地区论坛成为俄罗斯边境地区合作的新形式。"这种合作形式

---

〔1〕　参见 Жданова：Россия и Китай нуждаются в соглашении о приграничном сотрудничестве，https：//zab. ru/news/96163_zhdanova_rossiya_i_kitaj_nuzhdayutsya_v_so-glashenii_o_prigranichnom_sotrudnichestve，浏览日期：2020 年 11 月 10 日。

〔2〕　Дубровина О. В. ，Плотников В. С. Модель международного сотрудниче-ства Амурской области России с регионами Китая//Власть. 2019. №5.

〔3〕　Логвинова И. В. Приграничное сотрудничество：правовые основы и осо-бенности в условиях Российского федерализма//Пробелы в российском законода-тельстве. 2017 № 6.

的俄罗斯方面的参加方包括联邦权力机关的代表（俄罗斯内务部、俄罗斯经济发展部、俄罗斯工业和贸易部、战略创新署）、俄罗斯联邦各主体国家权力机关的代表，以及社会组织、商业代表和感兴趣的外国伙伴。"[1] 边境合作论坛可以有效地促进内蒙古自治区与俄罗斯边境地区主体的联系，加强对话，进行必要的政策沟通。而且，在这种省级政府之间建立的边境论坛，可以邀请我国国家部委和俄罗斯联邦政府相关权力机关参与，以破除在与俄罗斯开展边境合作过程中存在的政策性障碍。在总结与俄罗斯开展边境合作的基础上，建议自治区政府与外贝加尔边疆区政府之间签订边境合作协议。

《俄罗斯边境合作基本法》的出台为俄罗斯各边境主体开展边境合作设定了法律框架。这部法律既为俄罗斯边境主体开展边境合作提供了法律支持，也从联邦立法的层级规范了俄罗斯边境主体开展边境合作的行为。借鉴俄罗斯开展边境合作立法的经验，内蒙古自治区在与俄罗斯开展边境合作时，也应该形成与俄合作政策的协调机制，确保自治区与俄合作整体战略的实现。并且，应该与俄罗斯外贝加尔边疆区设立一个边境合作论坛，以协调政策，共同推动合作项目的实施，并签订两个省级主体之间的边境合作协议。

我国与俄罗斯毗邻的各边境主体要大力推进与俄罗斯的合

---

[1] Логвинова И. В. Приграничное сотрудничество: правовые основы и особенности в условиях Российского федерализма//Пробелы в российском законодательстве. 2017 № 6.

作，就需要关注了解《俄罗斯边境合作基本法》的内容，并在推进与俄罗斯合作的过程中考虑这部法律的规定，以提高与俄合作项目的成效。借鉴俄罗斯开展边境合作立法的经验，我国各边境主体在与俄罗斯开展边境合作时，也应该形成与俄合作政策的协调机制，确保自治区与俄合作整体战略的实现。

第五章　经济走廊建设视域下中蒙俄
边境地区司法合作

　　尽管中蒙俄三国都提倡法治，但三国的法治状况却并不相同。尽管中蒙俄三国同属大陆法系，且三国都受苏联时期法律制度的影响，但苏联解体后的俄罗斯和蒙古国的法律制度完全走上了西方化的发展道路。在俄蒙的转型过程中，俄罗斯和蒙古国的法律制度又表现出极大的差异性。在这种状况下，要想为中蒙俄经济走廊建设提供稳定的法律支持，需要三国执法机关与司法机关的密切合作。唯有如此，才能为中蒙俄经济走廊建设提供安全高效的法律保障。中蒙俄三国毗邻地区相关法律机构，在多年的合作过程中积累了丰富的实践经验。本部分将以地处中蒙俄交界之地、中国最大的陆路口岸、全国重点开发开放试验区，素有"鸡鸣闻三国"美誉的满洲里市司法服务中蒙俄经济走廊建设的调研为依托，对中蒙俄三国毗邻地区司法合作方面的经验进行总结，发现问题，并提出完善路径，期待有助于中蒙俄经济走廊建设的顺利推进。

一、中蒙俄边境地区司法合作的现状

当前，中蒙俄边境地区的法律机构已经开展了富有成效的法律合作，成果丰硕，具体可归纳为如下三个方面。

（一）司法服务中蒙俄经济走廊建设情况

在推进"一带一路"倡议的过程中，司法合作具有非常重要的意义。加强司法合作，可以及时解决中蒙俄经济走廊建设过程中发生的纠纷，促进经济走廊建设的良性发展。2015 年我国最高人民法院在其发布的文件中明确指出，对于"一带一路"倡议，"法治是重要保障，司法作用不可或缺"，要"积极开展与沿线各国的司法国际合作交流""积极探讨加强区域司法协助"。[1] 这为各级法院积极回应"一带一路"倡议的中外市场主体关切指明了方向。从我国法院开展司法服务"一带一路"倡议的情况看，全国各省市法院分别结合各自的区位特点和实际情况，从众多省市的高级人民法院到基层人民法院，均有计划地谋划司法服务"一带一路"倡议的务实举措。边境地区的法院更是出台了诸多措施，切实践行司法服务"一带一路"倡议的时代使命。毗邻俄罗斯、蒙古国的中国法院，已积极行动起来，探索司法服务"一带一路"倡议的具体举措。

2015 年 10 月，内蒙古自治区高级人民法院下发了实施办

---

〔1〕 参见《最高人民法院关于人民法院为"一带一路"建设提供司法服务和保障的若干意见》（法发〔2015〕9 号）。

法，提出 10 条意见，切实找准服务保障"一带一路"倡议的结合点和切入点，确保为把内蒙古建成我国向北开放的重要桥头堡和充满活力的沿边开发开放经济带，提供更加有力的司法服务和保障。[1] 为促进"一带一路"倡议，2015 年 5 月，满洲里市人民法院结合满洲里市地处"丝绸之路经济带"东线通道出境口的实际，在诉讼服务中心设立涉外案件接待窗口和涉外纠纷调解室，专门为涉外案件当事人提供司法服务，方便涉外案件当事人特别是外籍当事人诉讼。2013 年 11 月，涉外庭共受理各类民商事案件 97 件，审结 70 件，其中受理涉外案件 12 件，结案 3 件。2014 年涉外庭共受理各类涉外案件 60 件，审结 43 件；受理其他民商事案件 132 件，审结 109 件。2015 年涉外庭共受理各类民商事案件 164 件，审结 153 件。自 2013 年 1 月 1 日新刑事诉讼法实施至今，满洲里市人民法院审理外国人犯罪的刑事案件共 9 件 11 人犯，而审理我国公民在境外犯罪的刑事案件共 12 件 12 人犯，其中有故意伤害、盗窃、职务侵占等犯罪案件。2016 年满洲里市法院在原有的涉外民商事审判庭的基础上，成立了涉外审判庭，统一审理涉外民事、刑事案件，共审理涉外民商事案件 55 件，涉外刑事案件 3 件 4 人犯。[2] 满洲里市人民法院积极与满洲里贸易促进会联系，共同创建了涉外纠纷诉调对接中心。该中心将实现法院诉讼与贸易促进会调解工

---

[1] 史燕龙、王晓东：《自治区高院出台办法服务保障"一带一路"建设》，载《内蒙古法制报》2015 年 10 月 23 日，第 2 版。

[2] 数据来源于满洲里市人民法院的调研资料。

作有机衔接，更好地为涉外案件当事人提供高效便捷的司法服务。

黑龙江省绥芬河市人民法院也针对服务"一带一路"倡议的实际，加强对劳动争议纠纷、民间借贷纠纷、房屋拆迁纠纷等案件的风险研判和矛盾化解，设立了绥芬河综合保税区人民法庭，集中审理涉外案件。宁夏回族自治区高级人民法院等地方高级人民法院也出台了推进司法服务"一带一路"倡议的具体实施意见，以推动地方基层法院为"一带一路"倡议服务。在这一背景下，其他省市基层法院也积极作为，为司法服务"一带一路"倡议贡献力量。

新疆是丝绸之路经济带的核心区，身为我国西部"桥头堡"的霍尔果斯被称为"核心区中的核心区"，地位日益突出，涉外影响不断加大。霍城垦区法院竭力服务"一带一路"倡议的工作要求，从队伍建设和司法为民两方面着手，助力"一带一路"倡议的推进。这其中，加大法律宣传力度、提高法律服务质量，成为霍尔果斯法庭服务"一带一路"倡议的措施之一。比如在六十一团、六十二团各连队和霍尔果斯口岸社区、商场张贴该庭受理案件范围、管辖辖区的告示，使当事人能够对自己案件的受理有初步的认识，减轻当事人因为管辖不清造成的诉累。该庭根据实际情况，建立了涉老、涉劳务费、涉外诉讼绿色通道。"另外，积极开展巡回审判工作，采取当场立案、当场调解、当场履行的便民措施。"在该法庭开展的法律服务宣传中，精通英语、哈萨克语及汉语的民族法官还向境内外游客讲解我国的民族宗教政策，与口岸农民工交流，向他们宣传如何保护自身权益并提供咨询服务。[1]

与蒙古国毗邻的二连浩特市人民法院，紧密结合毗邻蒙古国的实际情况，从立案到审理实行"绿色通道"服务，并配备经验丰富的双语法官处理涉外贸易案件。为促进司法服务"一带一路"倡议，二连浩特市人民法院紧密结合毗邻蒙古国的实际情况，从立案到审理实行"绿色通道"服务，并配备经验丰富的双语法官处理涉外贸易案件。此外，二连浩特市人民法院还深入开展普法活动，截至 2015 年 11 月，该法院共发放普法宣传册 436 本，深入社区、学校 8 次，发布官方微博 563 条，大屏幕滚动播放法律法规数余条，倾力打造"人人懂法、人人守法、人人用法"的新风尚。[2]

上述毗邻俄罗斯和蒙古国的我国法院开展的司法服务"一带一路"倡议的具体行动，促进了中蒙俄三国共建经济走廊过程中遇到的具体法律问题的解决，为中蒙俄经济走廊建设的深入开展提供了有力的司法保障。当然，司法服务中蒙俄经济走廊合作过程中，也遇到了诸多问题，需要研究解决。

(二) 涉外律师服务中蒙俄经济走廊建设情况

应该说，在提升涉外律师业务水平、加强涉外律师人才队

---

[1] 崔建民、周佳:《小法庭做实事服务"一带一路"》，http://www.xjcourt.org/public/detail.php? id=16959，浏览日期: 2016 年 11 月 1 日。

[2] 包晓静:《二连浩特司法服务"一带一路"》，载《人民法院报》2015 年 11 月 1 日，第 6 版。

伍建设方面，我国早在 2011 年便有所准备。2011 年《司法部关于进一步加强和改进律师工作的意见》便指出加强涉外律师人才队伍建设的重要性。中华律师协会也适时推出了涉外律师领军人才计划。但是，在笔者看来，在律师服务"一带一路"倡议方面的重要标志是 2017 年"三部一办"发布的《关于发展涉外法律服务业的意见》[1]（以下简称《意见》）。该《意见》由司法部、外交部、商务部和国务院法制办共同发布。这表明官方对律师服务国家"一带一路"倡议的认可与重视。该《意见》为律师从事涉外法律服务设定的任务包括：为"一带一路"倡议等国家重大战略提供法律服务；为我国企业和公民走出去提供法律服务；为外交工作提供法律服务；为打击跨国犯罪和国际追赃追逃提供法律服务。同样，由于"一带一路"沿线国家法治状况存在巨大差异，因此必须结合各国实际，提供差异化的涉外法律服务。在中蒙俄边境地区的法律服务方面，为我国在俄罗斯和蒙古国的公民、企业提供法律服务，是促进中蒙俄经济走廊合作顺利推进的重要保障。但是，从中蒙俄律师业务来看，当前，中俄、中蒙之间的大型律师事务所之间的合作比较多。这些大型律师事务所提供的法律服务，主要是面向具有跨国业务的大型企业、大型项目，法律服务费用比较高。在中蒙俄边境地区，除了这些大型法律服务的需求外，还有家庭、劳务、侵权、继承、合同、土地等方面的民间法律需求。这些

---

〔1〕 参见《关于发展涉外法律服务业的意见》，载《人民日报》2017 年 1 月 11 日，第 11 版。

法律业务的标的小，大型律师事务所不愿意接受代理。这样，便需要有高素质的基层法律人才参与这些具有跨国性质的法律服务业务。作为毗邻俄蒙两国的内蒙古自治区，应积极推动对俄罗斯和蒙古国的法律服务业务。2015 年、2016 年内蒙古自治区律师协会和满洲里市律师协会分别与俄罗斯布里亚特共和国律师协会、伊尔库茨克州律师协会建立了业务联系。内蒙古律师协会与俄罗斯布里亚特共和国律师协会签署了《友好合作意向书》，满洲里市律师协会与伊尔库茨克州律师协会签署了《法律服务友好协议》。内蒙古律师协会与蒙古国律师协会的交流合作更为紧密。内蒙古自治区司法厅计划到 2021 年在蒙古国设立 8 家律师事务所分支机构。[1] 作为边境城市的满洲里律师协会和律师事务所，也与毗邻的俄罗斯相关律师事务所建立了业务联系，将从定期互访、互换法律政策信息、推动边境地区律师事务所进行业务合作和加强双方的律师培训等方面开展务实高效的法律合作。

中蒙俄边境地区律师涉外法律服务业务的广泛开展，将为边境地区乃至整个中蒙俄经济走廊合作的顺利推进提供法律保障，并将最大限度地维护中俄蒙三国人员的合法权益。涉外律师服务中蒙俄经济走廊合作，是促进个案按照法治的轨道顺利推进的保障，是将中蒙俄三国纸面上的法律赋予生命力的重要

---

[1] 史万森：《为"一带一路"建设提供优质法律服务》，http://www. moj. gov. cn/Department/content/2019-09/06/612_3231613. html，浏览日期：2020 年 3 月 10 日。

途径。法律的生命在于实践。在中蒙俄经济走廊合作进程中，涉外律师的参与，更能够将三国的法律制度与具体的项目结合起来，使项目建设建立在中蒙俄三国的法律制度之上，确保项目在法律的轨道内运转。随着涉外律师对中蒙俄经济走廊合作介入范围的拓宽，三国在经济走廊框架下的具体项目合作也会越来越规范，具体项目的合规程度必然得到提升。

（三）涉外公证服务中蒙俄经济走廊建设情况

"民心相通"是实现与中国周边国家睦邻友好的条件之一，也是推进"发展同周边国家睦邻友好关系是中国周边外交的一贯方针"[1] 的必要保障。在中蒙俄边境地区，要做到"民心相通"，就必须有促进民心相通的政策支持。随着中蒙俄经济走廊建设的顺利实施，在三国边境地区的国际物流、跨境产业加工、样本封存等涉外经济公证，外籍人员委托、租赁商铺和购买住房等涉外民事公证业务将大幅提升。在涉外法律关系中，需要国际司法协助时，公证便显得特别重要。[2] 当中方企业在与俄罗斯经营过程中发生商业纠纷后，要想维护我方企业的权利，公证必不可少。例如，曾经一家旅游企业与俄罗斯某航空公司发生纠纷，该企业在俄罗斯提起诉讼。俄方法院要求，对我国该旅游企业的营业执照、公司章程、授权委托书等文件必须进

---

〔1〕 习近平：《习近平谈治国理政》，外文出版社 2014 年版，第 297 页。

〔2〕 Григорьева О. Г. Участие нотариуса в международном правовом сотрудничестве: история и пити совершенствования законодательства //Социально - политические науки. 2017. №1.

行公证。[1] 经过公证，上述文件被俄罗斯法院认可，该企业成功地维护了自身的合法权益。在对外经济交往中，公证的作用越来越被认可。随着中蒙俄经济走廊合作进程的推进，对中蒙俄三国边境地区公证业务的发展提出了新的要求。2015 年 6 月 24 日，中国司法部副部长赵大成会见俄罗斯联邦公证协会主席康斯坦丁·库斯时指出，中方希望中俄两国"公证协会签订合作框架协议，建立较为固定的交流与合作机制，共享公证建设理念和改革发展经验……共同努力为两国各领域各层面的交流与合作提供坚实的法律保障"。[2] 中蒙俄三国公证行业正在以中蒙俄经济走廊建设为契机，大力推进三国公证业务的发展。公证的国际合作对俄罗斯非常重要。俄罗斯涉外公证的数量呈现出增长的趋势。[3] 我国黑龙江省于 2016 年与俄罗斯阿穆尔州签订了《黑龙江省公证协会与阿穆尔州公证协会合作及相互提供法律援助协议书》。作为毗邻俄罗斯布拉戈维申斯克的黑河市，积极拓展涉外公证业务，为中俄两国在对方开展业务服务。以黑河公证处为例，该公证处自 1992 年开展涉外公证业务以来，截至 2016 年 11 月，已经办理了 5 万多件对俄的公证事项。2016 年上半年，俄罗斯联邦布拉戈维申斯克市境内的几家公证

---

〔1〕 参见《"一带一路"涉外公证的主要业务领域》，载《中国公证》2018 年第 9 期。

〔2〕 晏洛莎：《赵大程副部长会见俄罗斯联邦公证人协会代表团一行》，载《中国公证》2015 年第 7 期。

〔3〕 Болотова О. А. Международное сотрудничество в сфере нотариата// Труды Междунаро дного симпозиума《Надежность и качество》. 2013. №2.

处共计办理中国公民委托公证 80 多件，复印件与原件相符（副本与原件相符）、文件签名属实、股权转让协议、组织机构决议及其他多达 500 多件。[1] 2016 年 6 月，首届中俄区域合作公证论坛在黑河市举行，为中俄两国公证业务的进一步发展开辟了新的合作领域。内蒙古满洲里市公证处也积极开展涉外公证业务，而且随着与俄罗斯经济贸易联系的日益紧密，公证业务数量也逐年增长。具体的业务领域涵盖继承、抵押借款、委托声明、留学手续办理等。2017 年司法部发布的《司法部关于进一步拓展创新公证业务领域更好地服务经济社会发展的意见》指出，"一带一路"倡议的实施拓宽了公证业务的新需求，围绕"一带一路"倡议和自贸区建设等国家重大战略，"鼓励和支持公证机构参与中国企业和公民'走出去'法律事务。推动建立'一带一路'沿线国家和地区公证知识产权合作机制，在国际货物贸易、服务贸易等方面，为中国企业和公民国际知识产权申请、转让、许可和国际诉讼、仲裁等提供公证法律服务"。司法部发布的这一指导性意见，为涉外公证业务提供了明确指引，也必将为涉外公证业务的发展注入活力。中蒙俄三国毗邻地区公证业务的发展，正在成为中蒙俄经济走廊建设的新领域，为三国战略合作伙伴关系发展助力。

〔1〕《黑龙江全力拓展中俄边境沿线公证合作新领域》，http：//www. hlj. gov. cn/zwfb/system/2016/11/28/010800670. shtml，浏览日期：2017 年 9 月 20 日。

二、中蒙俄边境地区司法合作存在的问题

随着中蒙俄三国毗邻地区经济合作水平的提升，三国法律合作也步入正轨。中蒙俄三国在助力经济走廊建设方面，司法合作已经取得了较好的成绩。但是，不得不承认，在中蒙俄边境地区司法合作方面，也存在一些问题，需要中蒙俄三国共同予以解决。

（一）司法协助方面存在的问题

中俄、中蒙之间都签订了民事、刑事司法协助条约。但是，这两部司法协助条约签署时间较早，目前与中蒙俄三国推动经济走廊合作的现实要求差距较大，在很多方面，不能满足中俄、中蒙法律合作的现实需求。特别是一些文件规定，在很多方面已经与人员往来日益频繁的边境地区涉外司法实践不符。与蒙俄毗邻的作为口岸城市的内蒙古满洲里市，涉外纠纷案件中的涉外因素众多，在审理涉外案件时，便遇到了很多现实困难。在审理涉外案件时遇到的典型困难，体现在如下两个方面。

第一，司法文书送达困难。比较典型的是，当事人的户籍地或经常居住地可能在满洲里，但是由于务工等原因，却长期生活、工作在俄罗斯或蒙古国。这样，出现纠纷后，涉案当事人在境外不归，造成文书送达困难。在审理涉及蒙古国和俄罗斯案件时，司法协助送达也比较困难。有的案件已经报请自治区高级法院通过司法协助程序送达，但材料报送后已经超过法院确定的开庭时间，是否已经送达却一直没有回音。送达困难，

直接导致的后果是在中蒙俄边境地区审理的涉外案件"诉讼周期普遍较长，而且效率低下"。[1] 通过中央机关进行的"送达协助就像是一场漫长的马拉松式接力比赛，环节众多，费尽周折"。[2] 这显然与及时解决纠纷、促进中蒙俄经济走廊合作的现实需求不符。上述在中蒙俄边境地区开展司法合作过程中出现的问题，如果按照《中华人民共和国和俄罗斯联邦关于民事和刑事司法协助条约》或《中华人民共和国和蒙古人民共和国关于民事和刑事司法协助的条约》的规定，涉及司法协助问题，需要由地方法院先报各省高院，再由各省高院报最高人民法院，然后由最高院转交司法部，再由司法部转交给相应国家的司法机关。这种司法合作模式，效率非常之低，执行效果也不理想。"虽然条约送达途径和外交途径更符合国际法主权原则，但其效率之低也遭到各国批评。"[3] 这种送达模式，存在着舍近求远之嫌。中蒙俄边境地区的司法机关空间距离非常近，却"要经过这样烦琐冗长的程序延长了诉讼时间，也浪费了司法资源，更为重要的是，过长的送达期限可能导致案件超过了诉讼时效，给当事人造成难以弥补的损失"。[4] 这种合作模式，忽视了中

---

〔1〕　张时空、吴晓丹:《完善边境贸易纠纷解决机制的法律思考——以内蒙古自治区为例》，载《黑龙江民族丛刊》2013 年第 1 期。

〔2〕　秦建荣:《中越边境地区涉外民商事送达司法协助机制构建之探析》，载《广西师范大学学报（哲学社会科学版）》2013 年第 6 期。

〔3〕　刘力主编:《中国涉外民事诉讼立法研究：管辖权与司法协助》，中国政法大学出版社 2016 年版，第 229 页。

〔4〕　王佳慧:《中俄边境贸易纠纷解决机制研究》，载《俄罗斯学刊》2012 年第 6 期。

蒙俄毗邻地区司法机关的主动性，不利于及时有效地解决涉外案件纠纷，不利于中蒙俄经济走廊建设。

第二，取证困难，执行困难。在满洲里市人民法院审理的涉外案件中，甚至很多在俄罗斯或蒙古国务工的中国人，在国外发生了民事、刑事案件后，如果相对方也是中国公民，在不危及个人生命安全的情况下，通常会选择回中国寻求法律救济。当然，这种情况的出现，是案件当事人对俄罗斯或蒙古国法律不熟悉、存在语言障碍等客观原因造成的，但这给审理此类案件的边境地区法院造成了很多困难。这类案件取证难，判决执行也存在困难。

上述两类问题，实际上我国其他边境地区的法院审理涉外案件时，也都会涉及。应该说，这些问题已经具有了一定的普遍性。这些问题长时间存在，需要国家从制度层面予以考虑解决。这种关涉国家制度设计问题的合理解决，必然会对我国对外合作、促进"一带一路"倡议的顺利推进产生深远影响。

（二）律师涉外法律服务方面存在的问题

涉外律师业务是我国企业走出去和公民海外权利维护的重要保障。但是，如果从 2011 年司法部正式发文重视涉外律师人才队伍建设算起，对涉外律师人才的关注也不过 10 年的时间。在涉外律师队伍建设方面，还存在着诸多问题。上述司法部等"三部一办"发布的《关于发展涉外法律服务业的意见》对我国当前涉外律师队伍建设方面存在的问题进行了高度概括。在该意见中指出，我国律师涉外法律服务方面存在着"工作制度和机制还不完善，政策措施还不健全，我国涉外法律服务业的国际竞争力还不强，高素质涉外法律服务人才比较匮乏"[1] 几个问题。司法部副部长熊选国也认为，在律师从事涉外法律服务方面"既懂专业、外语，又通晓外国环境，有实践感知的人才更是少之又少"。[2] 提升涉外律师法律服务的质量，最为重要的是要有一支具有国际视野、了解国际规则、精通语言和法律的涉外律师人才队伍。目前国家对涉外律师人才的培养，关注重点更多地集中在欧美国家。但是，"一带一路"沿线国家涉及三大法系、七大法源，法律制度差异巨大。[3] 这便决定了必须以构成"一带一路"倡议的六大经济走廊为基本依托，培养多样性的涉外律师人才队伍。要推动"一带一路"倡议提质增效，便需要"精通各国语言又精通各国法律法规、善于处理涉外法律事务的复合型律师队伍"。[4] 就涉外律师人才助力中蒙俄经济走廊合作而言，当前，服务中蒙俄经济走廊的涉外律师队伍也存在着熟练掌握俄语，了解俄罗斯传统、习惯，通晓俄罗斯法律制度的人才较为匮乏的问题。从目前中蒙俄三国边境地区律师业务合作方面看，律师个人从事涉外法律服务的能力

---

〔1〕《关于发展涉外法律服务业的意见》，载《人民日报》2017 年 1 月 11 日，第 11 版。

〔2〕熊选国：《大力发展涉外法律服务业 开创涉外法律服务工作新局面》，载《人民司法》2017 年第 3 期。

〔3〕何佳馨：《"一带一路"倡议与法律全球化之谱系分析及路径选择》，载《法学》2017 年第 6 期。

〔4〕胡晓霞：《"一带一路"建设中争端解决机制研究——兼及涉外法律人才的培养》，载《法学论坛》2018 年第 4 期。

也面临着需要提升的问题。与涉俄法律服务律师队伍状况不同，熟悉蒙古国法律、精通基里尔蒙古文、了解蒙古国风俗习惯传统的律师相对较多。这同蒙古国和内蒙古存在语言、文化、风俗方面的同源性有关。也正是因此，与蒙古国有关的法律服务业务，主要集中在内蒙古自治区的律师行业中。

涉外律师服务"一带一路"倡议是我国的共识。同样，涉俄罗斯和蒙古国律师服务中蒙俄经济走廊建设便是应有之意。在这种情况下，除了利用市场手段，通过经济杠杆推动涉外律师队伍建设外，我国必须考虑通过行政措施培养涉俄罗斯和蒙古国的律师人才队伍。原因是，律师业务受经济因素影响较大，在经济推动力不足的情况下，很难吸引中蒙俄三国边境地区的执业律师从事相关的法律服务。

（三）涉外公证方面存在的问题

涉外公证业务必须服务于国家开放型经济制度建设，必须为"一带一路"倡议服务。中蒙俄边境地区的公证机构服务经济走廊建设责无旁贷。随着中蒙俄边境地区三国人民交往的日益增多，中蒙俄三国公民在对方买房、置业、结婚、求学、经商等需求逐渐增多。这对中蒙俄三国公证业务的数量和质量的需求也随之提出了更高的要求。从涉俄罗斯和蒙古国公证业务方面看，主要存在着公证书的翻译质量问题。如果公证书翻译不准确，则会导致公证书丧失法律效力；公证书翻译不规范，会导致公证文件的有效性遭受质疑。在对俄罗斯和蒙古国进行涉外公证时，存在着公证人员对俄罗斯和蒙古国法律制度了解欠缺、对俄罗斯和蒙古国的公证政策和特殊要求不清楚的现实问题，这也导致有些公证书在俄罗斯和蒙古国的适用效果打折扣，影响到当事人合法权益的维护。此外，从当前公证机关从事的公证业务看，我国的涉外公证业务与涉外律师法律服务相分离，公证业务与涉外律师的法律服务业务联系不紧密。当然，在某种程度上说这是公证业务普遍存在的问题。但相比较而言，比如"在德国，公证业务与法律事务密不可分，律师与公证员是一对'无情'却又最可信赖的'好伙伴'"。[1] 在涉外公证中，由于公证员对俄罗斯和蒙古国的法律制度欠缺了解，为避免出现公证方面存在的问题，与熟悉俄罗斯和蒙古国法律事务律师的合作就比较重要。

三、提升中蒙俄边境地区司法合作水平的建议

中蒙俄经济走廊合作的顺利推进，离不开国家有效的司法支持。在中蒙俄三国法律制度存在较大差异的情况下，为我国企业"走出去"提供优质的司法服务，是国家的必然选择。在这一过程中，以市场需求为导向的服务市场必然会有所反映，这在涉俄罗斯和蒙古国法律服务业务方面，也必然会有所体现。但要加快对中蒙俄经济走廊建设的司法服务进程，就必须从国家层面予以必要的指导和支持，才能尽快使涉俄罗斯和蒙古国的法律服务提效增质。

----

〔1〕　中国涉外律师领军人才首期班：《涉外律师在行动：中国涉外律师领军人才文集》，法律出版社 2014 年版，第 244 页。

（一）赋予边境地区司法协助方面适当的自主权

鉴于中蒙俄边境地区在促进经济走廊合作过程中的特殊地位，应该赋予地方司法机关开展法定范围内司法合作的必要权限。当前，我国毗邻俄罗斯和蒙古国的边境地区人民法院面临着越来越多的涉外诉讼案件。但是，如果这些地方法院在审理案件的过程中，必须通过烦琐的司法协助法律程序进行送达、取证，必然造成大量的涉外纠纷无法得到及时有效的解决。当然，赋予边境地区司法机关，主要是人民法院，开展一些司法协助，必须在法律规定的范围内才可以。实际上，我国完全可以将中俄和中蒙之间的司法协助，分为民事司法协助与刑事司法协助，对两类不同的司法协助事项分类处理。中俄、中蒙之间的刑事司法协助，应该按照 2018 年《中华人民共和国国际刑事司法协助法》的规定严格执行。即使是边境地区的人民法院，在刑事司法协助方面，也必须遵守上述程序，严格执行国家的法律规定。这是因为刑事案件涉及公民的生命、自由等最重要的权益保护，国家必须高度重视。刑事司法协助必须通过法律规定的国家中央机关进行。但是，在民事司法协助方面，应该体现出灵活性。毕竟民事司法协助更多地涉及当事人的财产处分或人身关系方面的问题。通过中蒙俄边境地区法院之间的相互合作机制，能够快速解决三方在彼此国家公民的民事法律权益保护问题。

实际上，我国法院已经认识到边境地区审理的涉外民事案件具有的特殊性问题。早在 2010 年，最高人民法院便发布了

《关于进一步做好边境地区涉外民商事案件审判工作的指导意见》。该意见明确规定，为更加便捷地送达司法文书等诉讼材料，在保障案件当事人合法权利的基础上，人民法院可以根据"边境地区的特点，进一步探索行之有效的送达方式"。当前，中俄、中蒙均为战略合作伙伴关系，合作范围和水平已经大幅扩大和提升。在新的历史条件下，中蒙俄三国应及时对三国间的司法协助条约进行修改，逐渐扩大三国毗邻地区法院区域司法协助的权利，充分发挥毗邻地区司法机关的主动性，以解决取证、送达、执行等困扰当前涉外案件审理的难题，为中蒙俄经济走廊建设提供务实高效的司法保障。另外，从笔者对边境地区法院审理涉外民商事案件的实践调研看，由于鼓励以调解等多元纠纷解决机制处理民商事纠纷，部分边境地区的法院在实践中已经采取当事人相互认可的、更为便捷的送达、取证等司法合作方式。为推进这些实践中探索出的行之有效的司法合作方式，应从国家层面，与俄罗斯和蒙古国进行必要的协商，对中俄和中蒙之间的民事司法协助条约进行修改，赋予边境地区司法机关开展司法合作的权利。

（二）提升边境地区涉外律师业务水平

涉外律师法律人才对推进国家"一带一路"倡议的重要作用已经被广泛认可。国家也已经开展高素质涉外律师人才的培养工作。我国司法部计划从 2017 年到 2022 年培养 1000 名涉外律师领军人才。可以说，涉外律师人才的培养工作已经启动。为做好涉外律师人才的培养工作，笔者认为，还应该从如下四个方面加强涉外律师人才的培养。

首先，为补齐短板，要有针对性地对边境地区从事涉外业务的律师开展好相关的国别法律培训工作。具体而言，为推进中蒙俄经济走廊合作，应该继续推进对俄罗斯法律制度和蒙古国法律制度的学习。一国法律制度是该国社会运行、人民行为的基本规则，体现了该国的文化、传统、观念等内容。要想开展好对俄罗斯和蒙古国的律师服务，涉俄罗斯和蒙古国律师应该了解和熟悉俄罗斯与蒙古国的法律制度。中国已经连续举办了多次有关俄罗斯、蒙古国法律方面的专题培训班，为与俄罗斯和蒙古国的合作培养了高素质法律人才。中国还专门为蒙古国律师开办了中国法律方面的讲座和培训，为蒙古国律师了解和学习中国法律提供帮助，进而促进了中蒙法律方面的合作。中国还运用东北亚法律论坛等平台，提供中国同俄罗斯和蒙古国方面的法律交流。中国很多高等院校也建立了多家从事俄罗斯法律、蒙古国法律研究的专门机构。这些将有助于中国对俄罗斯和蒙古国法律的了解和运用。

其次，有针对性地加强"法律+俄语"和"法律+基里尔蒙古文"人才的培养力度。在开设法律专业的高校，应充分探索培养国别特色鲜明的卓越涉外法律人才。司法部也"积极鼓励具备条件的高等学校、科研院所等按照涉外法律服务业发展需求创新涉外法律人才培养机制和教育方法，完善涉外法律的继续教育体系"。[1] 当前，我国一些涉外律师不懂得对方国家的语言，这是很大的短板。为此，从长远打算，法学院校必须有针对性地培养国家需要的特色法律人才，这是提高涉外律师队伍素质的长效措施。中蒙俄三国应强化对对方法律的研究，有针对性地培养既懂对方语言、又懂对方法律的高素质涉外法律人才。中国的部分高校，已经开展了"法律+俄语"型人才的培养，且效果初显。中国内蒙古大学等高校也在探索培养懂基里尔蒙古文和法律的人才，已经在蒙古国法律研究和法律业务开展方面起到了积极的作用。

再次，为推进中蒙俄经济走廊合作的深入开展，我国从事涉外业务的律师必须加强与俄罗斯和蒙古国律师的合作。这种合作可以弥补双方律师对对方国家法律制度了解的不足可实现互利共赢，促进涉外律师服务业务的发展。同时，鼓励从事涉外律师业务的律师事务所与俄罗斯和蒙古国的相关机构建立合作关系，以机构合作的方式，促进律师服务质量的提升。

最后，律师协会要发挥桥梁作用，与俄罗斯和蒙古国的律师协会建立联系。边境地区的律师协会与相应的俄罗斯和蒙古国的律师协会也要建立合作关系，通过多渠道的合作，最终实现涉外律师服务水平的提升。在对俄罗斯和蒙古国开展涉外法律业务的过程中，加强律协和具体律师事务所之间的合作，是弥补对对方国家法律知识了解欠缺的有效路径。通过具体的律

---

〔1〕　熊选国：《大力发展涉外法律服务业 开创涉外法律服务工作新局面》，载《人民司法》2017 年第 3 期。

师事务之间的合作，中蒙俄三国的律师个人之间也会建立稳定的业务联系。通过律师个人和律师事务所之间的合作，涉外案件的业务量和案件办理水平都将会有更大的提升空间，也必然会促进中蒙俄经济走廊合作的良性发展。应该说，在中蒙俄经济走廊合作的过程中，项目建设越多、越大，遇到的法律问题也就可能越多，涉外法律服务市场发展前景越好，涉外律师的参与也就更具积极性。涉外法律服务业务与国家的对外合作需求会呈现出一种正向相关的发展动态。

（三）提升边境地区涉外公证业务水平

中蒙俄经济走廊建设的过程中，公证的作用会越来越显著。中蒙俄三国法律也不同程度地要求从国外取得的证件需要进行公证方能具备法律证明力。中蒙俄三国也越来越关注公证合作的重要性。典型的例子是毗邻中国黑龙江省的俄罗斯阿穆尔州于 2018 年成立了阿穆尔州国际公证法律综合体。这一公证综合体的主要目的便在于为在俄罗斯务工、经商的中国企业和个人提供公证和律师服务。[1] 通过这一公证综合体，在俄罗斯的中国公民能更加便捷地办理公证业务。但是，当前在边境地区的涉外公证业务，还存在着较为显著的不足。为此，应从如下四方面提升中蒙俄边境地区的公证业务水平。

首先，加强公证人员对俄罗斯和蒙古国相关法律制度的培

---

〔1〕 参见《俄罗斯阿穆尔州国际公证法律综合体在俄罗斯揭牌 旨在为在俄中国公民提供法律服务》，http://www.dzwww.com/xinwen/guoneixinwen/201801/t20180123_16955661.htm，浏览日期：2020 年 3 月 10 日。

训。对我国边境地区公证人员有针对性地进行俄罗斯和蒙古国与公证相关的业务培训，可以更加有的放矢地了解俄蒙相关法律规定，拓宽涉外公证人员的视野，更加优质地完成涉俄罗斯和蒙古国的公证业务。

其次，提升公证人员的外语水平。从事对外公证业务的公证员普遍认为，"办理涉外公证的公证员应有一定外文基础"。[1] 可以说，这是办理涉外业务公证员的经验总结。在提供涉俄罗斯或蒙古国公民的公证业务服务时，适当了解俄罗斯和蒙古国的语言，可以加强交流，确保公证事项的准确性。

再次，提升翻译质量，避免出现因翻译方面的问题影响到公证书在俄罗斯和蒙古国的认定效力。为此各公证机关应该在聘请翻译方面把好关，尽可能聘请有资质、经验丰富的翻译机构和翻译人员进行翻译，并通过译文的审校制度，为准确性提供双重保障。

最后，加强中蒙俄公证协会和司法部门的交流合作。通过中蒙俄公证协会的行业交流，举办经验交流会、研讨会，共同促进公证业务的合作，提升公证的服务质量。中蒙俄边境地区的公证机构之间也要建立合作伙伴关系，保持人员交流往来，加强公证业务方面的合作。中蒙俄三国间的司法行政机关也要根据中蒙俄三国共建经济走廊的现实需求，举行定期的工作会谈，签署三方的公证合作协议，促进公证业务质量的稳定提高。

---

〔1〕　刘萍：《涉外公证的风险防范》，载《中国公证》2014 年第 5 期。

中蒙俄三国的司法合作，尤其是三国边境地区的司法合作，是为中蒙俄经济走廊合作提供优质法律服务的保证。在司法合作方面，当前中蒙俄三国已经取得了一系列成绩，但也面临着诸多问题。这些问题需要从中蒙俄三国的国家层面进行解决，并适当赋予三国边境地区的法院和司法机关开展对俄罗斯和蒙古国司法交流合作的权利，大力提升三国边境地区律师和公证人员的法律素质，为中蒙俄经济走廊建设保驾护航。

第六章　经济走廊建设视域下中蒙俄边境地区警务合作

　　随着改革开放进程的加快，我国公民对外交往变得日益频繁，随之产生了如何更加有效地保护我国域外公民权益的问题。在中蒙俄经济走廊建设的过程中，也同样存在着在蒙古国和俄罗斯的中国公民权益的保障问题。没有切实的安全保障，中国公民到蒙古国和俄罗斯投资和旅游安全就很难实现。国家存在的根本目的是为了保障国民的自由与权利，即使本国国民身在国外，国家也应该对其提供尽可能的保护，这也是我国宪法规定的"国家尊重和保护人权"的要求。然而，域外中国公民遭受到的最严重的威胁当属跨国犯罪的侵害。"利用广泛的国际联系来达到犯罪的目的，是当今犯罪的一个特点。"[1] 强调打击

---

　　[1] Бочарникова Л. Н., Шинкарев В. Д. Международное взаимодействие РФ с иностранными государствами в сфере борьбы с преступностью//Вестник Белгородского юридического института МВД России. 2018. №2.

跨国犯罪的一个根本目的是保护我国国家和国民的利益。在这一思路之下，可以将打击跨国犯罪的视角转移到国家如何更加有效地保护域外中国公民的权益上来。在打击跨国犯罪、保护我国国家和公民利益问题上，公安机关起到了举足轻重的作用。特别值得注意的是，由于不同国家间主权的限制，一国公安机关不可能自由地在他国领域上行使刑事侦查权，在涉及打击跨国犯罪问题上，就必须进行密切的警务合作。因此，如何更好地完善不同国家间的警务合作机制，就成了打击跨国犯罪、切实维护本国国家和公民利益的重要方式。

中俄两国有着长达 4300 多公里的边界线，中蒙两国的边境线长度达到 4710 公里。随着中蒙俄经济走廊建设的顺利推进，中蒙俄三国经济合作稳步发展，三国的人员往来日益频繁。我国到俄罗斯和蒙古国的务工人员快速增加。据统计，"截至 2010 年底，中国累计向俄罗斯派出各类劳务人员大约 36.3 万人，2010 年底，中国在俄劳务人员约 2.1 万人。中国在俄劳务人员主要分布在远东和西伯利亚等地区"。[1] "到 2011 年，俄罗斯登记在册的雇佣外国劳务人员共 102.8 万，其中 39.9 万来自乌兹别克斯坦，16.6 万来自塔吉克斯坦，11 万来自乌克兰，中国仅以不足 7 万人位居第四。"[2] 2014 年时，中国在蒙古国人数

---

〔1〕 包淑芝、孟英杰：《俄罗斯人口危机与中俄劳务合作的发展》，载《商业经济》2013 年第 2 期。

〔2〕 陈晨：《推进中俄劳务合作》，载《黑龙江经济报》2014 年 3 月 27 日，第 3 版。

达到 26 053 名，位居在蒙古国外国公民数量的首位。[1] 伴随着我国公民到蒙古国和俄罗斯人数的增加，随之而来的是，在蒙古国和俄罗斯中国公民的权益保护问题日益凸显。本部分将以内蒙古自治区满洲里市公安局和黑龙江省公安厅与毗邻的俄罗斯后贝加尔边疆区及滨海边疆区内务部门开展警务合作的资料为基础，结合内蒙古自治区公安部门与蒙古国公安部门的合作，探讨如何发挥中蒙俄边境地区公安机关的优势打击跨国犯罪，充分实现在蒙古国和俄罗斯的中国公民合法权益的保护问题。

一、中国公民在俄罗斯和蒙古国受侵害的状况

在俄罗斯和蒙古国中国公民的权益保护，可以分为民事、治安和刑事等方面。笔者认为，在俄蒙两国，中国公民的上述权益都必须进行积极的保护，以促进两国合作的健康发展。但是，在上述权益中，涉及在俄蒙两国中国公民的人身安全是重中之重，如果在俄蒙两国的我国公民人身安全得不到有效保护，那么，对在俄蒙的中国公民财产权益的保护就是空谈。涉及对我国在俄蒙公民的人身安全的侵害，主要是治安案件的侵害和刑法犯罪的侵害。这两者是紧密联系的，区分点也仅仅在于对我国在俄蒙的公民造成的人身、财产侵害的程度上，也就是中俄蒙三国刑法所使用的社会危害性的标准上。应该指出，我国

---

[1] 参见《在蒙外国人数量中国居首》，https：//china. huanqiu. com/article/9CaKrnJFzAJ，浏览日期：2020 年 1 月 30 日。

在俄蒙的公民饱受着俄罗斯和蒙古国社会违法犯罪问题的困扰，在俄蒙的中国公民的人身安全已经成了束缚中蒙俄合作进一步发展的瓶颈。那么，在俄罗斯和蒙古国的中国公民受到的侵害有哪些情形呢？笔者结合在满洲里市公安局调研获得的资料和通过网络收集的材料认为，在俄罗斯和蒙古国的中国人遭受的侵害可分为如下三类。

（一）遭受俄罗斯和蒙古国普通治安案件的困扰

苏联解体后，俄罗斯社会经历了剧烈的震荡，这在某种程度上，也导致了俄罗斯社会治安状况的恶化。在俄罗斯和蒙古国的中国公民，时常受到一些俄蒙两国不法分子的侵害。例如，中国驻俄使领馆经常发布"领事提醒"，提醒在俄中国公民提高安全防范意识，尽量避免前往人群聚集区域，如遇突发状况请及时向俄警方求助，亦可拨打驻俄使领馆 24 小时领事保护值班电话。在中国驻俄使领馆发布的"领事提醒"中，经常会出现"不要到人员密集区域""要结伴出行""避免夜间出行"等用语。这种用语的出现是和俄罗斯的治安状况存在直接关系的。同样，中国驻蒙古国大使馆也会经常提醒赴蒙古国的中国公民切勿携带大量现金，避免夜间出行，"如遇盗抢，应保持冷静，避免与劫匪争执或发生肢体冲突导致自身受伤"[1] 等安全提示。上述我国驻俄罗斯和蒙古国使领馆发布的安全提示是与俄

---

〔1〕《中国驻蒙古国大使馆提醒中国游客：注意人身安全，谨慎前往无人区》，http://world.people.com.cn/n1/2018/1031/c1002-30374389.html，浏览日期：2020年3月1日。

罗斯和蒙古国治安状况不佳存在密切关系的。

笔者搜集了 2009 年至 2013 年俄罗斯内务部门接受到的报案、通知和发生案件的信息，具体数据见下表。[1]

年份	2009	2010	2011	2012	2013
案件数量	22 790 000	23 880 000	24 610 000	26 240 000	28 350 000

从上表可以看出，俄罗斯内务部门接到的报案信息在 5 年时间内，呈现出了连年上升的趋势。2010 年报案量比 2009 年增加了 4.8%，2011 年报案量比 2010 年增加了 3.1%，2012 年报案量比 2011 年增加了 6.6%，2013 年报案量比 2012 年增加了 7.5%。上述数据从一个侧面表明，俄罗斯社会的治安状况总体呈现出的是一种恶化的趋势。在俄罗斯社会治安状况整体不佳的大背景下，我国在俄公民的人身、财产安全时刻面临着遭受违法犯罪侵害的风险。而且，在俄罗斯的中国公民，除了可能遭受普通的违法侵害外，还有一种更为严重的侵害，即俄罗斯社会存在的严重的排外思潮。在这种思潮的影响下，俄罗斯出现了极端主义组织。这进而导致俄罗斯社会出现了专门针对外国人实施的违法犯罪。这一现象的出现，威胁着俄罗斯社会的稳定，同时也更加危害在俄中国人的生命、健康和财产方面的

---

〔1〕　数据来源：俄罗斯内务部网站，http://mvd.ru，浏览日期：2014 年 5 月 20 日。

安全。俄罗斯这类极端主义组织，将攻击的目标集中到外国人和非俄罗斯裔的俄国公民身上。据俄罗斯内务部统计，俄罗斯这类极端主义犯罪组织的数量在不断增长。例如，2010年"在俄罗斯一共有43 000个各类规模的犯罪团伙，其中有160个较大的犯罪联盟，还有35 000个小型（20人以下）的犯罪团伙。有600个犯罪团伙是按照'非斯拉夫'民族特征组建的，其中95%的参加者为非斯拉夫族人"。[1] 2010年莫斯科检察院对"自治斯拉夫抵抗"团伙的4名成员向莫斯科法院提起公诉。这4名犯罪分子从2008年12月26日到2009年1月19日，共基于民族或者种族仇视，对非斯拉夫裔人实施了4起故意杀人案，11起杀人未遂案，被害人包括来自苏联加盟共和国的人、越南人、韩国人、中国人、加蓬人等。[2]

蒙古国的治安状况同样不容乐观。根据我国商务部一年一度发布的《对外投资合作国别（地区）指南（蒙古国）》可以发现，蒙古国近几年刑事案件发案率逐年增长。2014年刑事案件总数达到27 318起，与2013年相比，增加1956起，增长7.7%。2016年发生各类刑事案件29 371起，同比增长2.1%。2017年共发生各类刑事案件32 259起，同比上升18.7%。2018

---

〔1〕 上述数据参见龙长海：《俄罗斯有组织犯罪的族裔化发展趋势及原因》，载《中国刑事法杂志》2014年第1期。

〔2〕 龙长海：《俄罗斯有组织犯罪的族裔化发展趋势及原因》，载《中国刑事法杂志》2014年第1期。

年共发生各类刑事案件 36 220 起，同比上升 12.3%。[1] 蒙古国刑事案件的逐年增加、治安状况不佳，导致在蒙古国中国公民受到了严重的人身安全威胁。此外，蒙古国还存在着诸如"蓝色蒙古""泛蒙古国运动"等排华极端组织。这些组织针对中国公民、企业进行盗抢等违法犯罪活动。甚至在公共场所，中国的务工人员也会遭受到蒙古国不法分子的滋扰。蒙古国警务部门的统计数据显示，2010 年到 2013 年，蒙古国共有 365 名外国公民遭到违法犯罪行为的侵害，中国公民达到了 155 人，占受害外国人总数的 42.5%。[2] 蒙古国社会上存在的这些排外组织，矛头指向中国。中国在蒙古国的公民，很容易成为这些组织攻击行为的牺牲品。蒙古国出现的对我国公民的严重侵害现象，已经被我国广为关注。蒙古国民族极端分子针对我国公民实施侵害的案件，甚至曾经演变为群体性事件。2010 年我国援建蒙古国的湖南施工队，曾经与蒙古国极端分子发生过大规模冲突，最终造成工程停工，我国工人撤回。蒙古国极端主义组织"泛蒙古运动"成员，更是针对我国公民实施各类侵害行为。诞生在 2007 年的蒙古国极端主义组织"蓝色蒙古运动"头目恩赫巴特，因其女儿的男朋友在中国留学而被他开枪打死的案件，

---

〔1〕 参见 2015 年、2017 年、2018 年和 2019 年商务部《对外投资合作国别（地区）指南（蒙古国）》，http：//www. mofcom. gov. cn/，浏览日期：2020 年 3 月 2 日。

〔2〕 参见商务部：《2015 年对外投资合作国别（地区）指南（蒙古国）》，http：//www. mofcom. gov. cn/，浏览日期：2020 年 3 月 2 日。

更是令人毛骨悚然。[1]

尽管这里列举的是刑事案件，但在俄罗斯和蒙古国社会发生大量的针对包括中国公民在内的外国人的袭击行为中，只有很少一部分能够被作为刑事案件处理，大部分被当作治安案件。而且，如果考虑到犯罪黑数*，那么这种出于民族或者种族动机实施的违法犯罪数量将更加庞大。

(二) 遭受俄罗斯和蒙古国犯罪分子的侵害

随着中国公民在俄罗斯和蒙古国数量的增加以及在俄蒙中国人财富的积累，中国公民面临着俄罗斯和蒙古国犯罪分子实施侵害的严重威胁。这其中既包括普通的刑事犯罪的侵害，也包括较为严重的俄罗斯有组织犯罪的侵害。例如，2007年3月，有6名中国公民途径俄罗斯赤塔州回国，被在赤塔州火车站寻找作案目标的俄罗斯犯罪分子以提供回国服务为名骗上车后实施了抢劫杀人，进而导致其全部被害的惨案。[2] 2013年5月，在俄罗斯哈卡斯共和国从事农业生产的3名中国女性公民被俄罗斯犯罪分子杀害后焚尸。[3] 2013年12月21日，俄罗斯叶卡

---

〔1〕 参见霍文：《中国工人与蒙古极端分子冲突持续3个月结束》，http：//news. sina. com. cn/c/sd/2010-12-20/173021675770. shtml，浏览日期：2019年8月1日。

＊ 犯罪黑数是指某国或某地区，社会上已经发生但尚未被司法机关掌握或没有纳入官方犯罪统计的犯罪案件的数量。

〔2〕 刘文剑：《6名同胞回国途中遇害》，载《青岛早报》2007年3月14日，第24版。

〔3〕 新华社：《杀害3名在俄中国女子4疑犯被捕》，载《新京报》2013年5月18日，第18版。

捷琳堡市发生一起针对中国商人的入室暴力抢劫事件，3名歹徒用手枪和电击器袭击了3名中国公民，并将其中1名中国人殴打致死。[1]在蒙古国的中国公民，也有人遭受到蒙古国犯罪分子的侵害。我国2位商人在蒙古国被杀案曾引起国人广泛关注。2015年1月11日，从内蒙古到蒙古国收购羊绒的2位商人，在居住地被4名蒙古国犯罪分子入室抢劫杀害。[2]实际上，我们能够从媒体上获知的相关报道，只是我国公民在俄罗斯和蒙古国遭受侵害案件中的一部分。

如果说上述列举的仅仅是几个刑事个案，那么在俄罗斯还有更为严重的、黑社会组织侵害中国公民权益的案件。例如，2010年满洲里市公安局与俄罗斯后贝加尔边疆区内务局联手摧毁了一个名为"奥西诺夫斯基"的俄罗斯有组织犯罪团伙。该团伙自2007年起，在与满洲里市相邻的俄罗斯后贝加尔斯克镇采用烧、抢、偷盗、损毁货物及恐吓、威胁、收取保护费等暴力手段垄断货物仓储和运输市场，对我国在该地区经商的30多名商人进行非法侵害。[3]我国公民在俄经商，时常会遭受到俄罗斯有组织犯罪的侵袭。在上述案件侦破过程中，中国到该地办案的警察，经常遭到不明车辆的尾随跟踪等非法干涉。这也使得部分受害人不敢出面作证，给案件的侦破工作破造成了极

---

　　[1]　韩旭阳：《3名中国公民在俄遭劫1死1伤》，载《新京报》2013年12月23日，第23版。

　　[2]　《两名中国商人在蒙古国遇害》，载《新民晚报》2014年1月14日，第15版。

　　[3]　案例来源于笔者到满洲里市公安局调研取得的材料。

大困难。

笔者列举的上述案例，只是从网络和相关媒体报道中获取的部分个案。应该说，现实中有着大量中国公民在俄蒙遭受犯罪侵害的案件，没有被我国媒体和公安机关掌握。这也凸显了我国在俄罗斯和蒙古国的公民的人身和财产遭受犯罪威胁，进而急需国家进行保护的现实状况。

（三）遭受在俄罗斯和蒙古国的中国人的侵害

在俄罗斯和蒙古国的中国公民人身和财产面临的另一种威胁来于在俄蒙的中国公民。应该指出，我国海外公民遭受到本国公民侵害的案例已经被我国学界关注。"当前中国公民实施的跨国犯罪数量快速上升是一个显著特点，而另外一个更加应当注意的特点是，大多数中国公民实施的跨国犯罪尤其是在国外实施的跨国犯罪的被害人是华人华侨。"[1] 这一特征对在俄罗斯发生侵害中国公民的犯罪案件而言，也是适用的。例如，2013 年 9 月满洲里市公安局侦破的唐治国绑架案便是例证。[2] 2013 年 9 月 2 日，满洲里市公安局接到中国公民蒋某某的报案，称其儿子刘某某在俄罗斯伊尔库茨克市被人绑架，对方要求向中国公民唐某某的账户内打款 60 万元。这一案例便是中国公民在俄实施的针对中国公民的犯罪案件。2013 年 4 月，中俄两国警方联手破获中国公民程凡敏、程凡斌在俄罗斯被绑架杀害案。

---

〔1〕 于志刚、栗向霞：《中国公民跨国犯罪实证分析》，载《中国检察官学院学报》2014 年第 1 期。

〔2〕 案例来源于笔者到满洲里市公安局调研取得的材料。

2012 年 4 月 9 日，中国公民程凡敏、程凡斌（均为新疆人）在
俄罗斯伊尔库茨克被人绑架，勒索 400 万元人民币。受害人家
属支付 164.6 万元赎金后，与受害人失去联系。4 月 11 日，程
凡敏、程凡斌的尸体在伊尔库茨克的河边被当地警方发现，致
死原因分别为窒息死亡和颅脑损伤死亡。经俄警方调查，认定
此案犯罪嫌疑人系 4 名中国人。[1] "根据伊尔库茨克州内务局
的资料，1997 年在该州中国人实施了 86 起犯罪，56 名华人成
为受害者。在滨海边疆区，1998 年外国人实施了 200 起犯罪，
其中包括 2 起杀人案、16 起抢劫案、13 起诈骗案、23 起经济领
域的犯罪，大部分为华人所为。2002 年，在该边疆区警方记录
的 177 起外国人实施的犯罪中，有 130 多起是中国人实施的，
其中大多数犯罪都是中国人针对自己同胞实施的，21 起被俄内
务部列为重大和特别重大的案件。"[2] 在蒙古国也存在类似
案件。

保护域外公民的安全是国家的义务。不能因我国公民所处
位置的差异，而对其受到国家保护的权利产生影响。如果说有
差别的话，那也只能是保护形式的变化。这种变化，并不能影
响我国域外公民享有的国家保护权。那么，我国在俄蒙公民面
临着严重的人身、财产安全的情况下，我国目前对在俄蒙的中

〔1〕《两名中国公民在俄罗斯被绑架杀害案告破》，http：//www. chinanews.
com/fz/2013/04-27/4773231. shtml，浏览日期：2014 年 5 月 10 日。
〔2〕靳会新：《中俄毗邻地区跨国犯罪问题及中俄警务司法合作》，载《西伯
利亚研究》2010 年第 3 期。

国公民有哪些保护模式呢？这些保护模式又存在哪些问题呢？

二、对在俄蒙中国公民的保护模式及问题

从目前中俄蒙三国政府签署的相关协议看，我国政府对在俄罗斯和蒙古国的中国公民权益保护方面，存在着司法协助和警务合作两种模式，下面进行分述。

（一）司法协助模式及其问题

应该指出，在民事刑事司法协助方面，中俄两国于 1992 年签署了《中华人民共和国和俄罗斯联邦关于民事和刑事司法协助的条约》（以下简称《中俄条约》）。中蒙两国于 1989 年签署了《中国和蒙古国关于民事和刑事司法协助的条约》（以下简称《中蒙条约》）。上述两部条约规定，中俄、中蒙两国对发生的民事或者刑事案件相互提供司法协助。

按照《中俄条约》第 1 条第 1 款的规定："缔约一方的国民在缔约另一方的境内，在人身和财产权利方面享有与缔约另一方国民同等的司法保护，有权在与另一方国民同等的条件下，诉诸缔约另一方的法院和其他主管民事和刑事案件的机关，有权在这些机关提出请求或进行其他诉讼行为。"也就是说，按照《中俄条约》的规定，在理论上，中国公民在俄享有与俄罗斯公民同等的司法保护权。这种对等的司法保护权也体现了国际上给予对方国家公民保护的对等原则。中俄两国提供司法协助的方式被该条约第 2 条规定。该条第 1 款规定"除本条约另有规定外，缔约双方的法院和其他主管机关相互请求和提供民事和

刑事司法协助，应通过各自的中央机关进行联系"。该条第 2 款规定"第一款中的中央机关，在中华人民共和国方面系指中华人民共和国司法部和中华人民共和国最高人民检察院，在俄罗斯联邦方面系指俄罗斯联邦司法部和俄罗斯联邦总检察院"。同样，中蒙两国签署的民事刑事司法协助条约，也规定了相似的内容。

在笔者看来，目前中俄、中蒙司法协助模式对我国域外公民的保护存在着保护不及时、保护力度不够和沟通途径不顺畅的缺陷。

第一，中国公民在俄罗斯和蒙古国遭受侵害时存在着保护不及时的问题。这有两方面的原因：一方面，在被侵害的对象是中国人的情况下，俄罗斯和蒙古国警方存在着事不关己的心理状态，与侦破受害人为俄罗斯人和蒙古国人的案件相比，在对待受害人是中国人的案件上，态度更加消极。另一方面，中国公民在遭受犯罪侵害后，往往选择息事宁人，而不是去俄罗斯或蒙古国警察局报案。这是因为在遭受侵害的中国人中，有一部分在俄罗斯或蒙古国从事某种违法行为，一旦到警察局报案，还有可能导致自身利益遭受更大损害，而且，在俄罗斯的外国公民一般不信任俄罗斯和蒙古国警察，往往担心一旦到俄罗斯及蒙古国的警务部门报案，反而使自己陷入更被动的情形。[1] 这一点从前述"奥西诺夫斯基"俄罗斯犯罪团伙侵害中

----

[1] 参见龙长海：《俄罗斯有组织犯罪的族裔化发展趋势及原因》，载《中国刑事法杂志》2014 年第 1 期。

国公民权益一案便可以得到印证。我国公民自 2007 年开始便在与满洲里毗邻的后贝加尔斯克市遭到该犯罪团伙的不法侵害，但最终直到 2010 年由满洲里市公安局出面，才将侵害中国公民的该俄罗斯犯罪团伙绳之以法。

上述两方面原因导致中国公民在俄罗斯和蒙古国遭受侵害后，不能及时得到权力机关的保护，其人身和财产处于遭受侵害的危险境地。当然，从另外一种意义上说，对中国域外公民保护的司法协助模式，存在着事后保护的问题。通常情况下，只有案件发生后，在俄罗斯和蒙古国的我国公民才会诉诸相应的国家司法机关。这也与司法权的性质有关。司法权就其本身的属性而言，属于消极被动性权力，遵循不告不理原则。在我国国内如此，在国外的法学理论上，也是如此。但我国公民在国外发生相关案件的情况下，因司法权保护的被动性问题，造成的后果也就变得更为消极。

第二，中国公民在俄罗斯和蒙古国遭受侵害时存在着保护力度不够的问题。部分中国公民在俄罗斯和蒙古国遭受到侵害后，也会选择向俄蒙两国的警务部门报案，但是，其结果往往是不了了之，往往是报案却不知处理结果如何。这一方面是因为大部分中国公民在俄罗斯或蒙古国停留的时间不长，还没等到俄蒙两国警方破案，中国公民已经回国。另一方面与俄罗斯和蒙古国警方的破案率有关。如前所述，俄罗斯和蒙古国的治安状况不佳，治安案件和刑事案件严重威胁着在俄罗斯和蒙古国的中国人的人身安全。在这种俄蒙治安状况恶化的大的社会背景下，俄罗斯和蒙古国警方疲于应对，当中国公民遭受侵害后，其对中国公民的保护力度不足也就可想而知了。也正是因为如此，正如上文我们看到的那样，中国公民在俄遭受犯罪侵害，尤其是遭受到中国公民实施的针对中国公民的侵害后，并不是积极地寻求俄罗斯司法机关的保护，而是向我国的公安机关求助。

第三，《中俄条约》《中蒙条约》规定的沟通途径不顺畅。按照上述两部条约的规定，司法协助应通过两国的中央机关进行联系。具体而言，我国是司法部和最高人民检察院，俄罗斯一方是俄罗斯联邦司法部及其总检察院，蒙古国一方则是蒙古国司法部或最高法院。然而，人身安全需要得到及时的保护，在发生刑事案件后需要及时侦破才能对潜在的犯罪分子形成威慑，以防止类似案件的再次发生。这种需要长时间、多部门配合的司法协助模式，在涉及保护公民人身和财产安全的权益时，就暴露出沟通渠道不顺畅、环节众多、效率低下的缺点。

因此，在涉及保护我国在俄公民的人身和财产安全时，必须有其他必要的措施。这种必要措施就是我国公安机关的及时介入。当然，我国公安机关在国外侦办案件并不是一种常态，而是例外。毕竟，公安机关的执法权会受到国家主权边界的限制。但在保护本国公民权益方面，公安机关的保障才是较好的选择。经过多年的努力，毗邻俄罗斯和蒙古国的我国公安机关探索出了一种对在俄罗斯和蒙古国的中国公民进行有效保护的警务合作模式。

（二）警务合作模式及其重要性

俄罗斯与我国接壤的区域主要是远东和西伯利亚地区。而恰恰是在与我国毗邻的俄罗斯上述地区，聚集着大量的中国公民。例如与满洲里毗邻的原赤塔州 "96% 的外国客人来自中国，4% 的外国客人来自世界上其他的 27 个国家。其中，66.5% 的外国人是以商务和做生意为目的"。[1] 在大量中国公民聚集于与中国毗邻的俄罗斯地区的同时，这里也发生了大量侵害中国公民的案件。2008 年，在俄赤塔州发生中国公民被侵害案件 58 起，被害人为 66 人。从 1998 年到 2005 年，在俄罗斯哈巴罗夫斯克边疆区、滨海边疆区、阿穆尔州、犹太自治州发生的比较严重的中国公民被侵害案件 380 余起。2005 年，全俄发生涉及中国公民的案件为 500 余起，而发生在俄远东地区涉及中国公民的案件有 268 起，占全部案件的一半以上；其中，滨海边疆区有 111 起，哈巴罗夫斯克边疆区有 67 起，阿穆尔州有 90 起。每年在俄罗斯远东地区发生的中国公民受侵害案件 400 余起。[2] 同样，蒙古国地处中俄之间，与我国陆路相连，中蒙边境地区两国人民来往密切。在蒙古国的中国公民也面临着遭受蒙古国违法犯罪的侵害。也正是因此，加强中俄蒙边境地区在俄蒙的中国公民人身财产安全的保护，具有极其重要的现实

---

〔1〕 刘文剑：《6 名同胞回国途中遇害》，载《青岛早报》2007 年 3 月 14 日，第 24 版。

〔2〕 上述数据参见靳会新：《中俄毗邻地区跨国犯罪问题及中俄警务司法合作》，载《西伯利亚研究》2010 年第 3 期。

意义。

应该指出，我国已经注意到与俄罗斯加强警务合作的重要性。1992 年 12 月中俄两国政府签署了《中华人民共和国公安部和俄罗斯联邦内务部合作协议书》。当然，俄罗斯内务部门也特别重视与国际社会一道，共同开展打击跨国犯罪方面的合作。[1] 在俄罗斯内务部门开展的国际合作中，与毗邻国家的公安机关开展合作占有重要地位。在俄罗斯学者看来，边境地区是保卫国家安全的重要一环。在边境地区开展警务合作对保卫国家安全意义重大。[2] 2006 年中俄两国在北京签署了《中华人民共和国公安部和俄罗斯联邦内务部关于建立打击跨国犯罪联合工作组的议定书》。中国公安部和蒙古国警察总局也建立了警务合作机制。2011 年 7 月 7 日，中国和蒙古国签署了《中华人民共和国政府和蒙古国政府关于打击犯罪的合作协议》。中俄、中蒙之间签署的警务合作协议，为进一步加强中俄、中蒙警务合作奠定了必要的基础。

内蒙古自治区满洲里市公安局自 1992 年以来，便与原俄赤塔州内务局、原阿金斯克布里亚特自治区内务局建立了警务合作关系。2006 年 7 月 27 日，内蒙古公安厅与赤塔州内务局在呼

---

〔1〕 Яковлева М. А. Международный опыт противодействия преступности в деятельности органов внутренних дел России//Вестник Санкт－Петербургского университета МВД России. 2019. №1.

〔2〕 Саркисов О. Р. Международное сотрудничество органов внутренних дел：правовое регулирование，практика взаимодействия//Вестник экономики，права и социологии. 2016. №3.

和浩特签署了《中华人民共和国内蒙古自治区公安厅和俄罗斯联邦赤塔州内务局警务会谈纪要》，2007 年满洲里市公安局与赤塔州内务局签署了《中国内蒙古满洲里市公安局与俄联邦赤塔州内务局警务会谈纪要》，2009 年内蒙古公安厅与赤塔州内务局签署了《中华人民共和国内蒙古自治区公安厅和俄联邦赤塔州内务局警务会谈纪要》，2012 年满洲里市公安局与后贝加尔斯克边疆区内务局签署了《中国内蒙古满洲里市公安局与俄罗斯联邦后贝加尔斯克边疆区内务局警务会谈纪要》。同样，黑龙江省公安厅也与其毗邻的俄罗斯地方内务部门建立了警务合作机制。中国与蒙古国毗邻的内蒙古自治区在各个层面与蒙古国警察机关保持密切联系。2016 年满洲里市公安局与蒙古国东方省警察局签署了《内蒙古自治区满洲里市公安局与蒙古国东方省警察署警务交流合作协议》。2017 年内蒙古自治区公安机关与蒙古国警察总局签订了《执法合作备忘录》，为加强刑事案件的侦破、确保双方在对方领域内公民权益的保护提供了依据。2018 年呼伦贝尔市公安局与蒙古国东方省警务部门签署了《呼伦贝尔市公安局与东方省警察局警务协作会谈纪要》。毗邻蒙古国的巴彦淖尔市等地公安机关，也分别与毗邻地区的蒙古国警察机关建立了定期会晤机制，共同打击违法犯罪活动。

可以说，中俄、中蒙边境地区警务合作的开展，极大地弥补了司法协助的不足。中俄、中蒙通过开展警务合作，可以更加及时、有效地保护在俄罗斯和蒙古国的中国公民的人身、财产安全。应该指出，在保护我国在俄公民权益的问题上，我国公安部门已经探索出一系列有效的具体措施。下文中，笔者将结合与俄罗斯和蒙古国毗邻的我国满洲里市公安局和黑龙江省公安部门保护在俄中国公民权益方面的成功经验进行论述。

三、中俄、中蒙边境地区警务合作的具体机制

通过分析内蒙古满洲里市公安局和黑龙江省公安厅与俄罗斯内务部门和蒙古国警察总局开展警务合作方面的相关材料，我们可以将中俄、中蒙边境地区警务部门的具体合作机制归纳为如下四个方面。

（一）建立顺畅的地方警务合作联络渠道

以满洲里市公安局为例，为与俄罗斯毗邻地区的警方建立紧密的警务合作关系，满洲里市公安局与俄罗斯后贝加尔斯克内务局在双方指定联络部门的协调下，建立了案件对口部门的直接联络渠道。同样，黑龙江省公安厅与其毗邻的俄罗斯地区的警务部门，也相应建立了专门的联络机构并设置专门的联络官。呼伦贝尔市公安局与蒙古国东方省警察局也计划在建立的联络机制框架下，在相邻的警务部门设立联络员，保持联络电话畅通，并建立局长热线，确保双方对接顺畅。2012—2014年，俄方法院审理前述的"奥西诺夫斯基"有组织犯罪团伙案时，需要中国的证人和被害人出庭作证。由于该案在俄罗斯赤塔市审理，一则路途遥远，花费大，二则中方的证人和被害人担心遭到俄方犯罪组织的报复，不想到赤塔市参与庭审。满洲里市公安局等执法部门与俄方积极协商，实现了中方人员在毗邻满

洲里的后贝加尔斯克市采用"视频作证"的方式参与庭审,最终将俄罗斯犯罪分子绳之以法,维护了中俄边境地区的安全与稳定。

应该说,这种中俄、中蒙边境地区警务部门设立直接联络的对口部门,为及时沟通处理涉及对方国家公民的相关案件起到了极为重要的作用。通过对口部门的及时联络,案件能够被双方警务部门及时关注和处理。这也为我国在俄公民的权益提供了保障。前文提到的满洲里市公安局侦破俄罗斯"奥西诺夫斯基"有组织犯罪团伙案中,中俄双方毗邻地区警务部门的联络机构和联络官在信息沟通、侦查组织、语言翻译等方面起到了非常重要的作用。

(二) 建立定期会谈会晤制度

这一制度在满洲里市公安局和黑龙江省公安部门与毗邻地区的俄罗斯警务部门的合作关系中有所体现。黑龙江省公安部门和俄罗斯远东联邦区的内务局每年举行一次部门领导人高层会晤,而且,在双方认为有必要的情况下,还可以举行非定期会晤。同样,满洲里市公安局与其毗邻的后贝加尔斯克边疆区警务部门也建立了这种定期的会晤机制。前文所述的满洲里市公安局与俄罗斯毗邻地区内务部门前述的相关纪要正是在这种双方公安部门领导人定期会晤时签署的。由于定期会晤的举行,中俄毗邻地区的公安部门领导人会根据会晤时的具体情况,及时修改中俄两国警务部门的警务合作事宜,调整双方警务部门的工作重点,并以纪要的形式签署,进而在双方警务部门具有执行的效力。双方警务部门的工作人员，根据会晤纪要开展工作。呼伦贝尔市公安局也计划与蒙古国东方省警察局建立定期的交流互访制度，争取实现每年两次互访，在确有需要的情况下，随时进行互访。中俄、中蒙之间建立的这种顺畅的交流机制，保证了中俄、中蒙边境地区警务合作的顺利开展。例如，2013 年 2 月 21 日，俄罗斯后贝加尔斯克边疆区内务局致函满洲里市公安局，请求协助查找俄罗斯公民古先措夫·阿纳托里·盖那基耶维奇的依据便是 2012 年 11 月 23 日俄罗斯后贝加尔斯克边疆区与满洲里市公安局签署的《警务会谈纪要》。[1]

（三）建立定期信息通报制度

中俄毗邻地区的警务部门，均建立了每月信息通报制度。这种信息通报制度的建立，为双方警务部门及时了解对方公民在国外的人身、财产权益状况提供了必要保障，也有利于双方掌控本国公民在他国违法犯罪方面的信息。满洲里市公安局与俄罗斯后贝加尔斯克边疆区内务局在每月 25 日前向对方通报其公民在本国领土上的犯罪及被害情况。当然，除这种定期通报外，还有不定期通报，特别是遇到紧急情况时进行紧急联络。这种信息的定期通报制度在满洲里市公安局和黑龙江省公安部门都已建立起来，实践中执行的成效也比较显著。呼伦贝尔市警方曾建议与东方省警方保持密切联系，当一方发出请求后，另一方要在最短时间内予以回应，以确保警务合作顺利开展。

---

〔1〕 案例来源于笔者到满洲里市公安局调研取得的材料。

（四）敦促俄罗斯边境地区的内务部门建立汉语报警业务

如前文所述，在俄中国公民最害怕的便是其人身、财产安全得不到保障。在中国的俄罗斯公民也有同感。为此，满洲里市公安局率先在与俄罗斯毗邻的满洲里市建立了俄语报警业务。2008 年末满洲里市公安局便开通了俄语 110 报警服务热线。2009 年又新增了俄语 110 流动报警车，在俄罗斯游客较为集中的路段 24 小时不间断执勤。据统计，自俄语 110 设立以来至 2009 年 4 月，满洲里俄语 110 共接警 200 余起，有效接警近 100 起，案件办结率达 90% 以上。[1] 在满洲里市设立了俄语报警业务后，满洲里市公安局一直与后贝加尔斯克边疆区沟通，争取在满洲里对面的赤塔市设立汉语报警业务。相信，如果在中国人较为集中的俄罗斯城市设立汉语报警业务，将会为在俄中国人的权益保障提供更为有效的帮助，能够为那些身在俄罗斯却不懂俄语的中国人提供及时的安全保护。

从上述中国毗邻俄罗斯地区警务部门与俄罗斯内务部门的合作经验看，由于我国警方积极参与对在俄中国公民的人身、财产安全的保护，极大地提高了中国在俄公民的安全感，也震慑了实施侵害的不法犯罪分子。习近平主席在 2014 年 4 月 15 日会见俄罗斯外长拉夫罗夫时便指出："中俄关系处在历史最好时期，并超越了双边范畴，不仅造福两国和两国人民，对世界和

---

〔1〕《俄语 110 流动报警车为俄罗斯游客提供零距离安全保障服务》，http：//www. manzhouli. gov. cn/Contents/Channel_223/2009/0409/8760/content_8760. htm，浏览日期：2014 年 5 月 8 日。

平与稳定也具有不可替代的重要作用。"[1] 俄罗斯总统普京指出："今天，中国稳居俄罗斯外贸伙伴的首位。2013 年，双边贸易额已经非常接近 900 亿美元，但这还远远没有达到极限。我们将努力实现贸易额 2015 年扩大到 1000 亿美元、2020 年扩大到 2000 亿美元的目标。"[2] 2014 年 5 月 20 日，习近平主席和普京总统在签署的联合声明中指出："继续努力推动双边贸易额在 2015 年前达到 1000 亿美元、在 2020 年前达到 2000 亿美元。""在双方共同坚定努力下，中俄关系已提升至全面战略协作伙伴关系新阶段。双方将保持和深化高层战略互信对话，提高现有双边政府、议会、部门和地方间合作机制效率，必要时建立新的合作机制，确保全面快速发展的务实合作、人文交流和民间交往取得更大成果，进一步密切协调外交行动。"[3] 中蒙两国的合作关系也日益密切，中国已经连续多年成为蒙古国的重要外资来源国和最大贸易伙伴国。中蒙两国之间的合作，也因习近平主席对蒙古国的访问而变得更加密切。

可以说，在中俄、中蒙合作水平进一步提升的背景下，我们应该进一步探讨中俄、中蒙边境地区的警务合作机制，以为我国在俄公民权益提供更为积极有效的保护。

---

〔1〕《中俄关系处在历史最好时期，要相互政治支持》，http：//news. 163. com/14/0416/07/9PUG3PQH00014JB6. html，浏览日期：2014 年 5 月 18 日。

〔2〕《普京访华前夕称中国是可以信赖的朋友》，http：//china. cankaoxiaoxi. com/2014/0519/390113. shtml，浏览日期：2014 年 5 月 19 日。

〔3〕《中俄关于全面战略协作伙伴关系新阶段的联合声明》，http：//news. xinhuanet. com/world/2014-05/20/c_1110779577. htm，浏览日期：2014 年 5 月 20 日。

四、结语

随着我国公民在海外人员数量的不断增长，海外不断出现侵害我国公民人身和财产安全的案例，这进而产生了如何保护我国海外国民的利益问题。这是我们国家的责任，也是我国综合国力提高的体现。我国与俄罗斯和蒙古国边境地区的公安部门在保护在俄中国人利益方面收获了一定的经验。中俄、中蒙警务部门在三国边境地区摸索建立的警务合作机制，将切实保护本国在对方国家公民的合法权益，打击违法行为，震慑犯罪分子，延长国家公权力对本国公民的保护范围，最终必将助力中蒙俄经济走廊建设的顺利推进。此外，中俄蒙三国边境地区省级边防部门也积极开展国际执法合作，建立了三边会晤机制、信息共享、联合行动、反恐演习等执法交流机制，先后开展了中俄"东方-2014"、中蒙"雄鹰-2015"、中俄"团结-2016"和中蒙俄"固边-2017"等联合执法演练，推动了三国边防部门的务实合作，提升了联合管控边境、联合打击跨境犯罪、防止国际恐怖主义的能力和水平。中俄、中蒙之间这些成功的警务合作经验，应该推而广之，以更好地打击跨国犯罪，保护我国域外公民的权益。在推广这些成功经验的同时，需要及时总结在与国外的警务合作过程中出现的问题并探寻这些问题的解决对策，为我国公安部与其他国家警务部门开展更为广泛和全面的我国域外公民权益保护工作奠定基础。

第七章 服务中蒙俄经济走廊合作的
卓越涉外法律人才之培养

推进中蒙俄经济走廊合作，离不开高素质人才的支撑。在推进中蒙俄经济走廊合作的高素质人才培养中，具有涉外能力的高水平法律人才是其中之一。在中蒙俄经济走廊合作的推进过程中，无论是在对俄罗斯和蒙古国法律制度的研究方面，还是在对司法合作、涉外律师服务、公证合作和警务合作等具体业务的开展方面，都需要通晓俄罗斯和蒙古国具体法律制度的卓越涉外法律人才。通过培养服务中蒙俄经济走廊合作的高素质卓越涉外法律人才，为我国企业和个人"走出去"服务，防范和化解各种可能的风险，对保障个人的人身安全和财产安全意义重大。应该说，我国教育界和法律界已经认识到培养卓越涉外法律人才的重要意义，并在实践中展开了一定的探索。这些有益的探索，为做好培养服务中蒙俄经济走廊合作的卓越涉外法律人才提供了经验支撑。

一、"一带一路"倡议与涉外卓越法律人才培养

(一)"一带一路"倡议对涉外法律人才的需求

在国家大力推进"一带一路"倡议的背景下，中国经济走出去越来越成为新常态。然而，走出去的中国经济，需要法律的保障。针对不同地区、不同国别培养不同需求的卓越涉外法律人才，也就成为确保中蒙俄经济走廊建设顺利开展的重要举措。国家已经意识到培养卓越涉外法律人才的对推进"一带一路"倡议的重要意义。具体到中蒙俄经济走廊合作，对外投资、收购、上市、反倾销调查和确保我国在俄罗斯及蒙古国公民的合法权益，涉外民商事案件审理、涉外公证等，都离不开高质量的涉外法律服务。这也为有针对性地培养适合"一带一路"沿线国家法律制度特点、有特色的涉外法律人才提出了新的要求。涉外法律人才的培养，是与我国当前的对外开放水平、对外经济活动和国家外交政策存在密切关系的。当然，在全球化进程中，如何平衡好教育国际化和本土化的问题，[1] 需要系统地研究。我国法律界已经认识到当代世界已经从强力之治向规则之治转变的历史进程，在国际社会治理中，法律规则将起到越来重要的作用。"在各国的关系中，文明的进展可以认为是从

---

〔1〕 Малько А. В.，Саломатин А. Ю. Юридическое образование в глобализирующемся обществе//Правоведение. 2017. №5.

武力到外交，从外交到法律的运用。"〔1〕培养既了解国际政治经济形势，同时又精通国际法律规则并具备一定外语水平的卓越涉外法律人才，就成为我国当代法学教育的现实课题。然而，"由于不熟悉有关国家和地区的法律及相关国际贸易规则，一些经贸合作项目经常为法律问题所困扰，产生了不必要的代价和损失，我国海外公民的人身和财产安全问题也日益凸显"。〔2〕"使领馆和经商参处协调处理的纠纷也不断增多，仅仅通过政治手段解决矛盾、纠纷，有时还面临着结果合法化的问题，效果并不理想。"〔3〕涉外法律人才不能满足我国改革开放现实需求的问题，已经引起了我国高层的充分重视。2020年4月17日，政协主席汪洋主持召开涉外法律人才方面的座谈会，指出当前我国涉外法律人才方面存在着"总量偏小、质量不高、经验不足等问题，不能适应高水平对外开放格局和日益多元化的涉外法律服务需求"。〔4〕为改变这种状况，司法部、教育部高度重视涉外法律人才的培养问题。司法部开展了针对律师的涉外法律培训，计划培养涉外律师领军人才。这一工作已经提上日程，进展情况也较为顺利。然而，这种针对现有法律人才的培养措

---

〔1〕 谷昭民：《中国开展法律外交的现状与发展趋势研究》，载《现代法学》2013年第4期。

〔2〕 张文显、谷昭民：《中国法律外交的理论与实践》，载《国际展望》2013年第2期。

〔3〕 谷昭民：《中国开展法律外交的现状与发展趋势研究》，载《现代法学》2013年第4期。

〔4〕《汪洋主持召开全国政协双周协商座谈会 围绕"建设高素质的涉外法律服务人才队伍"协商议政》，载《新华每日电讯》2020年4月18日，第2版。

施，具有极强的针对性，但在涉外法律人才的知识结构、外语水平、必要的人文知识素养和对象国历史文化的了解等方面，却存在一定的不足之处。很多知识并非能够迅速提高的。这也印证了"十年树木，百年树人"的道理。因此，从长远打算，为培养服务国家对外开放新格局、服务"一带一路"倡议所需的卓越涉外法律人才，还必须通过高等院校的专业法学院进行培养。这是解决涉外法律人才不足的根本举措。

(二) 当前涉外法律人才培养方面的不足

当前在培养涉外法律人才方面，从我国法学教育状况来看，还存在着"国际化水平整体较低，不能适应法学教育国际化和法律职业竞争国际化的需要，具有国际视野通晓国际规则、能够参与国际事务和国际竞争的国际法律人才严重不足"[1]的现实问题。这也恰恰是我国以往已在法律人才培养方面存在的缺陷之一。当前，我国的法学教育必须适应国家对外开放的现实需要，适应"一带一路"倡议的要求，为我国企业走出去服务，为海外的中国公民、企业合法权益的保障服务。可以说，"如何为国家培养更多的高质量国际化的法律人才是法学教育面临的一个重大而紧迫的任务"。[2] 也正是基于此，教育部、中央政法委员会联合发布的《关于实施卓越法律人才教育培养计划的

---

〔1〕 黄进：《卓越法律人才培养的目标、观念、模式与机制》，载《法学教育研究》2012 年第 1 期。

〔2〕 王利明：《卓越法律人才培养的思考》，载《中国高等教育》2013 年第 12 期。

若干意见》（以下简称《若干意见》）中明确提出，"把培养涉外法律人才作为培养应用型、复合型法律职业人才的突破口。适应世界多极化、经济全球化深入发展和国家对外开放的需要，培养一批具有国际视野、通晓国际规则，能够参与国际法律事务和维护国家利益的涉外法律人才"。无论是从司法部发布的文件，还是从教育部及中央政法委的指导性文件看，培养卓越涉外法律人才已经成为当前法学院校的现实课题。当然，在笔者看来，卓越涉外法律人才之培养，既关系到国家对外开放布局的顺利实现，也关系到法学院校人才的培养质量，更关系到法学学生的前途命运。当前，在我国法学院校中，人才同质化的培养现象非常普遍，造成了法学学生就业难的现实问题。这便导致了一种悖论，即，一方面法律人才培养呈现出一种供大于求的状况，另一方面为数众多的法律人才，却不能满足实践需要，尤其是涉外法律服务的需要。不论承认与否，经济要想走出去，法律制度必然也需要走出去。[1] 因此，紧扣中国的实践需要，在国家推行"一带一路"倡议背景下，把握住中蒙俄经济走廊的需求，探索一条切实可行的卓越涉外法律人才培养模式，便成为当前各大法学院校面临的一项迫切任务。

---

〔1〕 Мария В. З. Сравнительное правоведение и проблема интернационализации юридического образования вРФ: новые вызовы《Общества третьей волны》// Вестнник. Волгогр. гос. университета. Сер. 5, Юриспруд. 2016. №1.

二、涉外法律人才的标准及当前的几种典型培养模式

谈到如何培养卓越涉外法律人才问题时，实际上，我们需要首先回答什么样的法律人才，才能称得上是卓越涉外法律人才，然后才涉及怎样培养服务中蒙俄经济走廊的卓越涉外法律人才的问题。

（一）卓越涉外法律人才的标准

涉外法律人才标准的界定，是研究涉外法律人才培养模式的前提。当然，在界定卓越涉外法律人才之前，首先需要界定何为涉外法律人才？有学者认为，"涉外型人才，意在培养具有较强的外语能力和扎实的法学功底，未来能够在国际机构、涉外部门以及处理涉外法律事务的律师事务所工作的优秀人才"。"涉外型人才应当具备较高的外语水准和在国际事务中运用法律知识解决问题的能力，成为在国际交往中传达中国声音、表达中国立场、维护中国利益，并能够在国际场合自如交往的优秀人才"。[1] 王利明教授关于涉外人才的这一观点，在当前学界对涉外法律人才标准的界定方面较具代表性。按照这种观点，一个合格的涉外法律人才，要符合具有较强的外语水平和扎实的法学功底，并能够娴熟运用法律知识处理国际事务三个衡量标准。在上述标准中，外语水平和法学功底是基础，运用所学法律知识处理国际事务是关键。也就是说，涉外法律人才，在

---

〔1〕 王利明：《卓越法律人才培养的思考》，载《中国高等教育》2013 年第 12 期。

知识层面上需要具备良好的外语水平和扎实的法学功底，在实践应用层面上，则要求能够处理国际事务。如何能够在法学教育中达到涉外法律人才的上述三个标准呢？为培养涉外法律人才，法学院校能够做什么呢？在笔者看来，法学院校能够做的，恰恰是努力实现前两个标准，即良好的外语水平和扎实的法学功底。这两个条件，通过法学院校四年、七年或更长时间的专业教育，完全可能达到。但在具备上述两个知识层面条件的情况下，法律人能否解决国际事务，是需要在实践中进行锻炼的。具备良好的外语水平和扎实的法学功底，是处理国际事务的充分而非必要条件。法学院校能够做到的是，在对涉外法律人才的培养过程中，加强处理国际事务的课程训练，尤其是有针对性地开展所要培养涉外法律人才对象国的国情、传统、文化等方面的训练，以提升涉外法律人解决国际事务的能力。卓越涉外法律人才，实际上是对涉外法律人才的定语，是一种价值评价，是人才培养过程中应该达到的目标。至于一个涉外法律人才是否卓越，最终将由国家或市场针对涉外法律人才的工作业绩作出最终的评价。要培养卓越涉外法律人才，便应结合上述衡量涉外法律人才的三个标准展开。实际上，我国法学教育界已经按照上述标准展开了卓越涉外法律人才的培养工作，但具体模式各异。

（二）涉外法律人才培养的已有模式

我国当前有几种典型的涉外法律人才培养模式呢？有学者对我国当前主要法律院校存在的涉外法律人才培养模式进行了

总结，并认为主要有三种典型的涉外法律人才培养模式，即"理念强化型、实验班型和专门化培养型"[1]。这三种涉外法律人才培养模式，在法律人才培养目标方面相同，但也各具特色。

"理念强化型"试图培养教师、学生的国际化水平，进而带动学生向国际化的方向发展。这种培养模式的重点是加大英语授课力度，甚至聘请外教，直接用英语讲授部分法律课程。大力推动教师到国外知名法学院系访学、进修，开阔法学院教师的国际视野，提高授课和科研的国际化水平，并进而带动学生向国际化人才培养目标迈进。"理念强化型"的培养模式，是当前我国绝大多数法学院校采取的涉外法律人才的主要培养方式。这种培养模式，在某种程度上也符合教育部、中央政法委员会联合发布的《若干意见》的要求。《若干意见》中明确指出："加强国内法学院校与海外高水平法学院校的交流与合作，积极推进双方的教师互派、学生互换、学分互认和学位互授联授，积极利用海外优质法学教育资源，探索形成灵活多样、优势互补的卓越法律人才培养机制。"可以说，这种培养模式是被国家认可的、被广大法学院校充分采用的一套涉外法律人才培养模式。尽管如此，这种培养模式也存在着不足之处。"理念推进型"着力全面提升法学院的国际化程度，但其针对性及在具体人才的锻造方面可能相对较弱，并不专门为涉外法律人才成长提供特殊安排（如专门的课程体系和教师团队），而是重在学生国际

---

〔1〕 万猛、李晓辉：《卓越涉外法律人才专门化培养模式探析》，载《中国大学教学》2013 年第 2 期。

化意识的提升，学生主要经由自身的努力和意愿走向涉外法律人之路。"[1]这一评价较为中肯客观。仅对学生作观念方面的引领，有多少学生会最终选择成为涉外法律人才，还存在较大疑问。

"实验班型"是指在某一法学院内部，开设专门的以研究某一国家法律为主的授课班级。这种实验班层级比较多，既包括本科，也包括硕士。国内部分法学院校开设专门涉外法律人才培养的"实验班"也比较多。当前国内部分法学院校出现的"中欧班""英美法班""法学英语双学士班"等，都属于这种培养模式的典型代表。这种涉外法律人才培养模式，使法学和外语并驾齐驱，在设计理念上暗含了前述涉外法律人才标准的要求。因此，在国内涉外法律人才培养方面也应用得较为普遍。这种培养模式的特点在于受众面较小，选择的是精英化教育。

"专门化培养型"则是在几所以语言见长的大学中采用的涉外法律人才的培养模式。这种培养模式的特点在于举全院之力重点打造涉外法律人才，把涉外法律人才的培养作为法学院的主要任务。"涉外法律人才本科阶段培养，在课程设计、教学教法、教材选用等方面增加了国际化因素，特别是强化了一般外语和专业外语的应用，强化了外国文化、外国法和国际法内容的学习，事实上也是在某个方面拓展学生的人文视野，是一种

---

[1] 万猛、李晓辉：《卓越涉外法律人才专门化培养模式探析》，载《中国大学教学》2013 年第 2 期。

人文修养锻造的途径。"[1] "专门化培养型"依托的是所在院校的整体特色，采用全面的涉外法律人才培养路径，提升学生的国际化视野，造就卓越法律人才，是一种充分体现其法学院和所在大学特长的培养模式。由于这种模式全面突出涉外法律人才的培养，因此对学院师资和所依托学校的学科优势要求比较高，而且这种模式将培养重点放在涉外法律人才上，对一些地方院校而言，也不适合。

（三）对现有涉外法律人才培养模式的评价

上述三种涉外法律人才培养模式各具特色，各有所长。但在笔者看来，也都存在一些共性的问题。其一，上述三种模式中，无一例外地突出外语能力的培养。当然，是否具备一定的外语水平是衡量一个涉外法律人才的标准之一。但是，外语水平对涉外法律人才到底能够起到什么作用呢？有观点认为，外语"不是一切，而只是一道通向国际化的门槛，跨过去之前它很重要，似乎比其他任何东西都重要，可一旦跨过去之后，就没有什么大用处了"。[2] 笔者赞同这种观点。涉外法律人才培养的重点主要不在于外语水平的高低，而是法律素养。卓越涉外法律人才，首先要具备深厚的法律素养。在本科阶段大力发展涉外法律人才的培养模式中，加大外语能力的要求，有可能

---

〔1〕 万猛、李晓辉：《卓越涉外法律人才专门化培养模式探析》，载《中国大学教学》2013年第2期。

〔2〕 刘思达：《如何成为国际法律人才》，载《中国法律发展评论》2011年第5期。

导致学生将过多的时间投入到外语学习上，而非法律素养的基本训练上，进而出现舍本逐末的现象。这实际上与追求卓越涉外法律人才解决国际事务能力的要求，并非完全一致。其二，上述三种模式无一例外地认为，加大外语学习就可以提高学生的外语水平，并且在某些院校中直接开设以外语授课的某些课程。全英文授课课程或英汉双语授课课程，在各大法学院校授课过程中并不罕见。甚至能否开设英汉双语课程，在某种程度上已经成为法学院校授课水平的衡量标准之一。笔者对此不敢苟同。原因在于，外语仅仅是一种交流工具，而交流工具的学习和掌握更多需要良好的语言环境。在我国以往的语言教学中，更多的是一种应试教育而不是应用教育。这便造成了尽管国内相当一部分学生将大量精力投入到外语学习上，但最终还是有"哑巴外语"现象的发生。在涉外法律人才培养方面加大外语学习力度，动机良好但效果存疑。其三，用外语讲授专业课更是得不偿失。法学作为一门专业性强的学科，要求学生理解法的基本原理，即便是那些操母语学习法律的学生，对法律基本原理的掌握还比较吃力，更何况让学生用生疏的外语去学习。如此这般，对法律专业的学习效果也就可想而知了。"法律是一门本地性很强的学科，在中国的法学院里学美国法，只能学一点皮毛而已，在美国的法学院里学中国法也一样，无论是在哪里，最重要的都是要学好本国法。"[1] 笔者对上述观点深表赞同。

---

[1] 刘思达：《如何成为国际法律人才》，载《中国法律发展评论》2011 年第5 期。

我们可以把外国法的内容，作为开拓学生视野的辅助课程。对辅助课程的学习，自然以兴趣为主。那么，如何探索一种更为切合实际的涉外法律人才培养模式呢？笔者认为，国内各大法学院校要紧密结合自身的实际，推广"国内本科+国外硕士"的联合培养，这是一种较为合理的涉外法律人才培养模式。

三、"国内本科+国外硕士"涉外法律人才培养新模式之探索

培养法律功底扎实、外语能力突出的涉外法律人才是助推"一带一路"倡议的现实需要。具体到中蒙俄经济走廊合作方面，需要培养具备良好的俄语和基里尔蒙古文水平且法学功底扎实，具备处理俄蒙事务能力的特色法律人才。然而，这里必须清楚如下四个问题。其一，如何保证学生的法律功底扎实？其二，掌握何种外语语种？其三，如何提高外语水平？其四，如何才能做到熟练运用法律技能解决国际事务方面的实际问题？如果能够解决上述几个问题，就能够确保卓越涉外法律人才培养目标的实现。

（一）外语、法律与解决国际事务能力间的辩证关系

扎实的法学功底，必须用母语学习。当学生处于本科阶段时，重点是打好法学的根基，唯有如此，才能保证学生在将来的学习中具备坚实的基础。我们知道，时代在发展，社会在变化，人们的观念也会随之发生改变。世界上任何一个国家的法律都不可能是一成不变的，而是处于不断的发展变化之中。正所谓"变"为"不变"之道。法律的变是常态，不变才是例

外。尽管制定法在变化，但隐含于制定法背后的法理却具有相对的稳定性，也就是所谓的万变不离其宗。掌握了基本的法理、民事法律的基本精神和原理、刑事法律的基本规则等，可确保学生能够以不变应万变。这种法学基本原理的学习，恰恰需要用母语在国内的法科教育中完成。当前，国家大力推广卓越法律人才计划，按照新的卓越计划制定的培养方案，学生既能掌握基本原理，又能增强法学的实践能力，这是涉外法律人才培养之根基。

在上述三种典型的涉外法律人才培养模式中，掌握英语的人才为主，也包括德语、法语、日语等不同的类型。笔者认为，在大力推进涉外法律人才培养的计划中，应该考虑到当前"一带一路"倡议沿线不同国家，要有一批掌握沿线国家语言的高素质法律人才。在建设中蒙俄经济走廊时，就应该有熟练掌握俄语和基里尔蒙古文的法律人才作保障。毕竟在上述沿线国家，法律文本的制定是以自己国家的语言为载体的。也就是说，涉外法律人才语言方面的培养，应该充分考虑不同法学院校的特点，针对"一带一路"倡议沿线国家培养掌握不同语言能力的法律人才，在具备共性的涉外法律人才培养过程中，体现出涉外法律人才的特色。这种涉外法律人才的特色，恰恰是为国家推行"一带一路"倡议提供法律服务的人才保障。个性化的卓越涉外法律人才培养，满足的是实践中差异化的人才需求。这也是涉外法律人才多样化、多元化培养的必要路径。以内蒙古大学满洲里学院为例，这里毗邻俄蒙，对俄蒙的地缘优势，可以转化成语言优势，培养出的涉外法律人才也自然以掌握俄语或基里尔蒙古文为特色。

那么，如何保证培养出的涉外法律人才具备较高的外语水平呢？笔者认为，在本科阶段培养涉外法律人才时，某一门语言仅仅是基础，外语的教学不是重点。外语水平的提高应该放在国外实现。在笔者提倡的"国内本科+国外硕士"的培养模式中，外语学习主要放在了学生选择的相应留学国进行。让相应的涉外法律人才在具备了较强的法律知识后，再到对象国学习语言，体验对象国的国情、传统和文化，能够更快、更好地提升外语水平，尤其外语的应用能力。在熟练运用所学法律知识解决国际事务问题方面，学校能够提供的是知识讲授和能力培养。在确定卓越涉外法律人才对象国的情况下，必须有针对性加开有关对象国国情、历史、传统、文化等方面的课程。这可以让学生有准备地了解对象国，为其步入社会、走上工作岗位做好准备。当然，学生最终能够灵活运用所学知识和技能解决实际问题，需要在完成上述学业后，在实践中逐渐掌握。毕竟法律是一门实践学科，没有经过实践的锤炼，不可能成长为真正的理论与实践相结合的卓越涉外法律人才。

(二)"国内学士+国外硕(博)士"的涉外法律人才培养模式

按照上述培养卓越涉外法律人才的思路，实际上，在本科阶段，应该加强学生对本国法律的学习，重在培养学生具备良好的法律素养和解决实际问题的应用能力。与此同时，有针对性地适当培养学生学习对象国的语言，为学生跨出国门、到某一国家学习，奠定一定的语言基础即可。等学生到对象国学习后，再进行语言水平方面的培养，更容易提升学生的外语水平和语言应用能力。同时，由于学生已经掌握了法律的基本原理，运用对象国的语言学习对象国法律时，也更容易学懂对象国的法律制度。同时，本科毕业后，通过在对象国的学习，还可以提升学生的学历。这种卓越涉外法律人才的培养模式，笔者将之概括为"国内学士+国外硕（博）士"的培养模式。当前，在内蒙古大学满洲里学院已经进行了这种人才培养模式的尝试，亦已取得部分成绩。满洲里学院越来越多的非俄语专业学生和俄语专业学生到俄罗斯攻读硕士学位，就是对学院人才培养模式的一种肯定。满洲里学院需要在现有特色人才培养模式的基础上，继续完善特色人才培养模式，为服务中蒙俄经济走廊合作贡献力量，为呼伦贝尔中俄蒙合作先导区建设，为满洲里国家重点开发开放实验区建设贡献力量。按照这一涉外法律人才的培养模式，由于学生接受了系统的国内法学教育，其中包括实践课程方面的训练，已经掌握了实践所需的基本技能。这种培养方式是一种更为便捷、实际的卓越涉外法律人才培养路径。

那么，如何具体推行"国内学士+国外硕（博）士"的卓越涉外法律人才培养模式呢？笔者以内蒙古大学满洲里学院的实践为例进行阐述。

第一，留学对象。按照"国内学士+国外硕（博）士"的涉外法律人才培养模式，针对法学专业四年级学生出国进行语言培训。法律系学生大四之前，基本上可以修完全部的本科教学培养计划任务，完成专业必修课及专业选修课和通识教育必修课及选修课的教学计划，并获得相应的学分。在大四阶段一般只需撰写学位论文，其他在大四开设的几门选修课，可允许学生在大三时与其上一届学生一起完成。这样可以保证学生在大四时，只需完成学位论文即可。学位论文可以由指导老师通过网络，以邮件、视频等方式对学生进行远程指导。完成毕业论文后，学生只要按照学校的教学要求，回国参加答辩或进行网上答辩即可。并且，按照内蒙古大学满洲里学院的课程设计，学生在大学一到三年级，已经打下了一定的俄语或基里尔蒙古文基础。因此，大三结束后即出国参加语言培训，不会对学生本科课程的学习造成影响，而且还为学生提供了充足的专门学习语言的时间，为其本科毕业后，顺利进入俄罗斯或蒙古国高校从事硕士课程的学习打下了坚实的语言基础。

第二，去俄罗斯或蒙古国时间。学生去俄罗斯或蒙古国学习的时间通常为每年的 9 月末。这是由以下两个因素决定的。一是按照司法部的规定，大三结束后，学生便可参加统一法律考试。国家统一法律考试的时间大致在每年的 9 月中旬。法律考试对每一个法律人而言，有着极为重要的作用，即便是出国学习的法科学生，也应该通过该考试，为将来选择从事法律职业获得基本的入门资格。二是俄罗斯和蒙古国高校一般在 9 月份开学，这样也兼顾了俄罗斯和蒙古国高校的开学时间。可以说，把去俄罗斯或蒙古国学习的时间定在每年的 9 月末，是对多种因素综合考虑的结果。

第三，"国内学士+国外硕（博）士"涉外法律人才培养模式的实现，需要开课学院和学校的鼎力支持。为此，需要在如下三个方面下功夫。

一是提升学生的学习意愿。学生是否愿意通过本科的学习获得本科毕业证后，继续到俄罗斯或蒙古国进行学历深造呢？对此问题，笔者组织了专门的调研。就"学院探索'专业+俄语'的人才培养模式，经过几年实践，已经有部分非俄语专业学生去俄罗斯攻读研究生，你是否也有这方面的打算"这一问题，参加问卷调查的学生有 604 人，其中有 155 人回答"可以想想，但不知怎么去"，有 111 人回答"感兴趣，希望有机会去俄罗斯读书"。两项加起来，共有 44% 的学生，实际上有去俄罗斯继续提升学历的意愿。这一数字已经不少，毕竟，到俄罗斯或蒙古国攻读硕士或博士学位，目前还不是我国海外留学的首选目标。但是，随着中蒙俄经济走廊合作的顺利推进，中蒙俄之间的各项联系日益紧密，中国和俄罗斯及蒙古国的高等教育合作也更加频繁。培养懂得对方语言，了解对方传统、文化，并能够掌握一定专业技能的人才，必然是顺利推进中蒙俄经济走廊合作的关键。处于本科阶段的学生，还很难有明确的未来职业发展规划。能够有 44% 的学生有去俄罗斯学习的意愿，数量已经不少。作为法律人才培养基地的法学院校，学校需要为学生讲解国家的对外政策，让学生将其个人的职业发展规划和国家的发展趋势结合起来，才能够达到双赢的目的。从这个意义上说，如果有较好的职业发展前景并存在着较为可能的学历提升空间，鼓励法学专业的学生在本科毕业后到俄罗斯或蒙古国留学是完全现实的。

二是适当调整法律专业的课程设置。为了让学生利用大四的时间去俄罗斯或蒙古国提升语言水平，在课程开设方面，学校尽可能把必修课和选修课排在大三之前，并让打算出国留学的学生，在大三时将大四开设的选修课程提前修完。这需要法律系和学校政策上的支持，为涉外法律人才的培养模式"开绿灯"。这一点，从当前我国大学本科实行弹性学制的教育制度看，已经不是问题。学校鼓励有条件的学生可以申请提前完成学业，同时也允许不符合毕业条件的学生适当延长学习周期，当然，一般而言，本科最长学习时间不能超过 6 年。

三是加大学校的政策支持。"国内学士+国外硕（博）士"涉外法律人才培养模式的实现，需要学校在人才培养方案上予以鼎力支持。具体而言，首先，学校外事处要广泛联系俄罗斯和蒙古国的著名院校，为学生提供最为优越的语言学习环境，同时也要考虑该院校的法科水平，进而选择适合学生本科毕业后能够继续深造的院校。我们的经验是，学生在某一学校学习语言后，往往会选择该校继续考取的研究生，提升自己的学历水平。其次，为学生争取最优越的学习条件。尽管国家有支持学生出国学习的奖学金，俄罗斯每年也为中国学生赴俄罗斯学习提供一定的政府奖学金名额，但这种公费留学的名额毕竟十分有限。学校一方面要在国内积极争取获得公费名额的机会，另一方面要与俄罗斯高校进行积极联系，争取给前去学习的学生创造最为优越的学习条件。具体包括，确保俄罗斯或蒙古国方高校配备的师资质量，合理安排课程，按照达成的协议适当减免学费，提供较好的住宿条件，为学生在俄罗斯或蒙古国学习期间的安全提供保障等。也就是说，要为学生选取性价比最高的俄罗斯和蒙古国法律院校，并就相应的培养模式签订专门的合同，为学生争取最大的利益，同时也保证其学习的效果和质量。最后，学校公共选修课程的开设要突出俄罗斯和蒙古国方面的特色。在国家提升开放水平的现实下，涉外法律人才实际上需要更多地学习和了解国外的知识。甚至，对所有的当代大学生而言，"需要比他们的前辈了解更多有关国际事务、国外文化的知识"。[1] 因此，在培养服务中蒙俄经济走廊涉外法律人才方面，必须有针对性地突出有关俄罗斯和蒙古国内容的课程设置。这种特色化的课程设置是与中蒙俄经济走廊合作的现实需求相一致的。大学教育体系很难让学生去了解较多的国外知识，我们能够做到的是有针对性地培养法律人才学习某一国家的国情知识。因此应开设俄罗斯和蒙古国文化、政治、历史、国情等相关的课程，帮助学生在去俄罗斯和蒙古国之前便已经对俄罗斯和蒙古国有所了解，并能够尽快地融入到俄罗斯和蒙古国的社会中。

---

〔1〕〔美〕博克：《回归大学之道》，侯定凯等译，华东师范大学出版社 2012 年版，第 50 页。

四、结语

在推进中蒙俄经济走廊合作的过程中，要加大法律的保障力度，就必须关注卓越涉外法律人才的培养问题。为与蒙古国和俄罗斯的合作项目在法律的范围展开，必然需要熟悉蒙古国和俄罗斯法律的涉外法律人才。这些通晓蒙古国和俄罗斯法律制度的涉外法律人才，可以避免项目的盲目建设，并确保在法治的轨道内妥善处理纠纷、化解矛盾分歧。这些卓越涉外法律人才，最终需要我国专业法学院校进行培养。通过各院校结合自身实际开展卓越涉外法律人才培养的实践，一定能够培养出一批能讲好中国故事、能运用法律手段处理国际事务的卓越涉外法律人才。上述"国内学士+国外硕（博）士"卓越涉外法律人才培养模式的推行，是对卓越涉外法律人才培养模式的新探索，是在充分结合各个学院的地缘优势、学科优势的基础上提出的较为合理的培养路径。这一模式可以在国内相关法学院校推广。笔者相信，该模式的成功推行，一定能够为国家"一带一路"倡议的实施培养出更多元、知识结构合理、实际应用能力较强的卓越涉外法律人才。

第八章 以软法合作推进中蒙俄经济走廊建设

在以法律保障中蒙俄经济走廊合作顺利推进过程中，必须正视中蒙俄三国之间法律制度方面存在的差异，且这种差异在短时间内将难以弥合。司法合作、涉外律师业务、公证业务和警务合作等，均是从外在方面探寻顺利推行经济走廊合作的法律服务举措。这些举措的提质增效，当然能够为经济走廊合作起到良好的推动作用，但探寻一种内在的、可以从根本上弥合中蒙俄经济走廊合作的制度保障，也是必不可少的选择。尽管这种弥合中蒙俄经济走廊合作法律制度差异的内在措施的推进，必将是一个较长的过程，但确是在实践中必须认真对待的有效路径。

一、中蒙俄经济走廊建设正式制度中硬法保障的难题

以法治化确保"一带一路"倡议的顺利实施已经是我国法

学界的共识。[1] 同样，以法治保障中蒙俄经济走廊建设的深入推进，也将是不二选择。

以俄罗斯刑法典为例，从 1996 年通过俄罗斯刑法典，到 2017 年时，俄罗斯刑法典已经满 20 年。在俄罗斯刑法典生效的 20 年时间内，一共有 195 个俄罗斯联邦法律和 7 个宪法法院决议对其刑法典进行了修改。在俄罗斯刑法典存在的 20 年时间内，平均每一个半月，就会对其进行一次修改和补充。[2] 当然，造成俄罗斯法律频繁修改的原因是和苏联解体后，俄罗斯社会的转型进程存在关系的。法律源于社会生活，转型时期的俄罗斯社会政治、经济基础尚不稳定，俄罗斯国家需要不断地修改法律以适应俄罗斯社会的变化。这是俄罗斯法律频繁修改的根本原因。

苏联解体之前，蒙古国的法律受到了苏联法的强烈影响。蒙古国巨大的社会变迁，导致其法律同样出现了极度的不稳定现象。其直接后果是，蒙古国的法律快速修改变化，令投资人的可预测性下降。以蒙古国的《矿产资源法》为例，1994 年、1997 年和 2006 年蒙古国三次颁布《矿产资源法》。2006 年 7 月生效的《矿产资源法》又已经经过了 10 多次的修改，"其中

---

〔1〕 参见蒋安杰：《专家学者纵论"一带一路"法治思维与法律服务》，载《法制日报》2015 年 12 月 23 日，第 11 版。

〔2〕 Габеев С. В., Чернов А. В. 20 лет действия уголовного кодекса Российской Федерации: основные итоги законотворческого процесса//Вестник Восточно-сибирского института МВД России. 2016. № 4.

2010 年、2011 年和 2014 年每年修改 2 次"。[1]

中蒙俄经济走廊合作涉及中蒙俄三国，仅仅依靠正式制度中的"硬法"来保障合作项目的顺利推进，存在着非常大的困难，仅仅通过正式制度中的"硬法"来实现济走廊建设目标，在实践中难度极大。

这种正式制度中的"硬法"对中蒙俄经济走廊项目保障困难之原因有二。其一，"硬法"本属于国家立法的范畴，需要国家立法层面的协调。而各个国家会基于本国的国情，会对自己属于正式制度的"硬法"进行相应的修改。尽管国际因素对一国国内立法会产生一定的影响，但这往往不是决定本国立法的主要因素。中蒙俄三国间作为正式制度的"硬法"对接，存在着极大的困难。其二，正式制度要想在实践中发挥作用，还必须依靠非正式制度的支撑。在没有形成自发性服从的情况下，"政府靠强制在任何时候最多只能执行全部法律规范的 3—7%"。[2] 因此，要促进中蒙俄经济走廊建设的顺利推进，在正式制度保障乏力的情况下，必须考虑非正式制度的供给问题。

二、中蒙俄经济走廊建设的非正式制度供给

为推进中蒙俄经济走廊建设，提供非正式制度供给就成了

---

[1] 李晓妹等：《蒙古国矿业投资风险与合作前景》，载《中国矿业》2017 年第 11 期。

[2] ［德］柯武刚、史漫飞：《制度经济学：社会秩序与公共政策》，韩朝华译，商务印书馆 2000 年版，第 167 页。

必然选择，也是确保中蒙俄三国经济走廊合作顺利进行的长治久安之策。通过为中蒙俄经济走廊建设提供充足的非正式制度供给，促进中蒙俄三国的民心相通，进而能够增进中蒙俄三国民众间的互信。中蒙俄三国民间的信任，又必然会反过来促进中蒙俄三国正式制度的对接。诚如经济学家诺思所言："嵌入在习俗、传统和行为准则中的非正式约束可能是刻意的政策所难以改变的。"[1] 因此，为中蒙俄经济走廊建设提供充足的非正式制度供给，便成为以制度保障中蒙俄经济走廊建设的基础性要素。

非正式制度对人们的行为起到了潜移默化的作用。人们的行为很大程度上是非正式制度作用的结果。因此，制度经济学认为，"所有层次的外在规则都应恰当地符合社会的内在规则"[2]，否则正式制度便很难得到民众的认同。

结合生活实际，就很容易理解非正式制度在对人行为规范方面的意义。我国《婚姻法》规定，孩子可以随父姓，也可以随母姓。这是男女平等原则在婚姻法上的重要体现。但是，事实上，在父权主义的影响之下，在短时间内根本无法消除孩子随父姓的强大惯性。孩子随父姓的强大观念，让新生儿父母不假思索地选择孩子随父姓。如果出现孩子随母姓的情形，往往

---

〔1〕 ［美］诺思：《制度、制度变迁与经济绩效》，杭行译，上海人民出版社2014年版，第7页。

〔2〕 ［德］柯武刚、史漫飞：《制度经济学：社会秩序与公共政策》，韩朝华译，商务印书馆2000年版，第167页。

会被社会公众认为，这是在问题家庭才存在的现象。非正式制度对人们行为的强大影响，不仅在我国存在，在美国和俄罗斯也一样。同样，《俄罗斯民法典》第19条规定了夫妻双方都享有姓名权。《俄罗斯家庭法典》第32条也规定，在结婚时，夫妻双方可根据自己意愿，将其中一方的姓作为共同的姓氏，或者夫妻双方都保留自己的姓氏。但是实践中，俄罗斯人在结婚时，女性基本上都选择了丈夫的姓，作为自己的姓氏。这种女性嫁人改姓的传统力量，在以美国和俄罗斯为代表的西方国家非常强大。这种强大力量的背后，恰恰是非正式制度发挥着规范人们行为的重大作用。对于生活中的这种现象，仅仅从正式制度规范的角度来解释，已经变得苍白无力，而非正式制度约束恰恰是一种虽然看不见、但可以被感知得到的力量。这种非正式制度，获得了人们发自内心的认同，进而实践中这种非正式制度的效力，甚至能够超越以国家强制力为后盾的正式制度。在推进中蒙俄经济走廊建设进程中，强大的民意基础将成为三国经济走廊共建的现实基础。因此，要保障中蒙俄经济走廊建设的顺利推进和长期效果，在以国家强制力为保障的正式制度得不到有效实施的情况下，必须从非正式制度对接的层面做长期打算。这样，在共建经济走廊过程中，既考虑到了三国间正式制度的保障，更有作为正式制度基础的非制式制度提供的民意支持，方能形成三国经济走廊合作的长效机制。

正式制度与非正式制度对中国企业在国外的经营活动产生了重要影响。我国经济学界也从正式制度与非正式制度之别的角度研究我国企业的海外投资问题。吴晓波等学者便认为，制度差异性导致我国企业对海外市场做出不同选择，"正式制度距离差距越大，企业越可能选择独资的进入模式；反之，企业越可能选择合资的进入模式"。〔1〕赵家章、池建宇则探讨了非正式制度对中国与相关国家的国际贸易的影响因素。作为一种非正式制度的信任，与中国相关国家的贸易之间呈现出正相关的关系。为了增加信任，必须改革国内法律，使之符合国际规则，并尽可能通过中介组织起作用，减少国家干预。〔2〕

　　信任不足是造成中蒙俄经济走廊建设进展不顺的重要原因。通过增强非正式制度供给，能够增进中蒙俄三国民众的互信。但是，中蒙俄三国民众互信的提升，恰恰需要一个较长时间的接触过程，需要民众之间有着深入的了解，相互之间存在良好的互动。在中蒙俄三国民众互动过程中，确保良好制度的运转，恰恰"是为了降低人们互动中的不确定性"〔3〕。由于非正式制度是由习惯、习俗、意识形态等要素构成，要想实现中蒙俄三国非正式制度的对接与融合，将是一个极为漫长的过程。这显然与当前推进中蒙俄经济走廊建设的步伐不符。因此，探索尽

---

〔1〕 吴晓波等：《正式制度距离与非正式制度距离对海外进入模式影响—来自中国跨国企业的经验研究》，载《浙江大学学报》（人文社会科学版）2017 年第 5 期。

〔2〕 赵家章、池建宇：《信任、正式制度与中国对外贸易发展——来自全球 65 个国家的证据》，载《中国软科学》2014 年第 1 期。

〔3〕 ［美］诺思：《制度、制度变迁与经济绩效》，杭行译，上海人民出版社 2014 年版，第 29 页。

快促进中蒙俄经济走廊建设非正式制度对接的有效路径，进而提升中蒙俄民众的互信程度，恰恰是当务之急。作为正式制度构成要素的软法，恰恰具备易于操作的特点，虽没有硬法的国家强制力的"硬"保障，却具有硬法所不具有的有效性的实现方式，是尽快提升中蒙俄民众互信水平、促进中蒙俄经济走廊建设的有效路径。

三、中蒙俄经济走廊建设过程中软法的优势

我国学界认为，为顺利推进"一带一路"倡议，应主导建立"多层次"的法律保障机制。既"需要有法律约束力的条约，也需要无法律约束力的非正式协议"。[1] 这种观点无疑为持续推进中蒙俄经济走廊建设提供了新的思路。早在 20 世纪 80 年代，我国学者便关注国际经济合作中软法规则的运用。李泽锐教授便认为，软法是发达国家对第三世界争取立法权的斗争，第三世界国家也应该加强对软法的研究，以便让软法为己所用，"以其人之道还治其人之身"。[2] 属于法的范畴的软法，也是属于中蒙俄三国可以利用的且能够驾驭的资源。因此，与非正式制度供给的不可控性相比，中蒙俄三国的软法合作更具有可控性和效率性，能够有效地提高中蒙俄三国民众习俗、习惯和意

---

〔1〕 韩永红：《"一带一路"国际合作软法保障机制论纲》，载《当代法学》2016 年第 4 期。

〔2〕 李泽锐：《略论国际经济软法与建立国际经济新秩序的斗争》，载《法学研究》1983 年第 6 期。

识形态的融合进程。通过中蒙俄三国的软法合作，可以提高中蒙俄三国制度的对接过程，提升经济走廊建设的推进速度。

软法这一概念来源于国际法学，在某种程度上，该概念用以解答国际法何以得到遵守的问题。从引入软法概念后，我国学界也是在国内法和国际法层面研究软法问题。当前，我国学界在软法的概念问题上，还存在着较大争议。罗豪才教授提出的、软法是指"那些效力结构未必完整、无需依靠国家强制保障实施、但能够产生社会实效的法律规范"[1] 这一定义，在国内学界具较强的代表性。从国际法层面看，学者们从制定主体、功能等不同视角对软法进行了界定，进而归纳出软法具有制定主体多元、欠缺国家强制力、依赖主体的自愿参与和共识产生约束力等特征。[2] 俄罗斯学界对国际合作层面发挥软法的作用问题也进行了较为深入的研究。俄罗斯学者别兹博罗多夫便认为，在国际交往中必须强化软法的作用。[3]

· 软法是与传统的依靠国家强制力保障实施的"硬法"相对而言的，与非正式制度相比，软法也属于法的范畴，具备法律规范所具有的必要要素。正是基于此，软法区别于非正式制度。

---

〔1〕 罗豪才、宋公德：《认真对待软法——公域软法的一般理论及其中国实践》，载《中国法学》2006 年第 2 期。

〔2〕 参见韩永红：《"一带一路"国际合作软法保障机制论纲》，载《当代法学》2016 年第 4 期。

〔3〕 参见 Безбородов Ю. С. Концепция Мягкого права в доктрине и структуре международного права // Российский юридический журнал. 2004. №4. С. 69。

与作为正式制度的硬法相比，软法不具有国家强制力保障实现的硬约束，但却有依靠自愿服从而产生的软约束。这种软约束力，恰恰是软法以柔克刚的表现。一般而言，软法具有无法律强制约束力和能产生一定的实际效果两个共性。[1] 软法概念的提出和广泛运用，解决了义务如何生成及如何才能得到非强制性遵守的问题。从规范性、强制性和常规性这三个要素看，软法已经具备法的必备要素，进而我们会认为软法也是法。在上述三个要素中，"构成软法根本属性的是常规性"，"常规性强调的不是如何通过强制力使法律命令获得服从，而是如何令法律规范获得习惯性服从"。[2] 这种习惯性服从来自于行为参与方对某种规范的认可，进而将对这些规范的遵守变为习惯。可以说，尽管软法无国家强制约束力，但软法却是建立在各方自愿参与和共识基础之上的，这便为相关参与方提供了行为的预期。因此，中蒙俄经济走廊建设过程中的软法是指中国、蒙古国和俄罗斯三国政府、毗邻地区国家权力机关、各行业、团体制定的，意在形成共识、确保经济走廊建设规划得以实施的不具强制约束力但能产生实际效果的双方或多方纲要、备忘录、标准、宣言等规范形式。

在这一对软法的界定中，软法主体的范围非常之广，既可以是中蒙俄三国政府及相关部门，也可以是地方权力机关、行

---

〔1〕 Берлингуэр А. 《Мягкое право》 против 《жетского права》 в Европейском союзе // Современное право. 2012. № 12. С. 119.

〔2〕 张龑：《软法与常态化的国家治理》，载《中外法学》2016 年第 2 期。

业、团体等。只要是上述主体达成的、旨在促进中蒙俄经济走廊建设的、意在形成共识又不具强制约束力的规范性文件，均可列入中蒙俄经济走廊建设的软法范围之列。

中蒙俄经济走廊建设过程中的软法具有如下几个特点。

第一，制定主体多元。可以达成软法规范的既可以是代表中蒙俄三国中央政府的职能部门，也可以是三国毗邻地区的地方政府或开展合作关系的地方政府，还可以是为促进区域经济一体化的实现、促进三国经济发展的各行业、部门和团体。主体多元是由中蒙俄经济走廊建设的目标决定的。区域经济一体化是大的战略目标，在这一战略目标之下，需要实现七大领域的务实合作，最终促进民心相通。因此，在中蒙俄经济走廊软法构建过程中，其参与的主体必然极具代表性。

第二，软法形式多样。制定软法的最终目的是在中蒙俄三国间寻求共识，为进一步合作奠定思想基础。鉴于中蒙俄三国构建经济走廊建设的软法主体具有多元性，制定的软法形式必然具有多样性。具体的软法可能为宣言、行动计划、合作纲要、谅解备忘录、行业标准、知识产权保护行动计划等不同的表现形式。最终，三国间达成的软法到底采用何种形式，要依据制定软法的主体和软法的具体内容而定。

第三，构建的软法不具有强制约束力，但具有实际效果。这一点和软法的基本特征是相同的。由于中蒙俄三国处于平等地位，三国间达成的软法协议并无强制执行机构保障实施。中蒙俄经济走廊建设是一个长期的过程，不可能一蹴而就。为在平等的三国间深入推进经济走廊建设，便应在已形成共识的基础上具体开展建设工作。在这种情况下，三国间达成的经济走廊建设方面的软法协议，最终不具有强制保障实施的约束力。尽管不具有强制约束力，但因经济走廊建设的软法协议更多地表现为三国政府和其他机构组织就某一方面问题达成的共识，进而在这种共识、共同观念的指引下，也能让中蒙俄三方的企业、机构、团体和普通公民形成对某一行业或项目的认同，进而能够最终促进经济走廊建设的顺利开展。

第四，软法构建具有终极目的性。尽管所构建的软法不具有强制执行的约束力，但三国间达成的涉及内容范围广泛的软法，必将逐渐地转化为经济走廊建设参与方的行动，最终推动经济走廊建设。在这一过程中，逐渐地发现问题与不足，经过三方的会谈、协商予以逐步解决，其最终目的是形成具有强制执行力的多边国际条约。条约具体的执行机构也可以通过软法规范的完善、在总结实践经验的基础上逐步地予以建构。

中蒙俄经济走廊建设源于三国元首达成的共建共识。经济走廊建设自始，便具有典型的顶层设计的特点。这也决定了建设中蒙俄经济走廊的相关协议必是中蒙俄三国共同签署的，这些协议属于国际法的范畴。由于国际法是平等主权国家签署，在执行方面不能像国内法那样由国家强制力予以保障。因此，已经达成的国际法如何得到遵守便是一个迫切的问题。国际法遵守理论认为，确保国家遵守国际法的因素有利益、观念、规范、声誉等多重动因。在中蒙俄经济走廊合作过程中，存在着诸如文化传统、价值理念以及合作利益和履约能力等方面的诸多不确定因素，一旦出现纠纷，很难采用像国内法确保协议履行的国家强制执行方法。进而，确保三国经济走廊建设的协议获得民众认同便成了这些协议能够得以实施的重要人文保障。确保中蒙俄三国人民"民心相通"不仅是经济走廊建设得以顺利推进的重要条件，也是确保三国遵守达成的建设中蒙俄经济走廊协议的重要推动力量。

我国学界已经对软法在促进区域经济一体化过程起到的积极作用予以充分关注。具体的研究成果可分为促进国内区域经济一体化和国际区域经济一体化两部分。就国内区域经济一体化而言，部分学者关注了国家强力推进的长三角经济带、环渤海经济圈、京津冀一体化、泛珠三角经济合作区建设过程中软法所起到的积极建构作用，并认为，与"硬法"相比，软法具有节约法治成本、更能体现民主协商性、具有创新性和实验性的制度优势。[1] 部分学者研究了在国际区域经济一体化过程中软法的重要作用。例如，欧盟为解决其成员国构成的多样性与欧盟自身需要的统一性的矛盾，充分允许各国根据本国的国情，尊重彼此间的差异性"以更好地达成趋同的目标"[2]的开放协调机制。在欧盟的建设过程中，软法在某种程度上起到了不可

---

〔1〕 参见官欣荣：《"泛珠"区域软法构建论纲———以优化"泛珠"资本市场生态为中心》，载《法治论坛》2010年第1期。

〔2〕 朱贵昌：《开放协调机制———欧盟应对成员国多样性的新治理模式》，载《国际论坛》2010年第3期。

替代的作用。同样，苏联解体后成立的独立国家联合体为了保障独联体国家法律的协调，也制定了一系列的示范法典。例如，1996年2月17日，独联体国家便通过了"示范刑法典"。同样，独联体国家在民事立法、程序立法等领域，也通过了相应的示范法典。这些示范法典的制定，既尊重了独联体国家成员的立法主权，尊重各个国家的实际情况，同时也保障了独联体国家法制的协调性，进而从制度上保证了独联体国家的凝聚力和向心力。在推进中蒙俄经济走廊建设过程中，这种国际软法的作用尤其应引起我国政府和学界的重视。

在中蒙俄经济走廊建设过程中广泛适用软法规范，有助于中蒙俄三国政府、相关行业和部门形成共识，能够保障中蒙俄三国人民对该经济走廊合作意图的理解和认同。俄罗斯学者指出，尽管国际软法无强制约束力，依靠自愿来履行，但由于国际软法具有一定的权威并体现了现代社会关系调整的特点，进而在国际体系中，在制定国内法律和法规时，往往要给予国际软法极大的关注。俄罗斯联邦总统令、俄罗斯联邦政府和联邦执行权力机关以及俄罗斯联邦主体所通过的法令中也均有借鉴国际软法的实例。在软法的实施方面，俄罗斯联邦政府起到了非常重要的作用，而且因其对软法的遵守，其他国家会与之保持合作并提供必要的帮助。俄罗斯法院在具体进行审判时，不会直接适用国际软法，但会用国际软法对相关概念进行解释。[1] 可以说，积极发挥软法的作用，将会促进中蒙俄经济走廊建设合作的纵深发展。

在中蒙俄三国推进经济走廊建设进程中，应充分运用这种不以法律的硬约束为后盾、但具有软约束的软法的作用，以增进中蒙俄三国政府、涉及的相关行业和三国国民的共识，形成三国共同推进经济走廊建设的良好民意基础，加快中蒙俄三国民众民心相通的进程。正是因此，在中蒙俄经济走廊建设过程中，要特别注意发挥软法的作用以凝聚共识，进而从制度上保障中蒙俄经济走廊建设的顺利推进。

尽管在中蒙俄经济走廊建设过程中，三国政府并木明确使用软法一词，但实际上在中蒙俄三国推动经济走廊建设过程中，软法规范已经被广泛运用。我们需要对中蒙俄三国实践中广泛运用的软法形式进行归纳，总结经济走廊建设过程中在构建软法方面已经取得的成绩，并发现其中的问题与不足。

四、中蒙俄经济走廊建设软法合作的成绩

中蒙俄三国在共建经济走廊过程中已经达成了诸多软法协议。这可从中蒙俄三国政府和相关部门会晤后发布的新闻报道中查找到。我们可按照中蒙俄经济走廊建设的发展历程，对三方已经达成的软法进行总结。

2014 年 8 月，习近平主席在访问蒙古期间达成了举行中俄

---

〔1〕 Марочкин С. Ю. Халафян Р. М. Международное《мягкое》право в правовой системе Российской Федерации // Журнал российского права. 2013. № 6.

蒙三国元首定期会晤的共识。2014 年 9 月，在举行上合组织元首会议期间，中俄蒙三国元首在杜尚别举行了第一次元首会议。会议期间中方提出把丝绸之路经济带、俄罗斯跨欧亚大铁路、蒙古国草原之路倡议对接，打造中蒙俄经济走廊。此次会议确定了三方合作的宗旨、原则和三国副外长磋商机制。自中俄蒙三国元首举行首次会晤后，三国为推动中俄蒙经济走廊建设的顺利开展举行的双边和多边会晤明显增多，三方共建经济走廊建设的规划也越来越清晰，相关谈判逐渐变得深入。

2015 年 7 月 9 日，习主席在俄罗斯乌法同俄罗斯普京总统、蒙古国额勒贝格道尔吉总统举行了中俄蒙元首第二次会晤。中俄蒙三国元首批准了《中俄蒙发展三方合作中期路线图》，三国政府相关部门分别签署了《关于编制建设中俄蒙经济走廊规划纲要的谅解备忘录》《关于创建便利条件促进中俄蒙三国贸易发展的合作框架协定》《关于中俄蒙边境口岸发展领域合作的框架协定》。这些协议为中蒙俄三国进一步推动经济走廊建设打下了必要基础，为中蒙俄三国进一步合作指明了方向。

2016 年 6 月 23 日，中俄蒙三国元首在塔什干举行第三次中俄蒙元首会晤。在此次会议上，中蒙俄三国相关部门签署了《建设中蒙俄经济走廊规划纲要》和《中华人民共和国海关总署、蒙古国海关与税务总局和俄罗斯联邦海关署关于特定商品海关监管结果互认的协定》。三国签署的《建设中蒙俄经济走廊规划纲要》明确了经济走廊建设的具体内容、资金来源和实施机制，商定了 32 个重点合作项目，涵盖了基础设施互联互通、产业合作、口岸现代化改造等十大重点领域，是"一带一路"建设的重要早期收获，标志着"一带一路"首个多边经济合作走廊正式实施，具有重要意义。[1]

鉴于中蒙俄经济走廊涵盖中俄蒙三国，涉及领域非常之广。在 2014 年习主席提出共建中蒙俄经济走廊倡议后，除上述所列举的三国签署的相关文件外，中蒙俄三国的相关政府部门又举行了层级广泛的商谈会议，并相应地取得了一定的成果。例如，2016 年 7 月 23 日，中俄蒙三国旅游部长会议在呼和浩特举行。此次会议通过了《中蒙俄旅游合作谅解备忘录》和《首届中俄蒙三国旅游部长会议联合宣言》。会议决定建立中俄蒙三国旅游部长会议机制，三国轮流举办每年举行一次，并决定制定三国旅游中长期合作规划及年度合作计划，以推动旅游基础设施、旅游市场开发、旅游品牌建设，促进三国旅游业的持续发展。[2] 2013 年、2014 年、2015 年、2016 年、2017 年和 2018 年中俄蒙知识产权研讨会已经在中蒙俄三国连续举办了六届，会议围绕三国知识产权保护问题展开多方位的研讨，并于 2015 年签署了《中蒙俄知识产权局合作备忘录》，2016 年签署了《中蒙俄知识产权局 2016—2017 年合作行动计划》，明确了中蒙俄三国的知识产权局在三边研讨会、局长会、信息化工作、经验

---

〔1〕 参见《〈建设中蒙俄经济走廊规划纲要〉签署有重要意义》，http：//finance. ifeng. com/a/20160624/14524492_ 0. shtml，浏览日期：2016 年 9 月 20 日。

〔2〕 参见邢丽涛：《首届中俄蒙三国旅游部长会议发布联合宣言》，载《中国旅游报》2016 年 7 月 25 日，第 01 版。

交流等方面开展具体活动。此外，从国内相关的新闻报道来看，为推进中蒙俄经济走廊建设，三国的铁路运输、口岸通关便利化、文化体育交流、教育合作、媒体、智库合作等都已经开展活动。为进一步提升中俄两国的经贸合作水平，2018 年中俄两国领导人签署了《中国与欧亚经济联盟经贸合作协定》《中俄在俄罗斯远东地区合作发展规划（2018—2024 年）》《关于建立中国东北地区和俄罗斯远东及贝加尔地区实业理事会的谅解备忘录》等重要文件。这可以说是中蒙俄三国在共建经济走廊过程中所取得的阶段性成果。如何巩固并扩大这些阶段性成果将是今后一段时间中蒙俄三国努力的方向。

五、中蒙俄经济走廊建设软法合作方面存在的不足

中蒙俄三国经济走廊建设已经初见成效，在众多领域达成了共识，并形成了丰硕的国际软法合作成果。但因中蒙俄经济走廊建设刚刚起步，当前三国在软法合作方面还存在一些不足。

第一，中蒙俄经济走廊合作软法规范民间推动力不足，以政府间协议为主，非官方组织参与不充分。从上文总结的中蒙俄经济走廊建设过程中，中蒙俄三国达成的国际软法协议可以看出，经济走廊建设是以顶层推动为主的，三国相应的职能部门为落实三国元首达成的经济走廊建设协议而签署了相关部门的合作计划或行动纲要。这既是中蒙俄经济走廊建设的优点，也是问题所在。在经济走廊建设初始阶段，民间的参与较弱，三国普通民众对经济走廊建设的目的、意义和前景可能并没有

深入的了解和支持。中蒙俄经济走廊建设是一个长期的过程，其目标是最终通过中蒙俄经济走廊建设实现区域经济一体化。然而，区域经济一体化目标的实现，必须要让市场主体能够充分发挥作用。毕竟，经济的发展需要有强劲的市场推动力量才行。在中蒙俄三国中，市场主体除国企外，还包括大量的私营企业和自然人。在以国际软法的方式推动中蒙俄经济走廊建设的过程中，必须充分调动多层次的市场主体的参与，最终推进中蒙俄三国的民心相通，进而保证经济走廊建设的内生动力的增长，确保地区经济一体化长效机制的形成。

第二，中蒙俄经济走廊建设国际软法的宣传力度不足。在中蒙俄三国已经达成的上述国际软法协议中，能够被民众广为知悉的并不多。中蒙俄三国签订的其他国际软法协议，没能很好地通过网络等公开渠道被广大民众获知。甚至有些关于中蒙俄经济走廊建设的国际研讨会，也没有最终形成专家共识。有的相关研讨会形成了部分共识，也没能将会议成果以公报的形式进行公开宣传。中蒙俄经济走廊建设不应仅仅靠国家层面的推动，而更应该是一个多层次、多主体的全方位参与过程，这才能保障经济走廊建设的内生动力和长足发展。为此，中蒙俄经济走廊建设过程中，除了高层的积极推动外，还需要中蒙俄三国的公司、企业、个人广泛了解并积极参与。这些已经达成的国际软法协议应在尽可能大的范围内进行宣传，以吸引更多的人了解并参与到经济走廊建设之中。

第三，中蒙俄经济走廊建设国际软法欠缺评估机制。中蒙俄经济走廊建设过程中达成的国际软法协议，因其具有实验性，这些软法协议在实践中的效果应该由相应机构予以评估，以确保对已经达成的软法协议做到总结经验、解决问题，并能够保障这些软法协议在实践中保持生命力。然而，在当前签署的中蒙俄三国国际软法协议中，还没有建立相应的评估机制。这将使得在三国建设经济走廊实践中已经达成的软法协议效力大打折扣。

六、提升中蒙俄经济走廊建设软法作用的路径

中蒙俄经济走廊要想取得成效，要想确保中蒙俄三国合作项目的顺利开展，必须要形成制度保障。为此，中蒙俄三国应该从发挥软法的作用入手，进而为三国经济走廊建设提供非正式制度供给，最终促进三国正式制度的对接。

第一，强化顶层推动与调动民间的参与积极性并举。中蒙俄经济走廊建设是中蒙俄三国元首共同推动的结果。中蒙俄三国推出的促进经济发展的规划，均是国家主导型的，对接三项计划形成的中蒙俄经济走廊必然是三国强力推动合作的结果。在现有条件下，要保障经济走廊建设的顺利进行，就必须保持中蒙俄三国高层继续接触和密切合作。不但要强化中蒙俄三国元首间的会晤机制，还要进一步强化经济走廊建设所涉及部门的接触，尽最大限度地建立三国共同的对话机制。这种机制可以是在双边谈判基础上进行的，也可以是直接的三边对话。在保持政府部门接触的同时，为保证中蒙俄三方签署的三边国际

软法协定能够切实得以执行，就必须在顶层之下，调动中蒙俄三国民间参与建设的积极性。这是因为，国家遵守国际法除利益驱动外，观念也是一种重要的力量。"国家创制和遵守国际法的根本原因在于规范所体现的道德和社会义务观念"，而且，"国家利益是可以通过法律规则以及与其他国家、组织和个人之间的互动而'建构的'"。[1] 最终形成以顶层带动民间参与的热情，扩大经济走廊建设的民意基础，扩大三国项目合作的经费来源，以获得三国民众的支持，并最终有助于中蒙俄三方对经济走廊建设达成的国际软法协定的遵守。

在三国政府间相关部门推进软法建设的同时，我们还应发挥行业协会、联合会、商会、企业、个人等多方主体的力量，形成中蒙俄三国国际软法从下到上的多级联动机制。当前中蒙俄经济走廊建设过程中三边国际软法的构建，主要以三国政府层面的推动为主。但这可能会导致这种软法规范的构建与经济走廊建设现实脱节，进而造成"理想很丰满、现实很骨感"的缺憾。为避免这种现象的发生，就必须充分发挥中蒙俄经济走廊建设过程中三方的民间力量，充分调动中蒙俄三方的民间智慧，运用法制建设过程的民间资源，做到中蒙俄三国订立的软法建立在坚实的民众智慧根基之上。因此，理想的软法构建应该来自民间，在相应的软法在民间已被广泛采用的基础上，上升为三国政府间的软法协议。在这种软法机制的构建过程中，

---

〔1〕 韩永红：《国际法何以得到遵守——国外研究述评与中国视角反思》，载《环球法律评论》2014 年第 4 期。

就需要三国参与经济走廊建设的个人、企业、行业协会、商会、民间基金会的广泛参与。通过民间多主体的广泛参与协商，进而"在没有任何强制的情况下，共同体成员之间可以基本实现互相理解和沟通"[1]，并最终形成集体性意向。这种被民众所支持和认可的软规范，能够促进中蒙俄三国经济走廊建设的三边国际软法的形成，并保障其在实践中产生积极效力。这种自下而上构建的国际软法最终能够保证中蒙俄经济走廊秩序的形成和良性发展。

第二，加大中蒙俄经济走廊建设软法成绩的宣传力度。中蒙俄经济走廊建设已经达成的国际软法协议，在尽可能广的范围内将经济走廊建设能为三国民众增进的福祉进行宣传，调动三国各类主体的积极性。鉴于目前中蒙俄经济走廊建设过程中的情况，要让民众了解并认可这种国际软法规范并确保实践中具有实效，就必须将这些已经达成的国际软法规范广泛宣传，被中蒙俄三国人民所知悉，并付诸讨论，进而将这些软法规范逐渐渗透给三国民众，达到"内化于心、外化于行"的效果，以此来让这些国际软法规范逐渐获得民众的理解和支持。为此，需要从继续扩大中蒙俄三国毗邻区全方位合作和三国媒体的合作两方面着手。三国毗邻地区的合作能够促进毗邻地区对彼此的理解与认同。俄罗斯远东所做的有关中国在俄投资问题的调研成果显示，与中国毗邻的俄边境地区居民比俄其他地区的居

---

〔1〕　张龑：《软法与常态化的国家治理》，载《中外法学》2016 年第 2 期。

民对中国的认知更为客观，"比较 2003 年和 2013 年的民意调查可以发现，远东居民眼中的中国地位在不断提升"。[1] 在媒体合作方面，中国政府已经作出了很大的努力，并取得了一定的成绩。目前，中央电视台已经开通了一个俄语电视频道。这一频道也可以被俄罗斯观众收看到。内蒙古电视台开设了两个蒙古语电视频道。蒙古国的观众也可以收看到这两个电视频道的节目。此外，在图书出版方面，我国出版界也在努力着。例如，社科文献出版社成立了"斯维特"俄罗斯出版分社，陕西师范大学出版社总社与俄罗斯俄语出版社签署了合作互译出版的协议。这些举措，将促进俄罗斯人对中国的了解和认识，并将中蒙俄经济走廊建设成果向俄罗斯民众传播。此外，我国政府还建立了为数众多的俄文和新蒙文的网站等。尽管如此，还应继续扩大中蒙俄三国毗邻地区民众的交往交流机制，促进中蒙俄三国的民间往来，通过口口相传将经济走廊建设的成果向外传播；继续推进中蒙俄三国各类平面和网络媒体的合作与交流机制，以全方位地扩大中蒙俄经济走廊成果的宣传，进而让已经取得的并造福于中蒙俄三国人民的切实成果被民众所知，得到民众的认可，提升中蒙俄三国人民对经济走廊建设的认可度和支持度，并以此为中蒙俄经济走廊建设顺利开展创造必要的人文环境。

第三，建立中蒙俄经济走廊建设软法实施联合评估机制。

---

〔1〕 ［俄］祖延科：《俄罗斯社会对中国在俄境内投资活动认知的演变》，载《西伯利亚研究》2015 年第 5 期。

对中蒙俄经济走廊建设过程中达成的相关国际软法协议的履行情况进行及时必要的评估，总结经验、弥补不足，为更高层级和更高效力的三国国际合作条约的签署打下良好的基础。《建设中蒙俄经济走廊规划纲要》中明确规定，"本规划纲要有效期结束前，三方对实施情况进行联合评估，根据评估结果并经三方约定，有效期可延长至下一个五年"。这一机制为中蒙俄三方达成的各层级软法协议实施效果评估机制的建立提供了启示。有关中蒙俄经济走廊建设的相关软法协议，因其不具有强制约束力，这便需要有对中蒙俄三国达成的建设经济走廊的三边协议执行情况进行评估的机制。当然，中蒙俄三国国际软法协议评估机制与 WTO 中的争端解决机制不同，其评估的结果不具有强制力，只能起到在总结经验和不足的基础上，提出完善软法协议的意见和推进中蒙俄经济走廊建设相关领域项目实施的切实可行建议的作用。

对中蒙俄三国签订的国际软法合作协议实施情况进行及时评估，有助于发现这些国际软法协议存在的问题，并能及时总结经验，以对上述协议进行及时的修正和补充。中蒙俄经济走廊建设国际软法协议的评估机制，可以借鉴 WTO 贸易政策审议机制的做法，按照相应领域，由各领域的中蒙俄三方的专家组成专家组，由专家组对三国经济走廊建设的相关国际软法协议的实施情况进行审议评估，并将评估结果及时向三方反馈，并通过中蒙俄三国的媒体予以及时的公布。这一方面能保证三方达成的国际软法协议与中蒙俄经济走廊建设的实践相符合，另一方面，通过联合评估的形式，将评估结果予以公布，进而对相关各方国际软法协议的履行情况形成督促。相关各方为保持本国政府的声誉并赢得国内民众的支持，将会在其可能的范围内，尽力推动相应软法协议的履行。

中蒙俄经济走廊建设关系到我国"一带一路"倡议的实现，关系到与蒙俄合作的顺利开展，更关系到国家北部边疆的安全稳定，甚至在某种意义上，关乎国家的安全战略。建设好中蒙俄经济走廊，是新时代中国对外开放战略的需要，具有极其重要的地缘和全球性意义。为此，中蒙俄三方形成了从元首会晤、政府协商的综合推进机制。鉴于中蒙俄三国存在法律政策、文化、价值观等方面的差异，这决定了中蒙俄经济走廊必然是一个长期的过程。在这一建设过程中，既要加大顶层推动，也要积极吸引民间力量广泛参与，充分调动三国人民参与建设的积极性和对经济走廊建设理念的认同。国际软法具有共识形成和秩序塑造功能，在中蒙俄经济走廊建设过程中要充分发挥软法的作用。在中蒙俄经济走廊建设软法的构建过程中，要扩大中蒙俄三国软法制定主体的种类，大力吸引民间力量参与软法制定，为中蒙俄经济走廊建设夯实三国的民意基础。我们通过对国际软法形成机制的研究及其功能的发挥，促进中蒙俄三国软法效力的提升，并最终从制度上保障经济走廊建设能够持续推进并真正造福中蒙俄三国人民，进而实现三国的和平、友好、共同繁荣、共同发展的美好愿景，加快人类命运共同体建设。

结　语

　　中国的"一带一路"倡议与俄罗斯主导的欧亚经济联盟和蒙古国的"发展之路"对接，中蒙俄三国共同推动经济走廊合作，将是一次历史性的创举。作为构成"一带一路"倡议六大经济走廊之一的中蒙俄经济走廊，具有极强的发展潜力。只要中蒙俄三国共建经济走廊的决心不变、措施得力，中蒙俄经济走廊必将为中蒙俄三国人民带来实实在在的利益。中蒙俄三国通过共建经济走廊，不仅能改善三国人民的福祉，也必将增进三国人民相互之间的交往、交流，提升三国人民相互之间的信任水平，促进区域经济一体化发展，这也必将为中蒙俄三国持久的和平夯实民意基础。从这个意义上看，中蒙俄三国共建经济走廊不仅仅具有经济价值，更具有确保三国和平稳定的政治使命。

　　从中蒙俄经济走廊合作正式启动以来，在中蒙俄三国的共同努力下，已经取得了瞩目的成就。但是，也不得不指出，在中蒙俄三国共建经济走廊的过程中，也遇到了诸多问题。我们必须正视中蒙俄经济走廊合作过程中存在的问题，不回避，不惧怕，办法总比困难多。深化中蒙俄经济走廊合作，需要从执法和司法合作入手，进而推进制度层面的对接。

中蒙俄三国边境地区的法律机构在警务合作、司法协助、涉外律师法律服务和涉外公证业务方面取得了丰硕的成果，但也面临着警务合作与司法协助衔接不畅、调查取证方式单一、地方司法协助能动性不强、涉外律师法律服务水平和涉外公证业务水平有待提升等问题。应从中蒙俄三国国家层面，推动中俄、中蒙司法协助条约的重新修订，推动中蒙俄三国扩大边境地区司法机关的区域司法合作，加大三国间的法律研究，培养"法律+俄语（基里尔蒙古文）"的复合型卓越涉外法律人才，提升律师和公证人员办理涉外业务水平，加强三国毗邻地区间的法律合作，为中蒙俄经济走廊建设助力。

中蒙俄经济走廊合作始于三国元首的共识，但经济走廊合作要想持久稳定地推行下去，必然需要走向规则之治。建立在规则基础之上的合作，能够为中蒙俄三国经济走廊提供制度保障。中蒙俄在与经济走廊合作相关的法律制度方面应该加强对接，相同或相似的法律制度能够极大减少交易的制度成本，为经济走廊合作提供稳定的预期。中蒙俄三国颁布生效的法律，属于正式制度中的硬法。中蒙俄三国应该在出入境管理、外商投资和旅游等相关法律制度方面加强对接，以确保中蒙俄经济走廊合作的稳定发展。中蒙俄三国应通过双方或三方签署国际条约的形式，促进与经济走廊合作有关的、作为三国正式法律制度的对接，并应注重从实践层面保障经济走廊合作项目的落地。中蒙俄三国既要推进确保经济走廊建设的正式法律制度的协调，也要做好非正式制度的对接。通过增强非正式制度供给，能够增强中蒙俄三国民众的互信。非正式制度是由习惯、习俗、意识形态等要素构成，实现中蒙俄三国非正式制度的对接与融合，将是一个漫长的过程。作为正式制度构成要素的软法，恰恰具备易于操作的特点，虽没有硬法的国家强制力的"硬"保障，却具有硬法所不具有的有效实现方式。与非正式制度供给的不可控性相比，中蒙俄三国的软法合作，更具有可控性和效率性，能够有效提升中蒙俄三国间的互信水平。通过中蒙俄三国的软法合作，可以提高中蒙俄三国制度的对接过程，提升经济走廊建设的推进速度。相信，在中蒙俄三国的共同努力下，必能早日实现经济走廊的目标，必将增进中蒙俄三国人民的福祉，并为中蒙俄三国带来持久的和平，也必将为"人类命运共同体"建设注入不竭的动力。

附录一：《俄罗斯边境合作基本法》

2017 年 7 月 26 日生效

龙长海 译

第 1 条　本联邦法律的调整对象

本联邦法律调整因边境合作产生的关系，确定了边境合作的原则、任务和方向及俄罗斯联邦边境合作主体的职权。

第 2 条　本联邦法律中使用的基本概念

本联邦法律使用如下基本概念：

（1）边境合作是俄罗斯联邦、俄罗斯联邦边境主体及俄罗斯联邦边境主体的地方机关与毗邻国家边境合作主体的国际关系、国际及对外经济关系的组成部分。

（2）俄罗斯联邦边境主体是指那些地域紧邻俄罗斯国界的联邦主体。

（3）俄罗斯联邦主体的地方机关是指处于俄罗斯联邦边境主体地域内的地方机构。

（4）俄罗斯联邦边境合作地区是指俄罗斯联邦边境主体的地域和俄罗斯联邦边境主体地方机关的地域及俄罗斯联邦签署的国际条约确定的俄罗斯联邦其他地区。

（5）俄罗斯联邦边境合作的主体是指俄罗斯联邦、俄罗斯联邦边境主体和俄罗斯联邦边境主体的地方机关。俄罗斯联邦签署的国际条约可以规定其他的俄罗斯联邦边境合作主体。

（6）毗邻国家的边境合作主体是指毗邻国家和按照这些国家法律的规定，作为毗邻国家边境地区的联邦主体国家机关、地方行政机关和地方自治机关。

（7）边境合作条约是指俄罗斯联邦边境主体与毗邻国家的联邦主体国家机关、地方行政机关、毗邻国家的国家权力机关签订的条约及俄罗斯联邦边境主体地方自治机关与毗邻国家地方机关之间签订的条约。

（8）毗邻国家边境合作的区域是指毗邻国家边境合作主体所属的地区。

（9）边境合作的国际规划是指为解决本联邦法律规定的任务，由俄罗斯联邦签署的国际条约确定的并在俄罗斯联邦边境合作地区和毗邻国家边境合作地区实现的，俄罗斯联邦国际合作的发展机制。

（10）边境合作国际规划方案是指在边境合作国际规划范围内实现行动的总和。

第3条　边境合作的法律调整

1. 边境合作的法律调整，以俄罗斯联邦宪法为依据，并根

据国际法的公认原则、准则及俄罗斯联邦签署的国际条约、本
联邦法律、其他联邦法律，以及与上述法律相符的俄罗斯联邦
总统、俄罗斯联邦政府、执行权力联邦机构发布的规范性法律
文件和俄罗斯联邦个各主体的规范性法律文件、地方规范性法
律文件实施。

2. 如果俄罗斯联邦签署的国际条约规定了与本联邦法律不
同的规则，适用国际条约的规定。

第 4 条　边境合作的基本原则

按照如下原则开展国际合作：

（1）遵守公认的国际法原则、准则和俄罗斯联邦签署的国
际条约。

（2）在俄罗斯联邦国家权力机关之间、俄罗斯联邦各主体
国家权力机关之间和地方自治机关之间区分管辖的对象和职权。

（3）照顾俄罗斯联邦国家安全利益。

（4）兼顾国家间关系的特殊性和俄罗斯联邦边境合作地区
与毗邻国家边境合作区域的特殊性。

（5）在实施边境合作国际规划和边境合作国际规划方案时，
保障俄罗斯联邦边境合作各主体和毗邻国家边境合作各主体的
相互利益。

（6）保障俄罗斯联邦边境合作地区居民对边境合作信息的
知情。

（7）确保俄罗斯联邦及俄罗斯联邦边境合作各主体的社
会——经济发展战略和国家规划与边境合作的国际规划相符。

（8）认真履行边境合作条约的各项条款。

第 5 条　边境合作的方向与任务

1. 俄罗斯联邦边境合作的各主体，在各自的职权范围内，依照本联邦法律和其他联邦法律确定的原则与任务，就下列方向开展边境合作：

（1）经济领域的合作。

（2）交通与通讯领域的合作。

（3）能源领域的合作。

（4）社会领域的合作。

（5）科学与教育领域的合作。

（6）文化与艺术领域的合作。

（7）体育与旅游领域的合作。

（8）健康保健领域的合作。

（9）生态与自然利用领域的合作。

（10）农业、林业和渔业领域的合作。

（11）预防紧急情况、消除事故和自然灾害、预防传染病及消除其后果。

（12）由相应的俄罗斯联邦边境合作各主体在其职权范围内开展的其他边境合作事项。

2. 边境合作的任务是：

（1）促进俄罗斯联邦边境合作地区的社会和经济发展。

（2）提升俄罗斯联邦边境合作地区居民的生活水平和质量。

（3）促进俄罗斯联邦边境合作各主体与毗邻国家边境合作

各主体间相互作用的完善，发展并巩固上述主体间的互利和友好关系。

（4）在俄罗斯联邦边境地区创造信任、相互理解和睦邻友好的氛围。

（5）为在俄罗斯联邦边境合作地区和毗邻国家边境合作地区按照本条第1款确定的方向开展共同合作创造条件。

第6条　负责履行制定边境合作领域国家政策和规范性法律调整的执行权力联邦机关的职权

负责履行制定边境合作领域国家政策和规范性法律调整的执行权力联邦机关的职权有：

（1）制定、实施并保障在边境合作领域统一国家政策的实现。

（2）确定边境合作的优先发展方向。

（3）在边境合作领域与相关国家和国际组织的相互关系中，代表俄罗斯联邦的利益。

（4）协调俄罗斯联邦各主体国家权力机关开展边境合作。

（5）制定、实施边境合作的国际规划和边境合作国际规划方案，并对其效果进行评价。

（6）按照俄罗斯联邦法律规定的程序，制定并提出在边境合作领域俄罗斯联邦签署国际条约的建议。

（7）在俄罗斯联邦各主体和地方自治机关开展边境合作时，向他们提供法律的、组织的和方法的支持。

（8）按照1999年1月4日《关于俄罗斯联邦各主体国际和

对外经济关系协调法》的第 4 号联邦法律规定的程序,对俄罗斯联邦各边境主体边境合作的协议草案进行协商。

(9)编制并管理统一的边境合作协议清单。

(10)收集俄罗斯联邦边境主体及俄罗斯联邦边境主体地方自治机关与毗邻国家的边境合作主体在边境合作方面开展国际和对外经济关系及其实施效果的信息。

(11)按照俄罗斯联邦签署的国际条约、本联邦法律、其他联邦法律及俄罗斯联邦其他规范性法律文件的规定,在边境合作方面的其他职权。

第 7 条 在边境合作方面俄罗斯联邦边境主体国家权力机关的职权

1. 俄罗斯联邦边境主体的边境合作,由相应俄罗斯联邦边境主体的国家权力机关实施。

2. 在边境合作方面,俄罗斯联邦边境主体国家权力机关的职权有:

(1)与毗邻国家的联邦主体国家机关、地方行政机关和地方自治机关代表,以及在俄罗斯政府授权的情况下与毗邻国家的国家权力机关举行会谈、协商和其他活动。

(2)与毗邻国家的联邦主体国家机关、地方行政机关,以及在俄罗斯政府授权的情况下与毗邻国家的国家权力机关签订边境合作方面的协议。

(3)创建边境合作的组织并(或者)参与活动,以及按照俄罗斯联邦签署的国际条约的规定,创建边境合作组织并(或)

参与活动。

（4）参与专门为开展边境合作而建立的国际组织的活动。

（5）参与制定和实施边境合作的国际规划和边境合作的国际规划方案。

（6）对俄罗斯联邦边境合作主体地方自治机关给予帮助并协调上述机关在边境合作领域内的活动。

（7）协调俄罗斯联邦边境合作主体地方自治机关边境合作协议草案。

（8）编制俄罗斯联邦边境主体和俄罗斯联邦边境主体地方机关的边境合作协议清单。

（9）收集俄罗斯联邦边境主体、俄罗斯联邦边境主体地方自治机关与毗邻国家边境合作主体有关开展边境合作的国际和对外经济联系及其实施效果方面的信息。

（10）根据俄罗斯联邦签署的国际条约、本联邦法律、其他联邦法律和俄罗斯联邦其他规范性法律文件的规定，在边境合作领域的其他职权。

3. 每年 2 月 1 日前，俄罗斯联邦边境主体国家权力最高执行机关，按照履行制定边境合作领域国家政策和规范性法律调整的执行权力联邦机关规定的程序，向其汇报俄罗斯联邦边境主体自身及其地方自治机关与毗邻国家边境合作主体开展边境合作问题及实施成效。

4. 负有职责的俄罗斯联邦边境合作主体国家权力执行机关，按照该俄罗斯联邦边境合作主体最高国家权力执行机关规定的程序，编制本俄罗斯联邦边境合作主体边境合作方面的清单。该清单包括本俄罗斯联邦边境合作主体所有边境合作方面的协议，其中包括已经失效的协议。每年 2 月 1 日前，俄罗斯联邦边境合作主体国家权力最高执行机关，将该清单报给履行制定边境合作领域国家政策和进行规范性法律调整的联邦权力国家执行机关。

5. 负有职责的俄罗斯联邦边境主体国家权力执行机关收集俄罗斯联邦边境主体地方自治机关的边境合作协议清单，并编制包括失效协议在内的俄罗斯联邦边境合作主体地方自治机关的边境合作协议清单。俄罗斯联邦边境主体国家权力最高执行机关，每年 2 月 1 日前，将该清单提交给负有制定边境合作领域国家政策和规范性法律调整的国家权力联邦机关。

第 8 条　俄罗斯联邦边境合作主体地方自治机构在边境合作领域的职权

1. 俄罗斯联邦边境主体地方自治机关的边境合作是由相应地方自治机关的地方自治机构实施的。

2. 俄罗斯联邦边境主体地方自治机关的地方自治机构在边境合作领域的职权有：

（1）与毗邻国家的联邦主体国家机关、地方行政机关及地方自治机关的代表举行会面、协商和其他活动。

（2）与毗邻国家的边境地方自治机关签署边境合作方面的协议。

（3）创建边境合作的组织并（或者）参与活动，以及按照俄罗斯联邦签署的国际条约的规定，创建边境合作组织并（或）参与活动。

（4）参与专门为开展边境合作而建立的国际组织的活动。

（5）参与制定并实施边境合作的国际规划方案。

（6）根据俄罗斯联邦签署的国际条约、本联邦法律、其他联邦法律和俄罗斯联邦其他规范性法律文件的规定，在边境合作领域的其他职权。

3. 每年的 1 月 15 日前，俄罗斯联邦边境合作主体地方自治机关首脑，按照规定的程序，向履行职责的相应俄罗斯联邦边境主体国家权力执行机关报告自己与毗邻国家边境合作主体开展边境合作及其成效情况。

4. 俄罗斯联邦边境主体地方自治机关，按照相应俄罗斯联邦边境主体国家权力最高执行机关规定的程序，编制本地方自治机关边境合作的协议清单。该清单包括本俄罗斯联邦边境主体开展的边境合作的所有协议，其中包括失效的协议。每年的 1 月 15 日前，俄罗斯联邦边境主体地方自治机关首脑向具体负责的俄罗斯联邦边境主体国家权力执行机关报送该清单。

第 9 条　边境合作领域俄罗斯联邦签署的国际条约

边境合作领域俄罗斯联邦边境合作条约的签署、履行和终止的程序，由 1995 年 7 月 15 日第 101 号《俄罗斯联邦国际条约》联邦法律规定。

第 10 条　边境合作协议

1. 边境合作协议，不论其形式、名称和内容如何，都不是俄罗斯联邦的国际条约。

2. 俄罗斯联邦边境主体的边境合作协议,可以由一个或几个俄罗斯联邦边境主体签署。

3. 俄罗斯联邦边境主体地方自治机关的边境合作协议可以由俄罗斯联邦一个边境主体的一个地方自治机关签署,或者由俄罗斯联邦多个边境主体的、包括处于不同的俄罗斯联邦边境主体之内的多个地方自治机关签署。

第 11 条　俄罗斯联邦多个边境主体的边境合作协议

1. 俄罗斯联邦边境主体的边境合作协议,由俄罗斯联邦边境主体国家权力机关和毗邻国家的联邦主体国家机关、地方行政机关签署,在征得俄罗斯联邦政府同意的情况下,也可以与毗邻国家的国家权力机关签署。

2. 俄罗斯联邦边境主体边境合作协议的签订程序,在考虑到本联邦法律特点的情况下,由 1999 年 1 月 4 日第 4 号《关于俄罗斯联邦各主体国际和对外经济联系协调法》的联邦法律规定。

3. 如果俄罗斯联邦边境主体边境合作协议的实施,应由俄罗斯联邦边境主体地方自治机关参与或涉及其利益,上述协议草案应在俄罗斯联邦边境主体规定的期限内,发送给相应地方自治机关提出意见。

4. 俄罗斯联邦边境主体边境合作协议的国家登记和公布按照 1999 年 1 月 4 日第 4 号"关于俄罗斯联邦主体国际和对外经济关系相协调"的联邦法律进行。

第 12 条　俄罗斯联邦各边境主体地方自治机关边境合作协议

1. 俄罗斯联邦各边境主体地方自治机关边境合作协议由俄罗斯边境合作主体的地方自治机关与毗邻国家的地方机关签署。

2. 俄罗斯联邦边境主体地方自治机关，征得其所在的俄罗斯联邦边境主体最高权力执行机关的同意，按照该俄罗斯联邦边境主体确定的程序，签订边境合作协议。

3. 在俄罗斯联邦边境主体最高国家权力执行机关和俄罗斯联邦边境主体地方自治机关就边境合作协议草案产生分歧的情况下，按照该俄罗斯联邦边境主体确定的程序进行协商。

4. 按照俄罗斯联邦边境主体法律规定的程序，由该俄罗斯联邦边境主体国家权力机关对其地方自治机关的边境合作协议进行登记。这是该边境合作协议生效的必需条件。

5. 俄罗斯联邦边境主体地方自治机关签署的边境合作协议，按照公布地方法律文件的程序进行公布。

第 13 条　其他条款

1. 俄罗斯联邦边境主体通过自己的法律，而俄罗斯联邦边境主体的地方自治机关要按照本联邦法律的规定，在本联邦法律生效的三个月时间期限内，通过自己的地方法律规范。

2. 在本联邦法律生效的 3 个月期限内，俄罗斯联邦边境主体编制并向负责制定边境合作领域国家政策和法律规范调整的执行权力联邦机关提交本联邦法律生效前由俄罗斯联邦边境主体国家机关与毗邻国家的国家驻地方及行政地方机关，及与毗邻国家的国家机关签署的边境合作协议清单。

3. 本联邦法律规范不影响本联邦法律生效前由俄罗斯联邦边境主体国家权力机关与毗邻国家的联邦主体国家机关、地方行政机关和毗邻国家国家权力机关签署协议的效力,也不影响俄罗斯联邦边境合作主体地方自治机关与毗邻国家地方机关签订协议的效力。

第 14 条　本联邦法律的生效

本联邦法律自正式公布之日起生效。

附录二：外贝加尔边疆区关于实施《俄罗斯边境合作基本法》部分条款法

外贝加尔边疆区立法会议 2018 年 6 月 20 日通过

第 1612-33K 号

龙长海 译

第 1 条 本边疆区法律的调整对象

1. 依据 2017 年 7 月 26 日第 179 号联邦法律《边境合作基本法》（以下简称联邦法律），本边疆区法律规定了外贝加尔边疆区政府在边境合作领域的职权，并确定了外贝加尔边疆区市政机关与毗邻国家市政机关签订边境合作协议（以下简称市政机关边境合作协议）的批准程序及上述协议的登记程序。

2. 本边疆区法律使用的概念与联邦法律的概念含义相同。

第 2 条 边境合作领域边疆区政府的职权

1. 在边境合作领域边疆区政府的职权包括：

（1）与毗邻国家的联邦主体国家机关、地方行政机关和地方自治机关的代表，以及在俄罗斯政府授权的情况下与毗邻国家的国家权力机关举行会谈、协商和其他活动。

（2）与毗邻国家的联邦主体国家机关、地方行政机关，以及在俄罗斯政府授权的情况下与毗邻国家的国家权力机关签订边境合作方面的协议。

（3）创建边境合作的组织并（或者）参与活动，以及按照俄罗斯联邦签署的国际条约的规定，创建边境合作组织并（或）参与活动。

（4）在为了边境合作的目的创建的机构范围内，参与边境合作领域内国际组织的活动。

（5）参与制定和实施边境合作的国际规划和边境合作的国际规划方案。

（6）对俄罗斯联邦边境合作主体地方自治机关给予帮助并协调上述机关在边境合作领域内的对外活动。

（7）协调俄罗斯联邦边境合作主体地方机关边境合作协议草案（以下简称协议草案）。

（8）编制包括失效的边境合作协议清单在内的外贝加尔边疆区边境合作协议清单及其市政机关边境合作协议清单。

（9）收集外贝加尔边疆区、外贝加尔边疆区市政机关与毗邻国家边境合作主体有关开展边境合作的国际和对外经济联系及其实施效果方面的信息。

（10）确定外贝加尔边疆区在边境合作领域的国家权力执行全权代表机关（以下简称全权代表机关）。

（11）确定外贝加尔边疆区边境合作协议清单的编制程序。

（12）确定外贝加尔边疆区市政机关边境合作协议清单的编制程序。

（13）根据俄罗斯联邦签署的国际条约、本联邦法律、其他联邦法律和俄罗斯联邦其他俄罗斯联邦规范性法律文件的规定，在边境合作领域的其他职权。

2. 在不违反联邦法律和外贝加尔边疆区法律的前提下，外贝加尔边疆区政府有权将本条第 1 款规定的部分职权授予外贝加尔边疆区其他国家权力执行机关行使。

第 3 条 外贝加尔边疆区边境合作协议

1. 外贝加尔边疆区边境合作协议的签订程序依据 1999 年 1 月 4 日"关于俄罗斯联邦主体国际和对外经济关系协调法"的规定并考虑本联邦法律的特性确定。

2. 如果外贝加尔边疆区边境合作协议的实施是以外贝加尔边疆区市政机构地方自治机关的参与或涉及其利益为前提，应由职能机关按照其确定的期限将上述协议草案发送给外贝加尔边疆区相应的市政机构的地方自治机关提出建议。

第 4 条 市政机关边境合作协议签订的核准程序

1. 外贝加尔边疆区政府对外贝加尔边疆区市政机构地方自治区机关签署的市政机构边境合作协议及协议草案进行核准。

2. 在签订市政机构边境合作协议前，相应的外贝加尔边疆区市政机构地方自治机关应该将协议草案提交给全权代表机关。

3. 在从收到协议草案后的 20 个工作日内，全权代表机关对草案进行审核并向外贝加尔边疆区政府提交签订市政机构边境合作协议的核准建议，以及同意草案的建议或者告知相应的外贝加尔边疆区市政机构地方自治机关有关协议草案的建议和（或者）意见。

4. 从收到对协议草案的意见和（或者）建议后的 10 个工作日内，外贝加尔边疆区市政机构地方自治机关按照意见和（或者）建议对协议草案进行补充修改，并将之重新向全权代表机关提交。外贝加尔边疆区市政机构地方自治机关在对全权代表机关关于协议草案的意见和（或者）建议产生异议的情况下，将异议向全权代表机关提交。

5. 从收到外贝加尔边疆区市政机构地方自治机关对协议草案意见和（或者）建议的异议后的 10 个工作日内，全权代表机关审查异议并作出如下的决议之一：

（1）向外贝加尔边疆区政府提交关于签订市政机构边境合作协议的建议，并同意协议草案。

（2）拒绝向外贝加尔边疆区政府提交核准签订市政机构边境合作协议的建议，拒绝核准协议草案，并创建就地方自治机关对全权代表机关关于协议草案意见和（或者）建议异议的协商委员会。

6. 协商委员会成员包括：作为市政机构边境合作协议一方的外贝加尔边疆区市政机构地方自治机关代表，全权代表机关的代表及外贝加尔边疆区国家权力利益相关机关的代表。

7. 在从协商委员会创建之日起的 10 个工作日内，协商委员会对协议草案和地方自治机关对全权代表机关关于协议草案的意见和（或者）建议的异议进行审查，并作出如下决议之一：

（1）向外贝加尔边疆区政府提交签订市政机构边境合作协议的建议并同意协议草案。

（2）将协议草案返回外贝加尔边疆区地方自治机关，按照协商委员会提出的意见和（或者）建议进行完善。

8. 以外贝加尔边疆区政府令的形式同意签订市政机构边境合作协议及同意协议草案。从外贝加尔边疆区签署之日起，在不迟于3个工作日的时间内，将外贝加尔边疆区政府令发送给外贝加尔边疆区市政机构地方自治机关。

9. 在外贝加尔边疆区政府核准协议草案后，如果又对协议草案进行了修改，则应该按照本条规定的程序再次对协议草案进行核准。

10. 对市政机构边境合作协议进行修改的补充协议草案，也应该按照本条规定的程序进行核准。

第5条　市政机构边境合作协议的登记程序

1. 市政机构边境合作协议应该进行登记。

2. 市政机构边境合作协议由全权代表机构负责，并且登记是协议生效的必要要件。

3. 应该进行登记的市政机构边境合作协议，自其签订之日起在不迟于5个工作日的时间内，将之提交给全权代表机构。市政机构边境合作协议要附有被外贝加尔边疆区市政机构地方自治机关证明的市政机构边境合作协议的俄文和外文协议的复印件，外贝加尔边疆区政府关于同意核准市政机构边境合作协议的政府令和同意协议草案的复印件。

4. 从收到市政机构边境合作协议的 10 个工作日内，全权代表机关对协议进行登记。在边境合作协议登记后的 5 个工作日内，全权代表机关将带有登记号的市政机构边境合作协议原件发送给提交协议的外贝加尔边疆区市政机构地方自治机关保存。签订的市政机构边境合作协议复印件、外贝加尔边疆区关于核准市政机构边境合作协议的政府令复印件以及同意协议草案的复印件在全权代表机构保存。

5. 在下述情况下，可以拒绝对市政机构边境合作协议进行登记，如果：

（1）签署的市政机构边境合作协议及协议草案与外贝加尔边疆区政府令不符。

（2）没有提交本条第 3 款规定的文件或提交的文件不完整。

6. 市政机构边境合作协议在被拒绝登记后，在自收到市政机构边境合作协议登记的 10 个工作日时间内，将之返还给提交登记的外贝加尔边疆区市政机构地方自治机关，并指明被拒绝登记的原因。

7. 对市政机构边境合作协议的补充修改，也应该办照本条规定的程序进行登记。

第 6 条　本边疆区法律的生效

本边疆区法律自其正式公布之日起的 10 个工作日后生效。

参考文献

一、中文文献

（一）著作类

1. 习近平：《习近平谈治国理政》，外文出版社 2014 年版。

2. 习近平：《习近平谈治国理政（第二卷）》，外文出版社 2017 年版。

3. ［德］多尔查、［奥］朔伊尔编：《国际投资法原则》，补欢、施进译，中国政法大学出版社 2014 年版。

4. ［德］柯武刚、史漫飞：《制度经济学：社会秩序与公共政策》，韩朝华译，商务印书馆 2000 年版。

5. ［美］博克：《回归大学之道》，侯定凯等译，华东师范大学出版社 2012 年版。

6. ［美］诺思：《制度、制度变迁与经济绩效》，杭行译，格致出版社、上海人民出版社 2014 年版。

7. ［美］庞德：《通过法律的社会控制》，沈宗灵译，商务印书馆 2010 年版。

8. 刘巴特尔等主编:《蒙古国商法汇编》（上册），内蒙古大学出版社 2018 年版。

9. 刘巴特尔等主编:《蒙古国商法汇编》（下册），内蒙古大学出版社 2018 年版。

10. 刘国福:《移民法：出入境权研究》，中国经济出版社 2006 年版。

11. 刘力主编:《中国涉外民事诉讼立法研究：管辖权与司法协助》，中国政法大学出版社 2016 年版。

12. 刘肖岩译:《俄罗斯边海防法律法规》，人民日报出版社 2017 年版。

13. 卢炯星主编:《中国外商投资法问题研究》，法律出版社 2001 年版。

14. 莤晓君、李伟:《出入境管理法律制度》，厦门大学出版社 2017 年版。

15. 苗伟明:《边境管理学》，中国方正出版社 2010 年版。

16. 强晓云:《移民对当代中俄关系的影响：非传统安全视角的分析》，时事出版社 2010 年版。

17. 孙智慧:《出入境管理法律与实践》，中国政法大学出版社 2013 年版。

18. 闻银玲等:《涉外旅游法律问题研究》，上海财经大学出版社 2014 年版。

19. 吴高盛主编:《〈中华人民共和国旅游法〉释义及实用指

南》，中国民主法制出版社 2013 年版。

20. 徐慧贤：《"一带一路"战略背景下中蒙边境贸易与金融发展研究》，经济管理出版社 2017 年版。

21. 姚梅镇：《国际投资法》，武汉大学出版社 2011 年版。

22. 中国涉外律师领军人才首期班：《涉外律师在行动：中国涉外律师领军人才文集》，法律出版社 2014 年版。

23. 宗那生、商那木拉主编：《蒙古国法律汇编》，内蒙古大学出版社 2018 年版。

（二）论文类

24. ［俄］祖延科：《俄罗斯社会对中国在俄境内投资活动认知的演变》，载《西伯利亚研究》2015 年第 5 期。

25. ［俄］贝斯特里茨基等：《俄罗斯远东地区与中国边境地区合作的新构想》，载《东欧中亚市场研究》2002 年第 10 期。

26. 《"一带一路"涉外公证的主要业务领域》，载《中国公证》2018 年第 9 期。

27. 包淑芝、孟英杰：《俄罗斯人口危机与中俄劳务合作的发展》，载《商业经济》2013 年第 2 期。

28. 包思勤：《"海赤乔"国际次区域合作前景展望》，载《北方经济》2017 年第 10 期。

29. 陈健：《浅谈旅游警务的概念、特征与意义——以杭州市公安局西湖风景名胜区分局为例》，载《公安学刊——浙江警察学院学报》2011 年第 5 期。

30. 陈六斤译：《蒙古人民共和国外国投资法》，载《经济学动态》1990 年第 10 期。

31. 陈修岭：《我国旅游市场的失范与治理——基于东道主的视角》，载《山东青年政治学院学报》2019 年第 6 期。

32. 程亦军：《"带盟对接"将推动中俄地区合作深入发展》，载《西伯利亚研究》2018 年第 4 期。

33. 杜一力：《谈旅游权利和旅游者权利——献给第一个中国旅游日》，载《北京第二外国语学院学报》2011 年第 5 期。

34. 冯玉军、陈宇：《中俄关系：在世界大变局中继续深化》，载《边界与海洋研究》2017 年第 1 期。

35. 傅林放：《我国旅游市场秩序失范成因探析》，载《浙江树人大学学报》2012 年第 5 期。

36. 高际香：《〈中俄在俄罗斯远东地区合作发展规划（2018—2024 年）〉述评》，载《俄罗斯学刊》2019 年第 1 期。

37. 谷昭民：《中国开展法律外交的现状与发展趋势研究》，载《现代法学》2013 年第 4 期。

38. 官欣荣：《"泛珠"区域软法构建论纲———以优化"泛珠"资本市场生态为中心》，载《法治论坛》2010 年第 1 期。

39. 韩永红：《"一带一路"国际合作软法保障机制论纲》，载《当代法学》2016 年第 4 期。

40. 韩永红：《国际法何以得到遵守——国外研究述评与中国视角反思》，载《环球法律评论》2014 年第 4 期。

41. 何佳馨：《"一带一路"倡议与法律全球化之谱系分析及路径选择》，载《法学》2017 年第 6 期。

42. 何志鹏：《"一带一路"与国际制度的中国贡献》，载《学习与探索》2016 年第 9 期。

43. 胡晓霞：《"一带一路"建设中争端解决机制研究——兼及涉外法律人才的培养》，载《法学论坛》2018 年第 4 期。

44. 黄凤志：《对中蒙俄经济走廊建设的战略分析》，载《人民论坛·学术前沿》2016 年第 13 期。

45. 黄进：《卓越法律人才培养的目标、观念、模式与机制》，载《法学教育研究》2012 年第 1 期。

46. 纪建全：《俄罗斯外国劳务管理现状与中俄劳务合作浅析》，载《西伯利亚研究》2017 年第 2 期。

47. 季志业：《俄罗斯的东北亚政策》，载《东北亚论坛》2013 年第 1 期。

48. 靳会新：《中俄毗邻地区跨国犯罪问题及中俄警务司法合作》，载《西伯利亚研究》2010 年第 3 期。

49. 孔庆江：《〈中华人民共和国外商投资法〉与相关法律的衔接与协调》，载《上海对外经贸大学学报》2019 年第 3 期。

50. 李启华、周丽荣：《"一带一路"背景下呼伦贝尔对俄开放研究》，载《边疆经济与文化》2019 年第 1 期。

51. 李晓妹等：《蒙古国矿业投资风险与合作前景》，载《中国矿业》2017 年第 11 期。

52. 李洋：《中俄跨境合作背景下内蒙古同后贝加尔边疆区

的合作发展研究》，载《理论研究》2015 年第 6 期。

53. 李永全：《中俄务实合作：历史与现实》，载《当代世界与社会主义》2014 年第 2 期。

54. 李云：《新〈旅游法〉背景下导游队伍建设的思考》，载《商业经济》2013 年第 12 期。

55. 李泽锐：《略论国际经济软法与建立国际经济新秩序的斗争》，载《法学研究》1983 年第 6 期。

56. 林精华：《陌生的邻居——后苏联时期俄国民族主义潮流下的中俄关系》，载《俄罗斯研究》2012 年第 4 期。

57. 刘大洪：《市场主体规则平等的理论阐释与法律制度构建》，载《中国法学》2019 年第 6 期。

58. 刘刚、常静：《中国海外投资（FDI）"一带一路"建设中的影响力分析——基于中国 FDI 投资在蒙古国的状况研究》，载《财经理论研究》2019 年第 5 期。

59. 刘国福：《出入境权与中国出入境管理法》，载《法治研究》2009 年第 3 期。

60. 刘华芹：《利用丝绸之路经济带建设契机提升中俄经贸合作水平》，载《国际贸易》2016 年第 6 期。

61. 刘敏、曾晓东：《国内旅游警察研究综述及展望——基于警察本质和职能的探讨》，载《云南警官学院学报》2019 年第 4 期。

62. 刘萍：《涉外公证的风险防范》，载《中国公证》2014 年第 5 期。

63. 刘思达：《如何成为国际法律人才》，载《中国法律发展评论》2011 年第 5 期。

64. 刘长敏：《中俄东部边界近距离观察与思考》，载《太平洋学报》2016 年第 3 期。

65. 龙长海：《俄罗斯有组织犯罪的族裔化发展趋势及原因》，载《中国刑事法杂志》2014 年第 1 期。

66. 鲁楠：《"一带一路"倡议中的法律移植——以美国两次"法律与发展运动"为镜鉴》，载《清华法学》2017 年第 1 期。

67. 罗豪才、宋公德：《认真对待软法——公域软法的一般理论及其中国实践》，载《中国法学》2006 年第 2 期。

68. 乔雄兵、连俊雅：《试论紧急情况下国际旅游消费者的法律保护》，载《旅游学刊》2015 年第 1 期。

69. 秦建荣：《中越边境地区涉外民商事送达司法协助机制构建之探析》，载《广西师范大学学报（哲学社会科学版）》2013 年第 6 期。

70. 石锦娟：《新外商投资法亮点解读》，载《中国外汇》2019 年第 9 期。

71. 宋锦海译：《俄罗斯外国投资法》，载《东欧中亚市场研究》2000 年第 3 期。

72. 宋全成：《非法外国移民在中国的现状、症结与对策》，载《山东大学学报》2015 年第 1 期。

73. 宋晓辉、刘敏：《我国"旅游警察"制度建设探析》，载《云南警官学院学报》2016 年第 1 期。

74. 孙维仁：《"一带一路"助推中蒙经贸合作新发展》，载《大陆桥视野》2015 年第 11 期。

75. 孙维仁：《中国企业投资蒙古国的几点思考》，载《国际工程与劳务》2015 年第 1 期。

76. 万猛、李晓辉：《卓越涉外法律人才专门化培养模式探析》，载《中国大学教学》2013 年第 2 期。

77. 王佳慧：《〈俄罗斯战略外资法〉内容、变化及实施效果》，载《俄罗斯学刊》2014 年第 4 期。

78. 王佳慧：《中俄边境贸易纠纷解决机制研究》，载《俄罗斯学刊》2012 年第 6 期。

79. 王立、封颖：《从亚太再平衡战略到印太战略：美国亚洲战略的变化及对我国的影响》，载《全球科技经济瞭望》2019 年第 5 期。

80. 王利明：《卓越法律人才培养的思考》，载《中国高等教育》2013 年第 12 期。

81. 王婷娣译、刘鸿样校：《蒙古人民共和国外国投资法》，载《国际经济合作》1991 年第 5 期。

82. 吴晓波等：《正式制度距离与非正式制度距离对海外进入模式影响——来自中国跨国企业的经验研究》，载《浙江大学学报》（人文社会科学版）2017 年第 5 期。

83. 熊选国：《大力发展涉外法律服务业 开创涉外法律服务工作新局面》，载《人民司法》2017 年第 3 期。

84. 徐键：《论外商投资的准入许可》，载《兰州学刊》2020

年第 1 期。

85. 晏洛莎：《赵大程副部长会见俄罗斯联邦公证人协会代表团一行》，载《中国公证》2015 年第 7 期。

86. 杨臣华：《中蒙俄经济走廊：走实走深合作共赢》，载《北方经济》2017 年第 10 期。

87. 杨富斌：《旅游者权益保护的特殊性探析》，载《法学杂志》2015 年第 9 期。

88. 杨慧、张宇：《创新"一带一路"国际合作机制研究——以吉林省与俄罗斯多元化合作为例》，载《吉林师范大学学报（人文社会科学版）》2018 年第 6 期。

89. 杨涛：《普京访问蒙古国"一石三鸟"》，载《世界知识》2019 年第 20 期。

90. 于志刚、栗向霞：《中国公民跨国犯罪实证分析》，载《中国检察官学院学报》2014 年第 1 期。

91. 张俊勇、张玉梅：《蒙古国"外国直接投资法"的转变》，载《北京金融评论》2015 年第 3 辑。

92. 张时空、吴晓丹：《完善边境贸易纠纷解决机制的法律思考——以内蒙古自治区为例》，载《黑龙江民族丛刊》2013 年第 1 期。

93. 张文显、谷昭民：《中国法律外交的理论与实践》，载《国际展望》2013 年第 2 期。

94. 张秀杰：《"一带一路"倡议与"发展之路"计划对接——基于蒙古国国家安全战略影响因素分析》，载《内蒙古社会科学（汉文版）》2017 年第 5 期。

95. 张龑：《软法与常态化的国家治理》，载《中外法学》2016 年第 2 期。

96. 张卓、刘伟江：《旅游消费者权益保护的现实困境及其立法完善》，载《重庆社会科学》2018 年第 9 期。

97. 赵家章、池建宇：《信任、正式制度与中国对外贸易发展——来自全球 65 个国家的证据》，载《中国软科学》2014 年第 1 期。

98. 赵欣然：《"俄罗斯东部发展与中国、蒙古边境合作"会议探析》，载《西伯利亚研究》2010 年第 2 期。

99. 钟昌标：《〈外商投资法〉与中国对外开放模式的转型》，载《武汉大学学报（哲学社会科学版）》2019 年第 5 期。

100. 朱贵昌：《开放协调机制——欧盟应对成员国多样性的新治理模式》，载《国际论坛》2010 年第 3 期。

（三）报纸类

101. 《关于发展涉外法律服务业的意见》，载《人民日报》2017 年 1 月 11 日，第 11 版。

102. 《两名中国商人在蒙古国遇害》，载《新民晚报》2014 年 1 月 14 日，第 15 版。

103. 《杀害 3 名在俄中国女子 4 疑犯被捕》，载《新京报》2013 年 5 月 18 日，第 18 版。

104. 《汪洋主持召开全国政协双周协商座谈会 围绕"建设高素质的涉外法律服务人才队伍"协商议政》，载《新华每日电讯》2020 年 4 月 18 日，第 2 版。

105. 包晓静：《二连浩特司法服务"一带一路"》，载《人民法院报》2015 年 11 月 1 日，第 6 版。

106. 陈晨：《推进中俄劳务合作》，载《黑龙江经济报》2014 年 3 月 27 日，第 3 版。

107. 陈赟、李斌：《习近平出席中俄蒙三国元首会晤》，载《新华每日电讯》2014 年 9 月 12 日，第 1 版。

108. 韩旭阳：《3 名中国公民在俄遭劫 1 死 1 伤》，载《新京报》2013 年 12 月 23 日，第 23 版。

109. 蒋安杰：《专家学者纵论"一带一路"法治思维与法律服务》，载《法制日报》2015 年 12 月 23 日，第 11 版。

110. 李福川：《客观看中国对俄投资"异动"》，载《环球时报》2019 年 3 月 4 日，第 15 版。

111. 李贵阳：《中国成蒙古国首要客源国》，载《人民日报海外版》2019 年 08 月 16 日，第 12 版。

112. 刘文剑：《6 名同胞回国途中遇害》，载《青岛早报》2007 年 3 月 14 日，第 24 版。

113. 史燕龙、王晓东：《自治区高院出台办法服务保障"一带一路"建设》，载《内蒙古法制报》2015 年 10 月 23 日，第 2版。

114. 孙维仁：《规避风险注重质量》，载《国际商报》2014 年 11 月 17 日，第 C03 版。

115. 吴鹏：《海外安全需要战略设计》，载《学习时报》

2015 年 5 月 25 日，第 12 版。

116. 吴绮敏：《构建提升战略伙伴关系 谱写友好合作新篇章》，载《人民日报》2011 年 6 月 22 日，第 1 版。

117. 邢丽涛：《首届中俄蒙三国旅游部长会议发布联合宣言》，载《中国旅游报》2016 年 7 月 25 日，第 1 版。

118. 徐杰：《〈外商投资法〉的制度意义》，载《学习时报》2019 年 7 月 24 日，第 2 版。

119. 杨涛：《合作成果丰富中蒙关系内涵》，载《人民日报》2017 年 8 月 6 日，第 3 版。

120. 殷新宇：《中俄经贸合作量质齐升》，载《人民日报》2019 年 1 月 19 日，第 3 版。

（四）网络文献

121. 《中俄关于全面战略协作伙伴关系新阶段的联合声明》，http：//news. xinhuanet. com/world/2014 - 05/20/c_1110779 577. htm。

122. 《〈建设中蒙俄经济走廊规划纲要〉签署有重要意义》，http：//finance. ifeng. com/a/20160624/14524492_0. shtml。

123. 《2018 年中国公民出境旅游人次近 1.5 亿》，https：// www. sohu. com/a/294829007_797714。

124. 《2019 年对外投资合作国别（地区）指南（俄罗斯）》，http：//www. mofcom. gov. cn/dl/gbdqzn/upload/eluosi. pdf。

125. 《2019 年中国公民出境旅游人数达到 1.55 亿人次》，http：//www. kjw. cc/lvyou/2020/0311/9880. html。

126.《俄罗斯阿穆尔州国际公证法律综合体在俄罗斯揭牌旨在为在俄中国公民提供法律服务》，http：//www. dzwww. com/xinwen/guoneixinwen/201801/t20180123_16955661. htm。

127.《黑龙江全力拓展中俄边境沿线公证合作新领域》，http：//www. hlj. gov. cn/zwfb/system/2016/11/28/010800670. shtml。

128.《建设中蒙俄经济走廊规划纲要》，http：//www. scio. gov. cn/ztk/wh/slxy/htws/Document/1491208/1491208. htm。

129.《普京访华前夕称中国是可以信赖的朋友》，http：//china. cankaoxiaoxi. com/2014/0519/390113. shtml。

130.《新西兰警方着手调查火山惨案 旅游公司或面临处罚》，http：//www. chinanews. com/gj/2019/12-13/9032632. shtml。

131.《在俄被隔离的 80 名中国人：有人被判 5 年内不得入俄》，https：//news. 163. com/20/0303/18/F6QJ52T600018990. html。

132.《在蒙外国人数量中国居首》，https：//china. huanqiu. com/article/9CaKrnJFzAJ。

133.《中俄关系处在历史最好时期，要相互政治支持》，http：//news. 163. com/14/0416/07/9PUG3PQH00014JB6. html。

134.《中国持续保持世界第一大出境旅游客源国地位》，http：//hn. cnr. cn/whly/20181211/t20181211_524446681. shtml。

135.《中国驻蒙古国大使馆提醒中国游客：注意人身安全，谨慎前往无人区》，http：//world. people. com. cn/n1/2018/1031/c1002-30374389. html。

136. 崔建民、周佳：《小法庭做实事服务"一带一路"》，http：//www. xjcourt. org/public/detail. php？id＝16959。

137. 史万森：《为"一带一路"建设提供优质法律服务》，http：//www. moj. gov. cn/Department/content/2019－09/06/612_3231613. html。

138. 孙维仁：《中国企业投资蒙古国的几点思考》，http：//www. mofcom. gov. cn/article/i/jyjl/j/201411/20141100790312. shtml。

二、外文文献

139. Аносов А. В. Приграничное сотрудничество России и Китая：проблемы и новые возможности//Экономика и управление. 2009. №8.

140. Анохов И. В.，Суходолов А. П. Проект《Один пояс-один путь》：гармонизация долгосрочных интересов России и Китая //Вестник МГИМО-Университета. 2019. № 3.

141. Арсентьева И. И.，Михайленко А. Н. Российский и китайский подходы к развитию приграничных территорий：сравнительный анализ//Вестник ЧитГУ. 2012. № 5.

142. Безбородов Ю. С. Концепция Мягкого права в доктрине и структуре международного права//Российский юридический журнал. 2004. №4.

143. Бейдина Т. Е.，и др. Сотрудничество между Забайкальским краем и Китаем：функционирование региональных фа-

кторов с учетом внешних сакций//Известия Иркутского государственного университета.《Политология. Религиоведение. 2016. Т. 17.

144. Берлингуэр А. 《Мягкое право》 против 《жетского права》 в Европейском союзе //Современное право. 2012. № 12.

145. Бессонова Г. Б. Организационные модели государственного регулирования туризма за рубежом//Вестник Саратовского государственного социально – экономического университета. 2016. № 1.

146. Болотова О. А. Международное сотрудничество в сфере нотариата//Труды Международного симпозиума《Надежность и качество》. 2013. №2.

147. Борисенко П. И. Совершенствование системы российского законодательства об иностранных инвестициях по российскому прваву//Общество и право. 2011. №4.

148. Бочарникова Л. Н. , Шинкарев В. Д. Международное взаимодействие РФ с иностранными государствами в сфере борьбы с преступностью//Вестник Белгородского юридического института МВД России. 2018. №2.

149. Бянкина А. М. Правовое регулирование приграничного сотрудничества Забайкальского края с регионами Китая//Власть и управление на Востоке России. 2011 № 4.

150. Веселкова Е. Е. Об общих положениях правового регу-

лирования иностранных инвестиций в россии//Современная наука. 2016. №1.

151. Габеев С. В. , Чернов А. В. 20 лет действия уголовного кодекса Российской Федерации: основные итоги законотворческого процесса//Вестник Восточно－сибирского института МВД России. 2016. № 4 .

152. Глиттова Я. , Торопыгин А. В. Политико－правовые основы сопряжения Евразийского экономического союза и Экономического пояса Шелкового пути: процесс формирования и перспективы взаимодействия//Управленческое консультирование. 2018. №2.

153. Григорьева О. Г . Участие нотариуса в международном правовом сотрудничестве: история и пити совершенствования законодательства //Социально－политические науки. 2017. №1.

154. Гуня А. Н. , Ефимов А. Б. Возможности и риски китайской инициативы 《Нового шелкового пути》 для развития России //Культурн-ое наследие России. 2019. №1.

155. Гургулия А. А. Анализ развития правового регулирования иностранных инвестиций в России//Правово государство: теория и практика. 2018. № 1.

156. Даваасурэн А. Участие иностранного капитала в развитии экономики монголии//Известия ИГЭА. 2011. №3.

157. Доронина П. Е. Концепция проекта федерального

закона《Об основах приграничного сотрудничества в Российск-ой Федерации》: критический анализ//Современные проблемы социального-гуманитарных наук. 2015. № 2.

158. Дубровина О. В. , Плотников В. С. Модель междуна-родного сотрудничества Амурской области России с регионами Китая//Власть. 2019. №5.

159. Зверев К. А. Безвизовый режим между Россией и Евр-опейским союзом: проблемы и переспективы//Манускрипт. 2019. № 3.

160. Зуенко И. Ю. , и др. Программа сотрудничества восто-чных регионов России и северо-восточного Китая 2009-2018: итоги и дальнейшие перспективы//У карты Тихого океана. 2018. № 3.

161. Зыков А. А. Этнокультурный фактор трансграничного сотрудничества дальнего востока России//Вестник Челябинско-го государственного университета. 2013. № 23.

162. Иванов С. А. Программа сотрудничества восточных регионов России и северо-восточных регионов Китая: полит-ическая значмость и экономическая эффективность//Таможе-нная политика России на дальнем востоке. 2018. №1.

163. Казарян К. В. Пробемы правовой адаптации мигран-тов в современных условиях//Юристъ-Правоведъ. 2019. №1.

164. Костюков А. Н. , Семакина Ю. А. Проблемы право-

вого регулирования приграничного сотрудничества//Вестник Омского университета. Серия: право. 2012. № 3.

165. Ларин В. В. Российско – китайское трансграничье в контексте проектов евразийской интеграции//Мировая экономика и международные отношения. 2016. № 12.

166. Леван Т. Ч. Права иностранных граждан на осуществление местного самоуправления в Российской федерации//Вестник экономической безопасности. 2018. № 1.

167. Логвинова И. В. Приграничное сотрудничество: правовые основы и особенности в условиях Российского федерализма//Пробелы в российском законодательстве. 2017 № 6.

168. Лузянин С. Г. Россия – Китай: модель 2016 – 2017 гг. Глобальные, региональные и приграничные измерения//Российско-китайские исследования. 2017 № 1.

169. Малько А. В. , Саломатин А. Ю. Юридическое образование в глобализирующемся обществе//Правоведение. 2017. №5.

170. Мария В. З. Сравнительное правоведение и проблема интернационализации юридического образования вРФ: новые вызовы 《 Общества третьей волны 》//Вестнник. Волгогр. гос. университета. Сер. 5, Юриспруд. 2016. №1.

171. Марочкин С. Ю. Халафян Р. М. Международное 《мягкое》 право в правовой системе Российской Федерации//Журнал

российского права. 2013. № 6.

172. Михайленко А. Н. , Арсентьева И. И. Политико - правовые проблемы развития российских приграничных территорий//Россия и Китай: проблемы стратегического взаимодействия: сборник Восточного центра. 2012. № 11.

173. Михайлова Е. В. Приграничное сотрудничество в России - инструмент территориального развития, требующий правовой регламентации//Сборник материалов международной научной конференции. 2016. Издательство: Универсум (Смоленск).

174. Михеева Л. Ю. , Нудненко Л. А. К вопросу о концепции федерального закона "об основах приграничного сотрудничества в Российской Федерации" //Коституционное и муниципальное право. 2011. № 2.

175. Павлова А. И. , Кучинская Т. Н. Экономический коридор Китай - Монголия - Россия: современное состояние и перспективы развития//Россия и Китай: проблемы стратегического взаимодействия. 2017. № 19.

176. Саркисов О. Р. Международное сотрудничество органов внутренних дел: правовое регулирование, практика взаимодействия//Вестник экономики, права и социологии. 2016. №3.

177. Тимофеев О. А. Китайско - американский торговый конфликт 2019 года и его перспективы: между пессимизмом и неизвестностью//Китай в мировой и региональной политике.

История и современность. 2019. № 24.

178. Цвык А. В.《Один пояс, один путь》: взгляд из европы//Современная Европа. 2019. №1.

179. Чубаров И. Г. , Михайлова Е. В. Проблемы преодоления периферийности российско‑китайского трансграничья// Россия и АТР. 2017. №4.

180. Яковенко Г. В. , Боронников Д. А. , Яковенко А. Г. Анализ нормативно‑правовой базы приграничного сотрудничества российских регионов с сопредельными территориями// Известия МГТУ《МАМИ》2012. № 2.

181. Яковлева М. А. Международный опыт противодействия преступности в деятельности органов внутренних дел России//Вестник Санкт‑Петербургского университета МВД России. 2019. №1.

182. Янтранов А. Е. и др. Факторы《новой экономической географии》и интеграционная деятельность регионов Забайкалья//Вестник Бурятского государтсвенного университета. Экономика и менеджмент. 2019. № 2.

183.《Федеральный закон О порядке осуществления иностранных инвестиций в хозяйственные общества, имеющие стратегическое значение для обеспечения обороны страны и безопасности государства》, https：//legalacts. ru/doc/federalnyi-zakon-ot-29042008-n-57-fz-o/.

184. Правительство РФ одобрило законопроект о регулировании деятельности экскурсоводов и гидов, https：//tourism. interfax. ru/ru/news/articles/64740/.

185. Дело Лю и Лю против России, Жалоба № 42086/05, 6 декабря 2007 г. , http：//www1. umn. edu/humanrts/russian/euro/Rlyuandlyucase. html.

后　记

我国"一带一路"倡议自提出以来，得到了越来越多的国家和地区的响应、支持和参与，为世界的和平、发展和繁荣做出了卓越贡献。作为"一带一路"倡议支柱之一的中蒙俄经济走廊，也获得了蓬勃生机。在推动中蒙俄经济走廊合作进程中，法律起到了保驾护航的作用。研究中蒙俄经济走廊合作法律问题，探索形成法律保障的长效合作机制，具有极强的现实意义。当然，随着国家"涉外法治"的推进，比较研究中蒙俄三国与经济走廊建设有关的法律问题，可以促进三国之间的制度联通，为中蒙俄三国人民的人心相通提供制度保障。这也是确保中蒙俄经济走廊合作获得持久生命力的必然路径。

本书是作者自 2015 年至 2021 年从事中蒙俄经济走廊合作法律问题研究所取得的阶段性成果的总结。在这一过程中，作者获得了 2015 年内蒙古社科基金规划重点项目《深化中蒙俄经济走廊合作法律问题研究》（项目批准号 2015A052）、中国法学会

2017 年度部级研究课题《中蒙俄经济走廊建设法律问题研究》[项目批准号 CLS（2017）D188]、2018 年内蒙古自治区教育科学研究"十三五"规划课题《服务中蒙俄经济走廊的创新型、复合型人才培养研究》（项目批准号 NGJGH3018008）、2020 年度内蒙古社会科学基金研究类项目《〈俄罗斯边境合作基本法〉对内蒙古自治区与俄罗斯合作法治化进程的影响与对策》（项目批准号 20B60）和 2020 年度内蒙古大学本科教学改革研究与建设项目《"一带一路"背景下学校复合型卓越涉外法律人才培养策略研究》（项目批准号 NDJG-20-45）的支持。获得上述研究项目的支持，既是对课题研究现实意义的认可，更是对研究者本人的鼓励。本书中的部分内容已经在中俄学术刊物上发表，在此也对刊发作者论文的各刊致以衷心的谢意。要特别感谢 2021 年内蒙古社会科学基金后期资助项目《深化中蒙俄经济走廊合作法律问题研究》（项目编号 21HQ14）对本专著出版的资金支持！本专著前言、第一章、第二章、第四章、第五章、第六章、第七章、第八章、结语、附录和后记由龙长海完成，第三章由周珩完成。

　　本书能够顺利出版，有太多需要感谢的人。从刑法学转向中蒙俄经济走廊合作法律问题研究，对我本人而言，是一次大跨度的转型，需要投入大量的时间和精力。我的家人、单位领导、同事给予了我从事中蒙俄经济走廊合作法律问题研究以大力支持。没有他们的支持，我是不可能完成这项工作的。包萨如拉女士、那木拉女士为本书的写作翻译了部分新蒙文资料，在此表示感谢。本专著能够顺利出版，是与当代世界出版社张阳老师的鼎力支持分不开的，在这里向张阳女士表示诚挚的谢意。需要感谢的人实在太多，多到无法在文中一一列举。我也只能在心里感念各位领导、同事、朋友的鼎力相助，并以更大的努力、更好的成绩、更丰硕的成果来表达我个人的谢意！

希望本书能够助力国家"一带一路"倡议的实施，特别是通过比较研究中蒙俄三国的相关法律制度，能够促进中俄蒙三国相关法律的对接，助力中蒙俄经济走廊建设取得更大的成绩。在本专著写作过程中，笔者触碰到很多未知领域，尽管笔者广泛查阅资料、认真研究，但不足之处在所难免，还请广大同仁、读者批评指正。

龙长海
于边城满洲里市
2022 年 5 月 23 日

图书在版编目（CIP）数据

深化中蒙俄经济走廊合作法律问题研究／龙长海，
周珩著. -- 北京：当代世界出版社，2023.4
ISBN 978-7-5090-1693-0

Ⅰ.①深… Ⅱ.①龙… ②周… Ⅲ.①国际合作-国
际经济法-研究-中国、蒙古、俄罗斯 Ⅳ.①D996

中国版本图书馆 CIP 数据核字（2022）第 194696 号

书　　名：深化中蒙俄经济走廊合作法律问题研究
出版发行：当代世界出版社
地　　址：北京市东城区地安门东大街 70-9 号
邮　　箱：ddsjchubanshe@163.com
编务电话：（010）83907528
发行电话：（010）83908410
经　　销：新华书店
印　　刷：英格拉姆印刷(固安)有限公司
开　　本：880 毫米×1230 毫米　1/32
印　　张：9.625
字　　数：200 千字
版　　次：2023 年 4 月第 1 版
印　　次：2023 年 4 月第 1 次
书　　号：978-7-5090-1693-0
定　　价：59.00 元